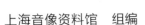

上海音像资料馆　组编
丛书总主编　乐建强　沈小榆
丛书执行主编　李丹青

我的淮剧生涯

陈家彦　主编

上海大学出版社

图书在版编目（CIP）数据

我的淮剧生涯 / 陈家彦主编 . ——上海：上海大学出版社，2020.7

（老艺术家口述历史 / 乐建强，沈小榆总主编）

ISBN 978-7-5671-3877-3

Ⅰ. ①我… Ⅱ. ①陈… Ⅲ. ①淮剧-戏曲家-访问记-中国-现代 Ⅳ. ① K825.78

中国版本图书馆 CIP 数据核字（2020）第 089501 号

本书由上海文化发展基金会图书出版专项基金、上大社·锦珂优秀图书出版基金资助出版

责任编辑　陈　强
封面设计　柯国富
技术编辑　金　鑫　钱宇坤

"老艺术家口述历史"丛书
我的淮剧生涯
上海音像资料馆　组编
陈家彦　主编
上海大学出版社出版发行
（上海市上大路99号　邮政编码200444）
（http://www.shupress.cn　发行热线021-66135112）
出版人　戴骏豪
*
南京展望文化发展有限公司排版
江阴金马印刷有限公司印刷　各地新华书店经销
开本710mm×1000mm　1/16　印张24.5　字数317千
2020年7月第1版　2020年7月第1次印刷
ISBN 978-7-5671-3877-3/K·214　定价 69.00元

版权所有　侵权必究
如发现本书有印装质量问题请与印刷厂质量科联系
联系电话：0510-86626877

丛书编委会

总 主 编

乐建强　沈小榆

执行主编

李丹青

撰　　稿

李丹青　陈家彦　陈姿彤　田　虹
陈　娅　柴亦文　马玉娟

丛书总序

致敬前辈　继往开来

  岁月如梭，位居长江入海口的上海，以其优越的地理位置，经过无数生活在这片土地上的人民的勤奋耕耘，历经沧桑巨变，从昔日一个小小的渔村发展成为如今的国际化大都市。东西方文化在此交汇，不同国家、不同民族、不同地区、不同流派的文化在此交融碰撞，从而形成了海纳百川、兼容并蓄、别具一格、创新精致的海派文化。

  在上海城市文化艺术的发展历程中，除了本土的沪剧之外，京剧、昆曲、粤剧、甬剧、锡剧、扬剧、绍剧、越剧、淮剧、花鼓戏等地方戏剧，评弹、相声、大鼓、单弦、山东快书等曲艺形式，以及杂技、木偶、皮影戏等多种演出门类，相继进入上海，它们有的走街串巷，有的登堂入室，有的在民间迁移流转，有的在茶楼戏院进行表演，更有的直接进入了正规剧院，可谓百花齐放，各显风采。

  尤其是新中国成立以来，上海的文化艺术事业飞速发展，发生了与时代相适应的深刻变革。十一届三中全会召开之后，改革春风吹遍神州大地，上海的文化艺术事业也迈开了新的步伐。各大文艺院团不断探索、积极完善人才培养体系，广大文艺工作者积极深入生活，创作、编排了一大批反映改革发展、富有时代精神的新作品，极大地丰富了人民群众的文化艺术生活。在此期间，涌现出了话剧《陈毅市长》《商鞅》《秦王李世民》《中国梦》；昆剧《蔡文姬》《司马相如》《游园惊梦》；京剧《曹操与杨修》《贞观盛世》《廉吏于成龙》《盘丝洞》；越剧《三月春潮》《深宫怨》；沪剧《明月照母心》《清风歌》；淮剧《金龙与蜉蝣》《西楚霸王》；木偶剧《哪吒神遇钛星人》《皮影趣事》；杂技《大跳板》《牌技》等一大批优秀作品，门类涵盖各个剧种，内容涉及古今中外，既弘扬了主旋律、突出了正能量，又呈现出多样化的表演风格与艺术风采。

  大多数普通观众往往只能看到艺术家们在舞台上的精彩演出，但对舞台之下他们的艺术生涯并不了解。在这些艺术家的成长过程中，他们付出的汗水与泪水，在艺术创作过程中的辛酸与喜悦，他们的感悟与收获，对自己从事了一辈子的事业的热爱与迷恋，他们的信念与坚持，这些正是培养老艺术家们毕生艺术成就的土壤，给予他们艺术创作源源不断的营养。

  一则则舞台背后的故事，既绘就了一位位老艺术家的人生轨迹，也将整合为包含各艺术门类创作者心路历程的全景式画卷。而我们口述历史工作的意义也正在于此——一方面，通过对亲历者和当事人口述历史的记录，将为正史增加鲜活的细节和不同角度的观照；另一方面，通过收集老艺术家回忆中的吉光片羽，勾连起他们的艺术人生，再将其传递给更多的读者。而读者们将会随着老艺术家们的讲述，回到那往昔岁月，感受他们曾经的喜怒哀乐，了解那些教科书里学不到的历史。

  他们是随着新中国成长起来的一批优秀艺术家，见证了祖国飞速发展的沧桑巨变；他们来自不同院团的多种岗位，个个都是业内翘楚，都是我们的老师前辈，由他们谈创作、谈经验，通过发自切身的情感传递，更显生动具体；他们经历过剧种的兴衰沉浮，对整个艺坛有着深刻的认识与思考。通过此套丛书的字里行间，我们能够感受到他们每个人对艺术的执着与热爱、智慧和涵养，让我们受益良多。

习近平总书记在全国文艺工作座谈会上指出:"中华民族有着强大的文化创造力。每到重大历史关头,文化都能感国运之变化、立时代之潮头、发时代之先声,为亿万人民、为伟大祖国鼓与呼。中华文化既坚守本根又不断与时俱进,使中华民族保持了坚定的民族自信和强大的修复能力,培育了共同的情感和价值、共同的理想和精神。"在过去,上海老艺术家们创作了一大批"立时代之潮头、发时代之先声"的优秀舞台作品,教育和鼓舞了一批又一批青年为建设祖国而奋勇前进。如今,接力棒交到了新一代年轻人的手中,希望青年文艺工作者们能够继承和发扬老一辈文艺工作者的精神,创作出更多"不辜负时代召唤、不辜负人民期待"的文艺精品,向优质文化的高峰不断迈进!

上海市文联副主席
上海电视艺术家协会主席

二〇二〇年四月十日

目 录

梦想成真的淮剧人生
　　——韦金根口述 / 001

淮剧是一种戒不掉的瘾
　　——左毅口述 / 015

淮剧是一棵根深叶茂的大树
　　——孙野口述 / 032

教学是我戏曲生涯的重要一环
　　——朱桂芬口述 / 054

演员,就要在舞台上拼搏
　　——何小山口述 / 069

努力传承,为了不留遗憾
　　——何双林口述 / 091

为淮剧而生,为舞台而活
　　——何长秀口述 / 117

演员要耐得住寂寞
　　——张留根口述 / 134

因淮剧而改变的人生
　　——李金贵口述 / 152

用鼓点传递情感
　　——李泰祥口述 / 162

从创作到管理：我和淮剧的那些年
　　——陈忠国口述 / 172

表演是一件自然而然的事
　　——周云芳口述 / 202

父亲是我们家的一棵大树
　　——周芝祥口述 / 212

一生为了淮剧
　　——武丽娟口述 / 227

甘当绿叶扶红花
　　——郑贤峰口述 / 241

淮剧养育了我，我用一生来回报
　　——施月娥口述 / 263

观众喜欢的剧本就是好剧本
　　——洪从海口述 / 276

演戏也要有创新精神
　　——顾少春口述 / 286

我的根就在戏校
　　——随华兵（随小宝）口述 / 298

博采众长，成就一把主胡

  ——程少樑口述 / 318

"唱不死"的裴筱芬

  ——裴筱芬口述 / 339

入了这一行，就要努力做到最好

  ——戴莲娣口述 / 351

后记：留下一扇记忆的窗户 / 377

梦想成真的淮剧人生

——韦金根口述

韦金根，1947年出生，国家二级演员。1960年9月进入上海市戏曲学校淮剧班学艺，1966年毕业。1970年进入上海淮剧团，从艺近40年，在移植剧《海港》《杜鹃山》，现代剧《五星红旗下》《六月红》《桃林堡》《向警予》《党的女儿》，古装戏《杨八姐游春》《三钦差》《郑巧娇》《哑女告状》《白虎堂》等众多作品中担任重要角色。擅长做功老生。

采访人：韦老师，请您先给我们讲讲当初是怎么会进入戏校学习淮剧的。

韦金根：小学快毕业的时候，有一天我正坐在教室里，有人来喊："韦金根，你到教务处去一下。"我当时吓了一跳，以为自己犯什么错误了。现在回忆起来还好像就是上个星期刚发生的事情。我到了教务处，发现陆陆续续来了有大概20个人，有几个老师就点人，让这个留下来，那个留下来，剩下的就回去吧。后来我知道那是程少樑老师和马九童老师。老师们就给我们介绍，说是上海市戏曲学校要招收一个淮二

刚进戏校时的韦金根

班,选了我们这些人出来面试。我记得我当时唱了一首《社会主义好》,那时候年纪轻啊,嗓子很好,我唱着"社会主义好,社会主义好",就听到"嘣"的一声,琴弦拉断了。我唱完以后,程少樑老师和马九童老师都拍手,跟我说:"你定下来了,之后的复试一定要来啊!"

回去以后等啊等,等来了复试通知。复试的时候,当时分了两个通道,一个是考音乐的,一个是考戏曲的。我当时也不懂,就随便走,到了考场门口,人家问:"你考音乐?"我说:"对,就考这个。"考到一半,我后来的班主任老师过来把我带走了。

我还记得当时考了即兴表演。考场的地上画了两条线,告诉你这是独木桥,底下是万丈深渊,你要从独木桥上走过去。我们就表演自己很害怕的样子,那时候小也不怕丑,想到什么就做什么,边上做考官的老师看得都直笑。

考完了以后让回家等通知,还特意关照我们在家好好保护自己,不要到外面乱调皮。

采访人:在这之前,您接触过淮剧吗?

韦金根:说起来好像是命中注定的一样。我本来是无锡人,不会讲苏北话的。到了上海以后,我们家那时候住在太阳山路长兴路那边,当时所谓的"下只角",周围80%都是苏北人,受到环境的影响,我慢慢地就喜欢上了淮剧。

我记得那时候在永兴路路口有一个唱大棚的,就是草台班子。我就常常跟在那些叔叔伯伯身后,拜托他们带我进去看戏。我的情绪完全会受到戏中的悲欢离合影响,戏里面高兴了我也高兴,伤心难过了我也跟着要流泪，大团圆了我跟着拍手叫好，很投入的。

我还记得有一次星期天的晚上，我们几个同学商量好了爬到大棚里去看戏。结果我刚爬上去，下面喊："有人来逮了，赶紧跳下来。"我胆子小，想跳又不敢跳，结果裤子被钩住了。后来人家老伯来了把我弄下来，关照不可以再爬了。这边答应得好好的，人家一转身我们又偷偷溜进去了。看完戏回到家被我妈一顿打，那天穿的正好是一条新裤子，以前做一条新裤子很不容易的啊，结果第一次穿就钩坏了。

我真的是很小就喜欢淮剧，小时候有一个梦想就是希望自己能成为一个演员，结果真的就让我考进了戏校。

采访人：当时戏校的教学情况您还记得吗？

韦金根：我记得很清楚，我们是1960年6月9日去戏校报到的。那时候我14岁，刚进学校的时候很开心，但是一个星期下来就发现不对了。

学戏多苦啊。每天早上六点起床开始练功，在台边拿顶一拿就是五分钟、十分钟，练得不好有时候甚至加到半小时。另外还要扳腿、下腰，练腿功、腰功、毯子功……一两个星期练下来，才终于搞清楚什么叫上海市戏曲学校，才知道自己来这里是要干嘛。后悔了，不想学了，但是来不及了。

当时戏校的老师都是全国各地的好演员，来给我们教学。还专门安排生活老师照顾我们，晚上我们睡觉了，他要巡夜，哪一个被子蹬掉了，甚至个别小孩我记得那时候还有尿床的，要洗啊、晒啊，都是生活老师一手操持，真的是像自己的母亲一样在关怀我们的成长。

在戏曲人才的培养方面，当时学校里有京剧、昆曲、淮剧、沪剧、越剧好多个班，教学方面学校里一向是一视同仁的，每个老师都一样的爱岗敬业，从来不分哪个同学是哪个班的，凡是有问题都能得到耐心的指导。我们淮剧文的方面有何叫天老师、筱文艳老师、徐桂芳老师、陈为翰老师等,都手把手地教过我们;武的方面都是京昆的老师教,对我们很严格。我记得有一位教武功的老师,每天来给我们上课,结束了自己都是一身的汗,非常辛苦。我一直感觉到,戏校的师生关系很特别,老师们都把我们当成他们自己的小孩,认认真真地教,尽心敬业,因此我们也对他们十分尊重。

采访人: 您的行当是在戏校学习的时候就确定的吗?

韦金根: 对的,那时候分行当,主要是老师和领导决定的,正好我也喜欢老生。

我印象很深,那时候在学校里第一次登台,演的是《探寒窑》。这个戏讲的主要是母女相会,我演一个车夫,很小的一个角色,结果我一直在旁边发抖。老师说:"韦金根,你抖什么?又不是你演戏。"我讲:"我害怕呀。"到我登台的时候,那真的是紧张得两眼一抹黑,上台把侧幕的条幅都顶起来了,真的是吓死了。

后来慢慢地,经过一次次的锻炼,到第三年排大戏的时候,我已经完全适应舞台了。当时把《游春》《做媒》《说礼》《抗君》每一折戏串起来,串成了一台大戏《杨八姐游春》,我演的老生得到了陈为翰老师、何叫天老师、李文藻老师、杨占魁老师等一致的认可。

采访人: 从戏校毕业以后您就进入上海淮剧团了吗?

韦金根: 我们是1966年毕业,但是当时正好遇上"文革",好多东西都停止了,所以我们尽管毕业了,关系还是留在学校。一直到1970年的时候,上海淮剧团要移植样板戏《海港》,需要大量的演职人员,就把当时好多因为各种情况没有单位的人员都拉到了上海淮剧团,比如京剧院的李桐森、原来交响乐团的一批演奏家,还有我们淮二班的同学们。

《海港》这个戏一开始排练的时候,我要演的是马洪亮。结果临到快演出了,原本演高志扬的同志被查出急性肝癌,确诊以后不到两三个月就去世了。马上就要演出了,突然少了一个演员,怎么办

20世纪60年代戏校同学合影

呢?团里的领导就决定,换我去学高志扬,我原本的角色给何双林。因为是临时的调整,领导还担心我会不会有情绪。我当时怎么想的呢?一方面,何叫天是我的老师,他的儿子何双林是我师兄,让他演马洪亮我觉得可以;另外一方面,我当时的思想就是,戏是党的,角色是阶级的,我们从无产阶级的立场对待工作,要精益求精,服从组织的分配,个人利益应该要放一边。当然最后这个戏排出来效果是很好的。

《海港》成功了以后,淮剧团马上又排了《杜鹃山》。当时从上到下干劲都很足,筱文艳的女儿还从部队里拉了二十几个人过来给我们做群演、抢景。样板戏都是从京剧移植过来的,京剧对抢景的要求是很高的,一个转场规定20秒要完成换景的话,多一秒都不行。

《杜鹃山》这个戏我一开始是演雷刚的B角,A角是马九童老

在《海港》中饰高志扬

在《杜鹃山》中饰雷刚

师。我们师徒俩关系很好,过去老同志因为习惯了是口传身授,所以对谱子、节奏这方面不太习惯,一下子可能有点跟不上,因此学这个戏的时候就是我先把唱腔学会,然后再教给老师。

这个戏排得差不多了,准备要开始联排的时候,马九童老师找到我,说:"小韦,联排我实在是排不下去了,这个任务就教给你了。"淮剧团的领导也找到我:"你一定要顶上去。"怎么回事呢?原来马九童老师得了美尼尔症,经常排着排着就觉得整个排练场都转起来了,所以实在是撑不下去了。那我怎么办呢?这个戏我虽然学了,但因为我是B角,之前从来没有排练过,现在只能尽力去争取。马老师是武生出身,每一场武戏都清清楚楚。我是演老生的,这个戏又没怎么排过,所以到了开打的地方,我一打就停下来,老是打错。怎么办呢?我自己给自己出难题,每天人家下班以后,我一个人开打,十遍二十遍那么磨,错了就不算,重来,练得汗流浃背。那时候年轻嘛,再累一觉睡醒也就恢复过来了。最终功夫不负有心人,等到录像的时候,我的武戏都是一气呵成,总算是圆满地完成了这个任务。

采访人: 进入淮剧团以后您拜过师吗?

韦金根: 我们那时候进入淮剧团,和前辈都是师生关系,不是师徒,也不拜师。何叫天是我的老师,杨占魁、徐桂芳也是我的老师,我有问题都会向他们请教。拜师是一种形式,过去戏曲界都是师徒关系,后来我们三班的学生也有拜师的,跪下来磕头的那种。但我想这种师徒的流派传承,形式不是最重要的,重要的是我们搞艺术的人,能够把流派的唱腔、特色有一个完整清晰的归纳总结,整理成册,继承、发展、创新,这些都需要有一个深厚的根基才行。

在我们的成长过程中,淮剧团的这些前辈、老师就像慈父慈母一样,给了我们很大的帮助,一路把我们培养起来。我们之所以后来能唱出一些成绩,都离不开这些老师无微不至的关怀教育。

我印象最深的是潘凤岭老师,他是拉主胡的,也是《郑巧娇》的作曲人。那是我们在创作《郑巧娇》的时候,剧本中,郑巧娇的父亲郑淮在晚娘的挑拨下,无意间失手打断了女儿的手臂。这之后郑巧娇离家避难,经历了一番故事。到了下半场,父女俩在庙中相遇,郑淮悔恨交加。这个时候我要用什么样的唱腔来体现他此时此景的情感呢?我和潘凤岭老师两个人琢磨了很久,始终找不到让人满意的唱腔。过了没两天,潘老师本来正在午睡,突然爬起来和我说:"小韦,我灵感来了!"一段配器,郑淮悲愤交加、一路要饭走出来,然后遇到了自己的女儿,在女儿面前一跪,承认过去犯下的错误。而且这段曲子,潘老师一边写一边自己就流泪,他已经完全入戏了。

想起潘凤岭老师,我最大的遗憾是他过世的时候,我都不知道。我们刚退休的时候大家还一起聚聚,后来过了几年就不怎么聚了。有一年我突然提起,潘老师现在情况怎么样,有人说:"潘老师和马秀英老师前后脚走掉了。"当时我都不知道啊,也没能去送送他,真的是天大的遗憾。

在《蝴蝶杯》中饰胡彦

采访人：《哑女告状》是您的代表作，能不能详细介绍一下这部戏的创作过程？

韦金根：我进团以后先是演了《海港》，紧接着又演了《杜鹃山》，这之后淮剧团就兵分两路，成立了一队、二队，分别排了《牙痕记》和《杨八姐游春》，再之后二队就排了《哑女告状》。

排《哑女告状》，我这个老生原来是演老家院张忠。后来领导找到我商量："刚刚调来一个新的演员，家院这个角色你演B角行不行？"我说："我都不太想演张忠，我想演呆大。"领导还以为我闹情绪，我说我不是闹情绪，这个剧本我看了以后就忍不住要流泪，我肯定会把呆大这个角色演好的。

呆大这个人物，虽然说小时候因为小儿麻痹症或是脑瘫的原因，人傻乎乎的，但是他爱憎分明，知道大小姐为人亲厚，而二小姐虽然和他是同父同母，但经常打骂他。所以大小姐被害摔断腿以后，就有了呆大背着大小姐，背背歇歇，一路沿途要饭，上京告状这么一出"哑背疯"的经典折子戏。

在《哑女告状》中饰呆大

一开始提出我想演呆大，领导还以为我是闹情绪，后来排练了之后才感觉到我是真的想要演好这个角色。呆大虽然只是个配角，而且为了符合人物设定，我的整个妆是把眼睛往两边拉开，嘴也歪着，很丑，但是为了塑造好这个人物，我真的是下了功夫的。那时候我们里弄里有一个人得过脑膜炎，他妈妈生病两天不吃饭，他就两天连口水都不喝坐在妈妈身边守着，一动不动。我就认真地去观察他的神态、动作、细节，然后运用到我的人物塑造上面。

后来这个戏我们到农村去巡回演出，还发生了一件趣事，当时我们印象蛮深的。有一对母子，妈妈是盲人，叫儿子买了票推她进来看戏的。我们在台上笑她也笑，我们哭她也哭，虽然看不见，但是她用耳朵听也一样受到整个戏的情绪感染。到后面呆大死的时候，她关照儿子："呆哥哥死得可怜，你赶快下碗面给他吃。"那个小孩子大概十岁左右，就下了一碗面端过来："哥哥，哥哥，你把这个吃掉。"我说我们还要演出的，我也不能吃你的面。不行，我跑到哪儿他跟到哪儿，一定要我把这碗面吃了。最后我们大家一起把这碗面分了吃掉了，毕竟是观众的一片心意嘛。

这个戏确实是很感人的，当时也是得到了领导和戏曲家协会的一致好评。

采访人：您演了那么多戏，塑造了那么多的角色，还有哪些难忘的经历可以给我们分享的吗？

韦金根：早期我们排《杨八姐游春》的时候，《牙痕记》是一队排的，我原来不在这个组里。后来一个领导找到我："小韦，我们兵分两路，你一个要演好《杨八姐游春》的王丞相，还有一个任务，演《牙痕记》的安文亮。"我说你们不要瞎搞，我从来没有排过《牙痕记》。"不行，我们研究来研究去，只有你来胜任了。"怎么办？剧本也准备好了，导演明天就来给你排戏，上午排完下午就演出。

还有一次，演《腊月雷》，韩刚老师的角色临时叫我顶替。那时候

在《杨八姐游春》中饰王丞相

到乡下巡回演出还要坐船去的,交通运输很不方便。到那里已经下午四点了,晚上就要演出,我一边帮着装台,一边拿着剧本背词。

所以说我是专门救火的演员,《海港》演出前就是临时换了角色,《杜鹃山》联排之前作为B角临时顶上,包括上面举的两个例子。有人说:"你怎么这么好说话?"你说我怎么办呢?团里确实有困难,票子都印好了,总要有人上的吧?不然不要被人家笑话的嘛,就硬着头皮上。

我还记得演《杜鹃山》的时候,我女儿生病在医院,白天要输血,晚上我还要演出。结果有一次护士抽完血没有把绑带松掉,变成放血了,我的裤子、地上都是血,但是晚上还是照常演出。我们那时候就是这么苦过来的,酸甜苦辣,作为演员真的是不容易。

我演的角色呢,也都不是那种挂头牌、容易张扬的角色,主要还是以配角为主。但是对于一个剧团来说,配角的好坏直接影响到整台戏的质量。俗话说红花虽好须由绿叶扶持,都是一样的道理。我还记得我们过去在戏校上小品课,老师一直说的话:"你们演出节目一定要记住,一切从人物出发。不要追求廉价的掌声,在舞台上摆噱头。"比如演呆大,这是一个在台上很讨好观众的角色。但是如果你在台上为了迎合观众,不顾剧情地乱动的话,整个一台戏就都被你搅和了。我有学生也演过呆大,那真的是当成滑稽戏来演,这样是不行的。我们要表现自己的人物，但是要恰如其分，不该你表现的时候不要抢戏，这是对我们做绿叶的基本要求，只有这样你才能衬托得那朵红花更加鲜艳。

采访人： 您也参演了都市新淮剧《金龙与蜉蝣》，其中好像还有一些小故事？

韦金根： 这个演出就说来话长了。一开始我是演金龙的，后来排练都已经排完了，因为各种原因，导演提出金龙这个角色换何双林来演，我改成演牛牪。把金龙的角色给何双林我没有问题的，但是你让我去演牛牪的话等于要把原本演牛牪的演员拉掉了，我也于心不忍。我和郭小男导演说："算了，我来演大兵吧。"郭小男导演也很意外。我说我可以承诺，一定把这个大兵演好。后来演出以后好多新闻记者报道，说这台戏中，大兵的精气神特别到位，动作、步调都非常一致。

从《金龙与蜉蝣》这部戏来讲，郭小男导演的手法是很新颖的，把他在日本吸收的一些方式方法融合到我们传统的淮剧里面，给观众耳目一新的感觉。这部戏先后获得了12项大奖，真的是很不容易。

戏曲改革的路不是那么好走的，创新和传统这两个面要把它揉在一起，是有难度的。都市新淮剧的口号当时是我们淮剧团自己喊出来的，用"新"来吸引新的观众，老的淮剧观众我们用什么来满足他们呢？就是最传统的淮调。马秀英的好多唱段，包括何双林最后的一段唱，都是用锣鼓、用我们传统的淮调来体现，让老观众一听就非常亲切熟悉。

《金龙与蜉蝣》这个戏在淮剧的创新发展上是有里程碑意义的，但是艺术应该是无止境的。我主张在创作的时候就要正儿八经的、爱岗敬业，不能取得了一点成绩就沾沾自喜。现在热爱淮剧的人越来越少了，甚至我们自己的子女对这个也不感兴趣，那这个剧种还怎么发展呢？一样东西总是一个风格，时间久了人家肯定会腻。好在现在的青年人接触的新鲜事物比较多，我们的青年人要动脑子，不但

工作休息时的放松合影

自己热爱淮剧,还要带领更多的人来热爱这个剧种,大家都正儿八经地扑进去。

采访人: 对于淮剧的传承和发展,您有什么想法或是建议吗?

韦金根: 过去我们刚进淮剧团的时候,经常到上钢一厂、二厂、三厂、上港局码头各个区,去巡回演出,听取大家的意见。我们还到工厂里,和工人们同吃同住同劳动,劲往一处使,汗往一处流,有空闲了我们就唱两段给他们听听,看有什么意见,再把群众的意见带回去修改。这样一来我们在工人当中就积累了深厚的感情。

我想,我们现在的年轻人一定还是要走这个路子,要扎根到群众当中去,和他们交朋友。他们和你产生感情以后,会来看你的戏,然后也对淮剧产生感情,这样就好了。

过去领导慰问的时候,周总理对筱文艳说过:"筱文艳同志啊,你们到码头上去,没有舞台也要演,到了码头上码头就是舞台。"周总理对我们的教导是对的,没有舞台也要演,我们演到哪里,哪里就是舞台。

我们的淮剧要想立于不败之地,一定要有忧患意识,一定要搞出好的新戏,争取新的观众。上海淮剧团现在被评为非遗单位,国家全额拨款了。在这么好的政策前提下,我们的领导们一定要把对青年人的培养当作头等大事,要让他们深入生活,要给青年人压担子,给他们创造演出的条件。我们当年进淮剧团的时候都只有二十多岁,现在一眨眼已经都退休了,时间过得很快,抓都抓不住,所以青年人更加要珍惜,唱、念、做、表各项基本功都要勤学苦练,千万不能混日子。只有这批青年演员站住脚了,我们的淮剧在上海才能有所发展,才能继续生根发芽。

我上次住院的时候,晚上做了一个梦。梦见了韩刚老师、何叫天老师,拿着大烟袋,戴着瓜皮帽,他们还在演出。何叫天老师看到我,跟我打招呼:"韦金根你来了?"韩刚老师说:"人家外孙女还小,家里需要他的。"然后我就醒了。这当然只是一个梦,但仔细想想,从老一辈到我

为青年观众演出

们,大家都是真心热爱着淮剧事业,身为淮剧人,死为淮剧魂。希望今后,我们的青年淮剧人能够把淮剧事业发展得更好,让它在百花丛中越来越鲜艳。

(采访:裘一婧　整理:陈家彦)

淮剧是一种戒不掉的瘾

——左毅口述

左毅,1945年出生,国家一级演奏员兼作曲。1960年考入上海市戏曲学校音乐二班,1966年毕业后进入上海淮剧团,主攻主胡、作曲。1980年至1982年在上海音乐学院进修作曲。

从事淮剧事业四十余年,在乐队工作中,吹拉弹唱一专多能,不仅担任主胡,还兼吹唢呐,并从事过鼓师与大提琴伴奏。作为剧团业务骨干创作并演奏了几十出大戏,如《海港》《蝴蝶杯》《白罗衫》《蓝衫记》《孟姜女》《杨乃武与小白菜》《借妻》《血冤》《灰阑记》《夫差与西施》《挡马》《访鼠测字》等。

2001年创作演出的《夫差与西施》获得《中国商报》与《世界日报》的好评。1993年参加全国戏曲交流演出,《金龙与蜉蝣》荣获优秀伴奏奖。在2001年为青年创作伴奏的戏中,《鸣凤之死》一剧获得上海市青年会演一等奖。在2003年首届"中国戏曲演唱大赛——红梅奖"的评选中,荣获金奖。

采访人：左老师，请先给我们介绍一下您的家庭，以及您是如何与音乐结缘、与淮剧结缘的？

左毅：我从小生活在一个工人阶级的家庭，我爸爸是码头工人。我家有兄弟姊妹九个，子女比较多，所以从小家庭也比较贫寒。从小的生活环境，其他的文化生活很少，但是我们那个地区有一个小戏院，所以我们有时候就会去看一些淮剧。音乐呢，我在小学的时候就喜欢搞一些乐器，大概在小学四年级，我们一个老师办了个音乐班，那时候就跟着老师学学笛子，学学音乐。

采访人：您是怎么会想到报考戏校的呢？

左毅：到了1960年，那时候我读中学了。当时有一个同学，他对戏曲非常爱好，听说上海戏校要招生，他就拖着我一起去报名。当时我父亲并不同意我考戏校，而且家里经济条件也差，从虹口到戏校去报名要坐车的，我连车费都没有，就推脱了。结果那个同学说"车费我来，你陪我一起去"，所以我是陪他去考戏校，他帮我出了车钱，出了报名费，最后他没考取，我反而考取了。

考取之后，我父亲一开始也并不同意我去读戏校，因为我们家三代都没有文化人，所以他希望我能好好念书。我当时一下子也很矛盾，一方面自己对戏曲其实是爱好的，但是另一方面父亲不同意，在这种情况下我自己也纠结了蛮长一段时间。后来有一次晚上我睡觉了，但还没睡着，听到我父母两个人的一段对话，我妈妈就说，"算了吧，孩子愿意去你就让他去吧"。听到这个话以后我很高兴，就这样1960年我进入了戏校学习。

采访人：当时戏校招生有年龄限制吗？

左毅：有限制的，我们音乐班是招14岁到16岁的。演员的话可能年纪还要小一点，因为演员要练功的，腰啊、腿啊，岁数大了不行。我当时虚岁16岁，初三都没念，初二的时候就到了戏校，在戏校学了六年。

采访人：您当时考戏校的时候，都考了些什么内容？

左毅： 一个是考你会什么乐器，我当时吹了笛子，还有三弦、二胡，一共考了三个乐器。然后有老师弹钢琴，让你听旋律，听了以后要唱出来。还有考节奏感，就是主考老师会打一个节奏，像现在舞台上打鼓点一样的，让你学。还有一个，桌子上摆了好多东西，拿一块布盖着的，布拿掉了给你看两分钟，看完了再盖起来，你要说出里面都有些什么东西，我估计是考你的记忆力。考完以后还发了一个通知要复试，复试通过以后才发了录取通知书。

进了戏校以后我在音乐二班，当时班里还分为京音组、昆音组、淮音组，我就是淮音组的。在戏校的六年时间，我学了二胡、打击乐，就好像在音乐学院钢琴是必修课一样，学戏曲音乐打击乐是必修的，从小锣开始学起，到铙钹、大锣。

采访人： 在戏校学习期间，有没有什么让您难忘的经历？

左毅： 那时候有一位教打击乐的王士广老师，他是淮剧界最好的一个打鼓老师，他看到我在节奏方面条件比较好，就让我学鼓，希望我往鼓师的方向发展。当时我也在学二胡，而且我个人也比较喜欢二胡，那么就两样一起在学。后来大概到1964年、1965年的样子，渐渐地对鼓不感兴趣了，那时候就觉得地方戏曲音乐，还是拉琴比较受到重视。当时淮剧团有一个老先生叫潘凤岭，那时候我们去看戏，作曲、主胡都是他，就感觉非常了不起，很敬佩的，所以就不想打鼓了，想专门学二胡。为了这个事情，跟王老师还有过一段不开心，当然最后我把自己的想法跟老师讲了，说我更喜欢朝琴师的方向去发展，老师也认可了。

当时我们还有一个音乐老师，教我们音乐理论的，也是我们的班主任，我也很喜欢。学音乐的，音乐理论如果学不好的话，是不可能在这条路上一直走下去的，我也是从那个时候开始对作曲感兴趣了。

所以在戏校里面，学了音乐理论，平时练琴，那个时候拉主胡的还要兼唢呐，舞台上需要唢呐的时候你要放下琴来吹唢呐的，所以我也学了唢呐，还有打武戏时候要敲的堂鼓。当时的要求就是这样，都要学的，否则你没有这些技能，主胡的位置也不好坐。

采访人：1966年从戏校毕业以后，您并没有直接进入淮剧团工作？

左毅：1966年刚要毕业的时候，"文化大革命"开始了。"文革"初期一直到中期，地方戏曲全部停掉了，在这个情况下就开始搞样板戏了，像京剧的《海港》《智取威虎山》《红灯记》《沙家浜》，芭蕾舞的《白毛女》，后来还有《红色娘子军》。因为淮剧也不搞了，所以我们这一批学生1966年毕业以后也没分配，就留在戏校工作，主要就是配合形势搞一些宣传工作。

当时戏校有一个青年京剧团，大班的一批开始排样板戏了，我们二班的同学主要是搞一些宣传，然后剧团里需要人的时候就把我们借去跟他们一块儿搞样板戏。当时青年京剧团搞样板戏的那个乐队很大，其中有一个拉贝斯的，姓周，是交响乐团的。他对京剧并不感兴趣，但是当时叫他到剧团来，他也不能不服从工作分配。有时候剧团排戏的时候我就到排练厅去看看、玩玩。我往他旁边一站，他就跟我聊天了。他说："你喜欢这个乐器吗？我教你怎么样？"我说："好啊。"其实我也知道，他教我的目的是什么呢？我学会了这个乐器，他就好脱身回交响乐团去了。在学贝斯之前，其实我有一点基础的，大概是1964年左右，为了丰富乐队，我们戏校的一个老师请了音乐学院的一个大提琴老师来教我大提琴，我跟着他学了两年。所以后来学贝斯的时候，一方面那个时候年纪轻，什么东西都好奇，另外本身也有一点基础，所以很快就上手了。

大概学了一年多的贝斯，后来正好周老师要请病假，他就推荐我顶上去拉贝斯。所以先是京剧的《红灯记》，后来戏校排《沙家浜》，都是我给他们拉贝斯，参加样板戏的演出。

采访人：那后来又是怎么进入淮剧团的呢？

左毅：后来到1970年，地方戏曲开始复排了，当时淮剧团的筱文艳老师就到戏校，把原先学淮剧的学生全部要到淮剧团。就是这个时候，我进了淮剧团。

当时淮剧团要移植《海港》，这个戏原先是淮剧的，后来变成了京剧的样板戏，剧本改动很大，然后要再从样板戏回归到淮剧上的话，在音乐方面有很大的需求量，所以当时成立了一个音乐创作组。当时有筱文艳老师、潘凤岭老师、程少樑老师和我，还有民乐团的几个作曲，曾加庆、马胜龙、瞿春泉，一共七八个人，那时候都是集体创作，就开始搞《海港》的移植创作。

当时搞戏曲的人里，搞创作的大多数都是琴师，因为琴师对唱腔比较熟悉，有研究。所以当时筱文艳老师、潘凤岭老师、我、程少樑老师，我们几个专门搞唱腔，然后音乐的部分由民乐团调来的那几个老师负责，都是当时上海一流的作曲家，由他们来完成音乐的部分，搞配器。

采访人：进入淮剧团之后您马上就担任主胡了吗？

左毅：对。当时搞革命样板戏要培养青年，那时候演员是筱文艳老师培养的，乐队也是"老带青"，就是潘凤岭老师带我。潘凤岭老师是当时淮剧团拉主胡的老先生，给筱文艳老师拉了一辈子的琴。潘老师带着我，样板戏演出时我们一人拉半场，所以从1970年开始我就拉主胡了。

一直到1979年，这时候开始恢复老戏。原先的一些老戏有的有录音，有的连谱子都没有了，怎么办呢？潘凤岭老师、程少樑老师和我，我们三个人把老戏的音乐拿出来整理、记谱。那时候淮剧团有两个团——一团、二团，而且1974年的时候又招了淮剧三班，三个地方都需要人，所以我们三个人的任务就比较多，又要帮助学生搞戏，又要参与一团、二团的排练和演出。

采访人：后来您去了上海音乐学院进修？

左毅：对，是1980年的时候。当时淮剧团的副团长陆汉文，他搞样板戏经验很丰富，对音乐也很了解，他发觉我年轻，工作很有干劲，业务也还可以，就建议我到音乐学院再去深造一下。所以在他的推荐之下，1980年起，我就到音乐学院去进修了三年。当时我在音乐学院学习，团领导是要给我交学费的，那时候剧团的经济也蛮紧张的，一般也不会乱花钱，所以领导肯这样花钱培养我，我到那里当然应该好好学习。

那时候每个星期三天课，不上课的日子就还是到淮剧团上班。我在音乐学院跟着胡登跳老师学习作曲知识，他是上海市的权威，还有沈一鸣老师，跟他学和声。我以前在戏校学了一点基础，并没有学过什么配器、和声，到音乐学院等于是更进一步了，学习内容比较深奥，也确实很有好处。原本搞创作呢，是基于自己对戏曲音乐的了解，有点像顺口溜一样的，怎么顺我怎么来，但是在音乐理论、技巧方面的发展、提高是远远不够的。到了音乐学院学习以后我才知道，原来旋律可以通过各种方法去进行变化，转调、提升，这些知识对我来说真的太有帮助了。以前有句话，熟读唐诗三百首，不会作诗也会吟。作曲也一样的，对戏曲音乐的唱腔了解的多了，给你一段唱词马上就能搞一段比较成形的唱，但是不深。在音乐学院学习了一些现代的作曲知识以后，作曲的知识更加丰富了，就可以把理论知识融化到我的创作当中。

采访人：其实您在进上音之前已经在进行创作了？

左毅：年轻的时候喜欢，也好奇，自己摸索过，但是真正的创作是到1984年以后，通过在音乐学院的进修，感觉自己在作曲方面由浅入深了。而且后来通过不断地跟一些老师、名家、导演合作，收获很大。老实讲，搞作曲的除了音乐知识以外，文化基础也很重要，一段唱词、一个剧本，没有文化你根本理解不了它的深度，更谈不上用你的音乐去表现人物的心理。

以前在戏校的时候，文化方面是我的强项，因为其他同学都是小学毕业进的戏校，我是初二才进戏校的。而且我个人对文化也比较喜欢，像历史课、政治课这些文化课，我一直都比较重视的。后来学了一些音乐知识，把文化和音乐两个一结合，在实践当中我感到也不是很累,和导演、编剧一起分析剧本以及交流的时候,我也很容易能理解他们的意图,可以配合他们一起搞创作。所以从1984年一直到2005年,这一段时间我大概搞了三十几台大戏,基本上每年总有一到两台,小戏就更多了。

采访人:您挑几台印象比较深的戏,给我们详细介绍一下吧。

左毅:这么多戏当中印象比较深的有几个。《杨乃武与小白菜》,这个戏是1984年以后的,当时还去唱片厂录了片子,是梁伟平等青年演员去录的。灌了唱片以后,江苏省那边有一个音乐比赛他们拿去用了,于是我就拿了一个音乐创作奖。当时奖金大概有五六百块钱,从南京寄过来的。现在看看钱并不多,但是当时来讲是蛮多的了,那时候工资很低,也就四五百块钱。收到奖金以后我很高兴,不是为钱而高兴,而是自己总算取得一点成绩了,得到人家的肯定了,很高兴。

后来还有一些创作是和一些导演合作。比如有一年,美国的一个作家叫沈悦,搞了一个《夫差与西施》的历史剧,我们领导就要求我跟她合作。当时这个戏是美国投资的,因为考虑到要在美国演出,所以创作理念会有一些不同。我既要保留淮剧的一些元素在里面,又要在创新方面花更多的精力,要符合外国友人或者在外国的华人的欣赏习惯。当然淮剧传统的东西一定要保留,否则人家说不像淮剧,那就完了,你的这个创作就失败了。《夫差与西施》这个戏当时搞得不错的,得到很多好评,也灌了唱片。

还有一个传统戏《丁黄氏》,那是1992年、1993年的时候,当时团里为了培养青年,领导就动员淮剧团所有的老演员,筱文艳、何叫天、李神童、陆少林等,一起培养一个叫卞玉霞的青年演员。当时我就开始跟老师们合作,这个戏搞得也挺不错的,在美琪大戏院观众反响很好,这个青年演员也得到了锻炼,一下子对淮剧的老传统了解很多。当时为了培养青年人,筱文艳老师、何叫天老师等前辈全梁上坝,我自己也花了很多的精力,所以也蛮满意的。

《西施与夫差》新闻剪报

再之后是罗怀臻，即《金龙与蜉蝣》的编剧，也是为了培养下一代，给邢娜搞了一个《鸣凤之死》参加青年会演。《鸣凤之死》是《家》里面的一个折子，从京剧院请了一个导演，我帮他作曲，这是我们合作的一个戏。这个戏大概是二〇〇几年的时候吧，当时邢娜也是拿了上海戏剧家协会奖。

总的来说，前后三十几台戏当中，搞得比较好的戏不少，也和很多老演员合作得不错，比如说韩小友、马秀英，当时也都有合作。

采访人：您创作了这么多的作品，最满意的是哪一部？或者说您认为您的代表作是哪一部？

左毅：代表作要从不同的方面来看，比如说传统戏里面，搞得比较好的是《杨乃武与小白菜》《丁黄氏》，都得到了很多好评。另外还有《血冤》，这三部戏在淮剧团演了几百场，一到苏北演出就满座，可以说挣了好多钱。

演出说明书

采访人：能具体介绍一下您的创作过程吗？

左毅：比如说拿到一个剧本，首先要把本子看若干遍，里面的每一场戏、每一个人物都要熟悉，心里有底，然后把音乐做一个大概的布局。比如说今天身上有1 000块钱，我要怎么用？这个布局就是说淮剧音乐当中哪些是比较精华的东西，应该放在哪里，哪些地方应该比较淡一点，哪些地方是比较浓一些的。淮剧里面有好多流派，不同的行当要用不同流派的东西去跟这个人物对号。比如说筱文艳老师是唱青衣的旦角的，《杨乃武与小白菜》里面的那个青衣花旦就是用筱文艳老师的唱腔来表现。杨乃武是小生行当，那么就要用淮剧里面小生唱的比较好的唱腔，用它的元素来对号、布局。布局好了以后，再开始一场一场地往下写，先要把草稿理出来，然后不断地反复推敲、完善。

创作分两种情况，时间上比较宽裕的呢，那就是慢工出细活，但如果剧团等着这个戏，马上就要排、要演出，那就容不得你慢慢来了，就要抢任务、抓紧时间。比如说大概是2006年的时候，梁伟平排了一个《琵琶记》，那次就是赶任务啊，时间非常紧，那时候我也快退休了，各方面比较老到一点,整个戏上、下集我大概只用了一个月的时间。

另外,写唱腔的时候还要根据演员来调整,这个演员比较擅长唱的,那么在旋律上技巧可以丰富一点,如果这个演员唱比较一般,那你要根据他的能力来创作,要因人制宜。一般除了领导分配的角色和导演决定的角色以外,作曲也可以给出自己的意见。有时候两个演员的扮相、武功都差不多,但这个演员的唱比那个要好些,那么作为作曲,我就会倾向于选择唱功更好的演员,因为他在唱功方面能力更强的话,对我来说创作的余地就更大。

比如《杨乃武与小白菜》里面,杨乃武在牢里面的一场戏,原本的沪剧里面唱词很少的,但是淮剧是很擅长唱的,当时又是梁伟平演这个角色,所以我就和编剧商量,这一段可以多加一点。这时候他在牢里回忆之前跟小白菜的交往,交往的过程当中出了哪些问题,以至于到现在身在死牢里面还有好多遗憾没有解决。这一段他的情绪很复杂,梁伟平又是可以唱的,所以我们就因人制宜,和编剧一起给他加唱词。比如你能拿500斤的,我尽量给你450斤,尽量给你发挥,但是又不会太满,否则演员到舞台上他也累的。有些演员表演很好,但是唱不行,念是好的,那么作曲就提出这个地方不如把唱词改成念白。创作的过程中,作曲和编剧、导演可以商量的,作曲自己要有一个预计,演员呈现出来的效果大概是怎么样的,要在他的能力范围内,不是剧本来了我只管自己写,写完了演员唱不了,那没用的。

采访人:那个时候演员的教唱也是作曲来承担的?

左毅:对,教唱有两种过程。有些演员我教他唱,但是唱不到我预想中的一半,那怎么办?就不断地教。有一些演员,我教了以后他唱出来的东西要超出我的想象。这跟演员的天赋条件、文化水平、对唱词的理解,都有关系。比如我的《琵琶记》里面一个梁伟平一个丰君梅,我在家里创作的时候估计的演唱出来的效果,结果到他嘴里唱出来比我预想的还好,那可能就临时再给他加一点。

采访人：淮剧有三大调，还有很多小调，作曲是不是以这些曲调为基础再做出适当的修改？

左毅：淮剧从民间地头上的一般的调子开始，发展到20世纪50年代进入大上海，逐步成型，最主要的就是拉调、淮调、自由调组成的三大调。刚开始淮剧的曲调像江淮一带的顺口溜，乡土气很重，上海的淮剧观众可能会觉得很土，后来通过不断地改造，又和上海的文化产生交融，到上海人民淮剧团的时候，淮剧音乐就开始创新了，但这个创新是在原有的淮剧传统的基础上发展过来的。

作为我们作曲者，一定要了解淮调从原始的面貌，一直发展到进入上海，再到现在，从老淮调发展到新淮调，所有的东西你都要了解。当然还有拉调的发展过程。自由调是20世纪50年代筱文艳开始创新的，一直到现在21世纪的自由调，全部都要了解。

各个历史时期的主要演员，他们的唱腔特点都是不同的，对他们的风格，对他们所有行腔的特点我都要掌握。比如说我写一个人物，要用筱文艳老师的流派，如果你对她的流派不了解的话就写不出来，不能够唱出她的流派韵味。所以我们搞戏曲音乐也蛮难的，如果你懂得不多，那你出来的东西也不会多的。京剧表演艺术家尚长荣讲过一句话就很有道理——"树有根，水有源"，你本身对优秀的传统不了解的话，根本谈不上什么创新。

戏曲曾有这么一个阶段，各个剧团都有——剧团里那些老的琴师，虽然他音乐理论比较差，但是他会写唱腔。而音乐学院毕业的学作曲的年轻人，到这个剧团好几年了，他音乐理论很好，创作技巧也很好，但是优秀传统读得少，他拿几句唱变化出来的东西，也叫创新啊，但是老观众不要听的。为什么？虽然创作技巧有了，旋律变化也有，但听不出淮剧也好、京剧也好本身的那个韵味。

采访人：您在创作过程当中有没有遇到过什么难点？

左毅：难点有啊。比如说一段唱腔，有时候单纯用淮剧的东西完成不了，还要吸收一些其他剧种的板式。比如说演一个英雄形象，需要京剧那种节奏很快的东西，淮剧以前没有的，就要把京剧的那些板式借用过来，然后用淮剧的音乐变化成淮剧的新的板式，来完成这段唱腔。这就很费功夫了。

还有一些对京剧板式的套用，比如说《海港的早晨》里面方海珍第四场音乐，同样的一句旋律，我可以用八到十次，音乐结构都是一样的，但每一次都有一点不同，升三度、升五度，用这样的方法不断地出现，很新鲜。这种方法也是从京剧舞台上学来的，但是也离不开淮剧原本的东西，比如淮调等。

采访人： 您的创作素材一般来源于哪里？

左毅： 第一就是从淮剧的优秀传统里面找。那些名家、各种流派的主要演员，这里面有大量的素材。然后为了好听，也会从其他剧种吸收一些旋律因素，像倒板、摇板，原先淮剧里面没有的，都可以吸收过来。比如说评剧，它是北方的一个剧种，它的语言跟淮剧属于一个语言系统的，所以你把它好听的唱腔拿过来，用淮剧语言的方法去唱，都很好听，而且和淮剧很接近，人家不知道的可能就认为是淮剧。还有比如说沪剧、越剧，戏曲它是触类旁通的，最大的区别就是语言。沪剧里面有很好的唱腔，你把它拿过来，用淮剧语言的平仄声，加一些装饰音，旋律略微改动，就很好听。

另外就是民歌。苏北有好多很好听的民间音乐，把它作为一种创作元素，选取它的旋律，用淮剧的韵味去融化它，改头换面。

吸收其他剧种或者民歌的东西，可以，但是到了你这里一定要把它融化掉，然后自己想办法再把它结构起来，它只能作为一种元素供你用，而不能照搬。像我一个大戏，主要的场次、主要的人物一定要用淮剧主要流派的唱腔为主。吸收来的东西只能装饰一下，千万不能变成根本。

采访人： 淮剧的好多剧本其实其他剧种也有，内容大致都是一样的，比如《白蛇传》这些。那您在音乐创作的时候是怎么去体现淮剧特色的呢？

左毅： 拿到一个剧本，首先要有本剧种的编剧把剧本演变过来，因为各大剧种的区别就是语言，京剧是以普通话为主的，淮剧是苏北话，沪剧是沪语，越剧是绍兴话。所以京剧《白蛇传》的韵、平仄声跟淮剧是不一样的，一定要有一个懂淮剧的人把它演变成淮剧唱词，把它的平仄声、韵改成淮剧的，这是第一步。

剧本演变过来以后，就要用我们淮剧的音乐去变了。比如说京剧这一段用的是二黄，我们淮剧哪种音乐跟二黄比较相近的；比如京剧里"游湖"用的是西皮，那又要找淮剧里哪些曲调它的音乐节奏、情绪跟西皮比较雷同的，要找到音乐上相近的东西去变化。

戏曲音乐的创作要经过好几个过程，作曲自己要琢磨，然后跟演员合作，再有导演的要求，演奏的时候还有鼓师等各方面，大家统一了以后才是最终的成品。这个成品是大家的，我只不过做了一部分唱腔方面的工作，要成功、圆满需要大家的共同努力。

采访人： 您觉得您创作的作品有哪些特点？

左毅： 最初开始创作的时候主要是运用一些淮剧的优秀传统，变化不是最大。后来通过音乐学院的进修之后，逐步累积了一些创作经验，我的作品淮剧观众都很欢迎，各个流派的唱腔保留得原汁原味，行当也分得很齐。因为我从十几岁开始接触淮剧，对淮剧的老演员都比较熟悉。

另外呢我本身也很爱好音乐，喜欢听一些民乐的作品，包括西洋音乐的作品，比如贝多芬的、柴可夫斯基的，还有一些德国的、匈牙利的，我都很喜欢。并且会把一些新的音乐元素和我们淮剧的音乐元素结合起来，包括江南丝竹、民乐团的一些东西，都跟我们淮剧的戏曲音乐结合起来，那么创作出来的作品，它的音乐性就比原先要强一些。

我搞一个戏，拿到剧本以后先看这个剧本属于什么地方的，找它的地方特色，比如江南音乐、北方民歌，找好多相关的元素。再就是根据里面的角色，找到相应的唱腔流派，比如筱文艳老师、何叫天老师，把他们所有以前的东西找出来听，逐步心里有框架了，再开始动笔写。因为你一下子拿到剧本是无从下手的，所以要先把元素、材料这些集中起来，逐步归类，搭建框架，然后再进行创作。

采访人：前面讲了很多您在作曲方面的经历，您同时还是一名一级演奏员，能不能给我们介绍一下您担任主胡的经历？

左毅：戏曲的节奏跟一般歌曲不一样，它是和橡皮筋一样可长可短、有快有慢的。常常都是一句唱腔里面，前面是慢的，到后头就是快的，然后一下子又慢下来，那演奏要怎么办？就需要一个人去领奏，要带着这个乐队的快慢节奏、音量变化等，就和指挥是一样的。

另外我还要让台上的演员唱得舒服。演员有时候在演唱的时候，唱快节奏的，他会情不自禁地越唱越快；有时候一些抒情的唱段，有的演员也会越唱越慢。但是戏有它的合理要求，快到什么程度、慢到什么程度都是有尺度的，这就需要主胡去帮着把控。演员唱得快了，一定要拽住，把他稳住；演员唱得慢了，你要想办法把他往前推，推到他应该有的节奏。有时候演员唱了四句下来，我八个小节的过门音乐一过，他忘词了，怎么办呢？就需要主胡有临场应变的能力，用戏曲的东西临时

排练时的左毅（左一）

加进去,加到演员想起来了,他悄悄给你一个示意,那么你再还他一个过门然后继续。这就是主胡,舞台上要善于应变,演员出的差错你要尽量给他弥补掉。

采访人:您在多年的排练或演出过程中,有过什么难忘的经历吗?

左毅:有三件比较让人伤心的事情,都是发生在我演出的过程中。

一次是《五星红旗》到苏北巡回演出,上海来电话说我妈妈要去世了,等我赶到家,我妈妈还有一口气,印象很深刻。

再一次是《九件衣》和《蓝衫记》到外面演出,又是上海来电话,说我父亲去世了。那一场戏我从开场就一直流泪,一直到戏演完,一面流泪一面拉琴,因为我父亲从教育、成长的各个方面都是对我最好的,所以总觉得自己对不起父亲。戏演完以后领导马上想办法把我送回上海,但是父亲已经走了,没有能见到父亲最后一面,只是赶上了追悼会。

还有一次,《乌纱梦》在外地演出,我太太在上海查出来癌症晚期。当时领导先知道这个消息,但是考虑到我的情绪,没有第一时间告诉我,而是赶快先从上海调个人来代替我演出。演出的时候我碰到他,还跟他开玩笑,说你怎么有空到这里来玩了。其实是让临时调来的人白天先看两场戏,谱子做个记号。直到那天演出完了,领导来找我,把我太太的情况告诉我,说:"对不起,我们一直瞒你到现在,我们连夜送你回家。"我当时一听,一下子就受不了了,因为那时候孩子还很小,大概只有四五岁,我想我一个人完了。当时从射阳直接开车到上海,大概开了一天吧,就没停过。后来我回到上海带太太去看病,我们领导也找了医生给她开刀,最后结果总算还不错。

所以我在外面演出先后碰到三件大事:父母去世,太太生病,好在最后我太太抢救过来了。这三桩事情对我印象非常深刻。

采访人:左老师您还在戏校担任过老师,能谈谈您在淮剧传承方面的努力或者成就吗?

左毅:我在戏校教了五年,这五年的时间里我是认认真真地教学,给学生讲一些淮剧曲调的来源、怎么学唱等，也帮他们搞了几个小戏，也出了一些成绩，《扈三娘》和《盗草》拿了两个"梅花奖"，《忆十八》和《挂画》拿了两个"白玉兰奖"。

传承的"传"跟"承"，"承"呢我继承了老一辈好多优秀的东西，"传"就是我现在的作品。我在搞的音乐创作其实就是在做传承的工作，我首先把淮剧好多传统的东西自己融化了，然后通过我的创作体现在一些现代的剧目当中，这就是我在传承方面所做出的努力。

另外，我认为"传承"这两个字，"传"要创新，"承"要继承原味，要一丝不苟地把优秀的传统进到你的脑子里，进到你的心里，把它融化成你自己的东西，然后根据时代发展的需要，再对它进行创新，这样出来的东西既有淮剧原有的特点，又能够符合时代的发展。

采访人：您对于淮剧的现状怎么看？

左毅：是存在一点问题的，这个问题跟社会也有关系。淮剧观众要靠培养的，有好戏、好演员，才会有观众来看，看了以后他才喜欢。淮剧在20世纪50年代、60年代发展得很好，为什么？那个年代没有电视看，苏北人居住的地区附近都有小剧场，当时上海有13家淮剧团，经常演出。当时的人们也没有什么娱乐活动，无非就是工作回来，晚上一毛钱、一毛五分钱买张票就去看戏。几场戏一看，就对淮剧感兴趣了，那时候观众基础就是这样培养出来的。以前每个居民区都有一个小剧场，从家里到剧场就五分钟，淮剧等于是送戏上门那样的，观众就很多。

那时候演员多，又很刻苦，出了好多好演员，这是相辅相成的。有好演员，有好戏，再加上观众有机会去看戏，淮剧就很兴旺。

现在呢，我们的城市建设日新月异，好多人都从市区动迁到了郊区，剧团又只有上海淮剧团一家，演出都在大剧场，观众要从郊区过来看戏，首先交通不方便。而且现在票价也贵，我们的老观众都是一些年纪大的退休工人，花那么大的价钱，交通又不方便，他可能就不高兴来剧场看戏了，家里电视看看也一样。

所以社会的原因、时代的原因、经济的原因等,种种原因就导致现在看戏的人越来越少,市场就比较冷清。淮剧是比较明显的,但其他剧种也都有这样的情况。原先上海有几十家淮剧团,学戏、唱戏的人,好演员就多。现在就一家剧团,演员也逐步减少,演戏的机会相对也少。舞台实践少了,演员的艺术提高就存在问题了。

要发展淮剧的话,我认为第一个要培养青年。舞台上生旦净末丑,行当要齐全。现在演员培养不好,出不了好演员就出不了好戏,恶性循环,观众也越来越少。戏曲是综合性的艺术,需要各个方面的配合,好的剧本、好的导演,还有乐队、舞美、服装等,各方面都要重视。

采访人: 您从事了一辈子淮剧艺术,对淮剧有着怎样的感情呢?

左毅: 我对淮剧是很有感情的,我感到我之所以今天能拥有这样的生活,这样幸福的家庭,都和淮剧分不开。就像一个人抽烟喝酒会上瘾一样,多年从事淮剧以后,我感觉到对淮剧也有瘾。有时候在家弄一些老戏听听,就感觉是一种享受。

我最希望的,就是淮剧能够发扬光大。最近淮剧确实很低潮,但我希望领导能够重视,我们的青年人能够跟上,希望更多的青年能够爱好淮剧,来补上这一课,将来淮剧一定能发展得更好。

(采访:裘一婧　整理:陈家彦)

淮剧是一棵根深叶茂的大树
——孙野口述

孙野，1945年出生，淮剧表演艺术家、导演。1956年进入上海市戏曲学校淮大班学习，攻小花旦、武旦、刀马旦。1959年毕业后在上海淮剧团担任演员。1985年于上海戏剧学院导演理论进修班进修。1986年回剧团任导演。

演绎的主要角色有：《杀货郎》中的孙二娘，《杨八姐打店》中的八姐，《八姐游春》中的杨排风，《佘太君斩子》中的穆桂英，《宝莲灯》中的灵芝等。在上海市第一届戏曲青年会演中，主演的《杀货郎》中孙二娘一角获优秀表演奖。

导演的大戏有：《杨乃武与小白菜》《柳曲娘》《血冤》《寒梅》（复排）、《灰阑记》《哑女告状》（青春版）、《智断无头案》等；其导演的现代小戏《大爱无言》《孝子镇长》参加全国现代小戏会演，获得优秀剧目金奖、银奖各一。

采访人： 孙老师，请您先简单做一个自我介绍。

孙野： 我叫孙野，是上海淮剧团的演员、导演。我出生在一个梨园世家，我的母亲是一个很有成就的淮剧演员，艺名叫筱惠春。我的父亲叫孙仕坤，他从家乡来到上海以后在当时旧政府的财政局工作，也做过法国巡捕行的巡捕。

采访人：能不能详细介绍一下您的母亲？

孙野：我母亲很早就没了父亲，带着她的妹妹和母亲一起生活，负担起家庭的重担。母亲十几岁的时候就开始学戏，因为天资聪颖吧，没有多久就开始慢慢成名了，大概17岁的时候，她已经在剧团里面挑大梁了。

母亲筱惠春

采访人：当时她是在哪个剧团？

孙野：那时候我还没出世呢，母亲也没跟我说过。但我知道她后来是跟马麟童同过班的，而且马麟童跟我父亲成了很要好的朋友，用现在的话来说就是兄弟了。马麟童没有儿子，我的大弟弟就给马麟童做了干儿子。

后来我母亲成立了私营剧团，这就要说到马麟童了。

新中国刚成立的时候，上海成立了一个初期的国营剧团——淮光淮剧团，马麟童进了这个剧团。当时马麟童就找到我的父母，对我父亲说："老四啊！"因为我父亲排行第四，"我现在已经进这个剧团了，马

母亲筱惠春（24岁时戏服扮相）

家班已经没有了,但是我马家班的很多东西还在,特别是衣箱。你们现在没有进国营剧团,能不能考虑让惠春,你们自己成立一个剧团?"他说:"以惠春的艺术造诣,自己成立一个艺术剧团是根本没有问题的,我唯一拜托你的就是我的衣箱到时候给你的剧团用。一方面你们可以不用添置什么了,另外我的东西也算有着落了。"

在这种情况下,我爸妈就成立了春光淮剧团。

当时剧团是没有固定驻所的,在上海能够有房子的人家很少很少,大部分演员都是随团,在哪个剧团演出就在周边找个房子,有些跑龙套的直接就睡在舞台上。我印象当中那时的几个演出地点有杨浦的沪宁大戏院、小木桥的曹阳大戏院、虹口区的嘉兴大戏院,还有长寿路那边的天下第一舞台,我记得在那个剧场我经常听到杨飞飞唱的《红太阳当空照》。

采访人:那您其实等于是在戏院长大的?

孙野:我在我妈的肚子里就看她的戏了,小时候只有一点点大,没事就坐在台边上看戏,就觉得好玩。看我妈演各种各样的角色,演穆桂英,大靠扎起来,多么的威武;演孟丽君、郑巧娇,女扮男装多么的靓丽。

采访人:请您详细介绍一下您母亲的艺术特色以及成就吧。

孙野:我妈在艺术上还是很有想法的。她有一个戏叫《蔡金莲》,其中有一场蔡金莲滚钉板,我记得我妈说,那时候为了给观众更大的视觉冲击,真的钉板拿上去以后,拎一个活鸡上去,把鸡"啪"一下拍在钉板上,然后钉板拿下去再换一块上来,这时候观众不管后来的这块钉板是真是假,他已经受到过一次冲击了。

等到滚钉板的时候,我妈有一招确实是和别人不一样的。一般的滚钉板,就是拿了钉板以后,趴在上面,滚过来,滚过去,几个五龙绞柱以后一个亮相,"啊!",就完了。我妈妈的不一样,她在滚到最后要亮相的时候,让边上的打手一下子跳起来站到她的背上,是一个这样的造型。这一招除了我在《杨乃武与小白菜》里面用过之外，别人没有用过。

再说到她的女扮男装。当时那些戏迷，特别是纱厂的女工，那真是爱我妈爱得要死，她们不是爱我妈这个人，是爱她的艺术。我记得那些阿姨看完戏以后就在后台等我妈，请她去吃宵夜，然后看到我妈有个女儿，这个也给你打一套毛衣，那个也给你打一套毛衣，所以我小时候不停地有新的绒线衫裤，从来都穿不完。

我还记得我们的一个老导演潘子农，他原本是电影界著名的导演，后来到了我们淮剧团。那时候我已经进淮剧团了，潘老师有一次跟我说，他曾经多次建议当时的团长，说筱惠春是一个非常好的演员，希望团里能把她收进来。但是团里考虑到当时已经有筱文艳和何叫天两个主要演员了，一山不容二虎吧，如果筱惠春进了团，势必会对筱文艳的艺术有一些影响。虽然我妈最后也没能进上海淮剧团，但是从另一个角度来看，也是对她的艺术成就的一种认可。

说到这里还有一个趣事。那是在一九五几年的时候吧，我妈妈已经在浦光淮剧团了。那时候田汉有一个本子叫《谢瑶环》，是讲武则天下面的一个女官，女扮男装被派去巡按江南。由于当时的剧团和演员对版权是根本没有概念的，有好的本子就拿过来演了，所以我妈就排了这个戏，不知怎么让身在北京的田汉知道了。田汉很生气啊，找到上海剧协，说你们上海有一个小剧团竟然招呼都不打，就把我的本子拿去排，这个戏不是一般演员能够演的，也不知道他们搞成什么样，一定要好好地追究。

我妈本身也是剧协理事，剧协后来找到我妈说到这个事情，怎么解决呢？就说安排一场演出，剧协来看看，看了以后好给田老有一个交代。看完演出以后又交代我爸，说你们写一封道歉信给田老，请他原谅。最后剧协也给田汉打招呼，说戏他们看过了，对剧本没有任何改动，还是尊重原著的，演谢瑶环的这个演员比起京剧的其他演员也并不逊色。这样这个事情就算过去了。

采访人：您母亲练功、排戏时的状况您了解吗？

孙野：有时候说戏的时候稍微比画比画，通常这时候我已经睡觉了。

有一件事我是有印象的。我妈小时候没念过书，新中国成立以后进了扫盲班才识了点字。后来她还有点文化，是怎么来的呢？原来的剧团都是幕表制，晚上吃完饭演出前，大家召集在一起，有一个说戏的人给大家讲明天演什么戏，第一场是什么，张三演什么，李四演什么，过场是怎么样，最后一场是怎么样。然后到了台上，台词、唱腔、对白都是即兴表演的。后来改成剧本制，那么规范性的东西就多了，起初对于这些老演员来说适应起来还有点困难。我记得小时候，我妈会拿个剧本在床上读，读着读着就叫我爸："你来你来，这是什么字？"过了一会儿又问："你来你来，这句是什么意思？"就是在这样不断地看剧本、读剧本的过程中，她的文化水平也慢慢地有所提高。

采访人：关于春光淮剧团，您还有哪些印象？

孙野：当时成立了私营的春光淮剧团以后，我妈其实是个名义上的团长，她除了唱戏其他什么都不会，剧团的管理全部都是我父亲一手操持。要知道管理一个剧团是多么的不容易啊，有的时候还会得罪别人。我爸脾气不好，谁在台上不认真，下来就被他破口大骂。但是在生活上他对别人是很慷慨的，不管是谁有困难找到我们家来，我爸就叫："拿钱拿钱。"

后来剧团公私合营以后，第一个条件就是让我爸辞职。可能是因为我爸的脾气得罪人了吧，但是我妈还是很顾全大局的，她什么怨言都没有。

我记得还是私营剧团的时候，整个剧团的演员大概十几个吧，乐队大概十个人不到。那时候剧团的经济状况还可以的，因为我妈的戏有人看啊，天天客满，我记得我小时候在剧场里面穿来穿去，从来没有看

解放初的演出剧照

到过稀稀拉拉只有几排观众的情况,都是坐满的。

采访人:您母亲后来是怎么离开舞台的?

孙野:1958年以后公私合营,上海也不需要这么多淮剧团了,那么有一部分人就回了苏北,有的剧团完全解散了,有些演出质量比较好的剧团就合并了,春光当时就是和竞成合并,改名叫浦光淮剧团。

再后来到"文革"的时候,剧团就解散了。具体的情况我也不是太清楚,但当时他们属于公私合营,编制是在区里面,区文化局管的。那时候连上海淮剧团都瘫痪了,他们更加无法生存下去了,就全部被转业到了厂里面。我妈被分配到电器商店卖电器,日光灯、开关这些。她是个没什么文化的人,在那里干了几年以后还学会开发票了。说到这个我不知道怎么,有点想哭的感觉。

她作为一个可以和筱文艳齐名的演员,在艺术上我不是夸大,可以说是和筱文艳不相上下,各有千秋。筱文艳老师的唱是无与伦比的,我妈的扮相、表演、整体的舞台形象也是没有人比得过的,但是她就那样

《江姐》剧照,筱惠春(前排坐者)演双枪老太婆

匆忙地告别了舞台。

采访人:母亲对您在淮剧方面的成长有什么影响?

孙野:记得我那时候大概五六岁,有一年剧团里演《红娘子》,还少一个演小孩的演员。演父亲的那个人就说了,"不如让孙野来吧"。我妈起先不肯,后来也觉得我蛮活跃的,就让我上了,我那时候也不知道怕。

我记得上场之前我妈还和同台的老演员说:"你当心点,不要玩她。"因为那时候戏班子里的人到了台上以后会出各种各样的招来整你。那场戏是讲一个遭遇战乱、穷困潦倒又生病了的人,带着儿子在逃难。其中这个大人有一段唱,正常的话应该他唱完就结束了,结果那天在舞台上,他唱了一半把板一丢,丢给我了,我还真的接上了。当时就唱了四句,意思也对,韵脚也对。从这次经历来看,可能我在唱戏这件事上还是有一些天分的吧。

采访人：您是什么时候正式开始学习淮剧的？

孙野：我记得是1955年，当时淮剧团演《秦香莲》，缺少一对小演员演秦香莲的一对儿女英哥和冬妹。不知是谁动了脑筋以后打电话给我爸，把我借到淮剧团演冬妹，演英哥的就是何双林老师，当时我们俩都是11岁。

这场戏演完之后没过几个月，淮剧团要到安徽去巡回演出，又把我借去跟着他们一起巡回演出。因为何老师要读书，这时候演英哥的小演员已经换成了我们另外一个同学。我也不知道我爸妈当时是怎么想的，何老师要读书，我也要读书的呀。那时候我好像上小学四年级吧，书都不读了跟着他们出去巡回演出。那么小的小孩，那时候连澡都还不会自己洗呢，就要自己打背包出门了。

那时候小啊，除了演出就知道玩，有一次就闯祸了。人家买的一只松鼠不知道怎么跑出来了，我一看吓了一跳，"老鼠！"拿个棒子一棒下去把松鼠的两条腿给打折了。这件事我一直记得很清楚，当时还赔了五毛钱。

采访人：后来您是如何进入淮剧团的呢？

孙野：巡回演出回来以后我又去读书了。淮剧这个事业不是我自己选的，刚开始的时候我自己也是懵懵懂懂的。记得有一天我爸跟我说淮剧团办了一个班，丁团长来电话了，让你进这个班去学习。于是我也没有考，就直接进了淮剧班。

当时淮剧团的领导丁瑶对青年演员的培养还是很有自己的想法和步骤的。当时淮剧团的主要演员也都到了30多岁的年龄，虽然他们正值黄金期，但是作为领

1958年，14岁时的孙野

导要考虑到的是这个事业今后的传承,一定要有接班人。所以淮剧团当时办了上海淮剧团学馆,戏校也办了淮剧班,后来这两个班就合并在一起了。

采访人:进戏校的时候其实您还很小,学戏也是一个很艰苦的过程。在这段学习经历中,您有什么特别难忘的片段吗?

孙野:当时我们这个班的整个学习安排是很有步骤的,基本功训练、腰腿功、跟头功、形体、唱腔、表演,都有专门的老师教学,很规范。

练基本功真的好苦。我记得那时候早上六点钟起来,六点半进练功房,压腿、踢腿、下腰、拿顶。我特别怕拿顶,一个顶上去以后,老师把手表往你面前一放,"40分钟"。然后到十几分钟以后我就开始叫了,手抖了。抖到20分钟多一点,我"啪"一下就掉下来了。老师拿个小刀片打屁股,叫:"上去,上去!"没办法,再上去,不到两分钟又下来了。

采访人:文化课呢?

孙野:谈到这个我又要讲到,这也是我觉得我们丁团长很有领导前瞻意识的地方。她认为你们基本功都学好了,如果没有文化,那不是跟旧社会的演员一样吗?那要怎么才能够使我们提高文化水平、提高艺术修养?有两门课是一定要学的,一门文学课,一门中国历史课。我们这个班因为年龄差距比较大,有小学毕业的,有读初中的,而我和何老师连小学都还没有毕业。我记得我们有一个同学那时候已经十八九岁了,觉得我们就是小屁孩,凭什么跟他们一起上课?我就不服气了,自己学得比他们还要好。为什么呢?

我小时候喜欢两样东西,一个是跳橡皮筋,第二个就是看连环画,上海人叫小人书。小时候家里对我比较宠,妈妈他们要演出,我放学以后要不就在外面跳橡皮筋,要不就到小书摊上花个一两分钱租两本书看。从小人书看到《格林童话》《安徒生童话》、中国古典神话等,慢慢就养成了看书的习惯,文化水平也得到了提高。

我有一个习惯,如果到剧场演出的话我总是随身带一本书。一场演下来当中如果要隔一两场再轮到我,我就找一个地方坐那儿看书,一边看,一边耳朵听着台上,要轮到我上场了,赶紧书一放就奔到后台。

采访人:您在戏校学的第一个戏是什么?

孙野:《秋香送茶》,学这个戏还有一个好玩的故事。我们那时候小戏学好以后都要给团里领导汇报演出的。演出的时候,少爷叫了:"秋香,送茶来!"我应一声:"来了!"然后端着一个托盘,上面摆的是瓷的盖杯,上台一个转身,刚刚一亮相,"啪",亮相还没亮完,杯子掉下来摔碎了。

学馆第二学期汇报演出剧照

汇报演出以后,尽管我在台上摔了杯子,但毕竟年纪小,拿不稳也正常,从戏的角度来看,老师们还是都肯定了。之后为了让我们实践,我记得是过年的时候,年初一到年初五,安排了几个早上让我们演出,在黄浦剧场。结果我也是不接受教训,同样的一个转身亮相,"啪!"杯子又掉了。还好那天舞台上有地毯,没有摔碎,我又转身把杯子捡起来接着唱完。台下都笑了,因为小孩儿嘛,也都原谅了。那是我第一次单独作为演员为观众演出,不像以前都是跟着大人在台上走走,那天还蛮紧张的。

采访人:那时候您的父母会经常来看您的演出吗?

孙野:反正都在上海嘛,我爸妈有时候剧协开会、观摩什么的,他们都会过来看我,而且会带我出去,先给我买一顿吃的,吃完以后到天蟾舞台对面的稻香村买两个鸭胗肝往我手里一塞,他们就回去了。

我有演出的时候他们会来看,但我基本上不跟他们交流这些。我爸是个很内向的人,好与不好他不会说。我妈偶尔会说一两句,比如你刚才那个地方有一个亮相,头最好怎么样,但她也不会跟你具体分析你这个角色有什么地方不对。

采访人:从戏校毕业后,您在上海淮剧团的青年队待了挺长时间?

孙野:那时候剧团的老演员,像筱文艳老师、武筱凤、马秀英等,都是正当年,剧团一年就那么几个戏,主演肯定给他们呀,那我们这批刚毕业的青年演员怎么办?所以我们毕业了没多久剧团就成立了一个青年队,它是作为一个独立演出的团体,让我们这些青年演员能够不停地有实践的机会,这样可以成长得更快一点。队员除了我们那一批同学,还有周筱芳的妹妹周云芳。她的行当是闺门旦,正好是我们青年队里缺的行当。这个青年队一成立我的行当也就定了,我是武旦、刀马旦、小花旦。因为我会翻跟头,我进淮剧班的时候年纪小,这些基本功都是要从小练的,所以我的腰腿功和跟头都不错的,男孩子练的东西我都练。

成立青年队以后我们演出很辛苦的,我记得有一年将近半年的时间都在苏北十几个公社到处跑。有一次在广场上,演《杨八姐打店》,我一个马趟子刚上去没多久,一个小飞虫突然飞到我眼睛里面,我印象真的很

《八姐游春》中饰演杨排风

深,当时就闭着一只眼睛,这场戏大概还有将近20分钟,我把它演完了。下场以后我往地上一坐,"我眼睛要瞎掉啦!"就开始哭。

采访人:当时青年队的演出、排练情况您还记得吗?

孙野:我们这支队伍是作为淮剧团的后备军,因为淮剧团当时的那批主要演员总是要老的,那我们就是他们的后继力量。青年演员有青年演员的好,从艺术上来说当然没有老一辈的演员那么有深度,但是观众能看到他的

《红灯照》剧照

成长,能感觉到这个青年演员不错,将来也许能够继承淮剧事业。

当时青年队行当非常整齐,而且每到一个地方演出,观众都非常欢迎,特别是到苏北家乡。特地为我们青年队排的戏是比较少的,基本上老师们演什么我们就排什么,比如说《佘太君斩子》,这是以老旦为主的戏,大团是徐桂芳老师演的,我们青年队就是施月娥演。

采访人:您的得意之作是哪出戏?

孙野:我的《杀货郎》里的孙二娘,这是马九童老师和韩刚老师排的。这个戏的表现形式有点像《三岔口》那样,高俅为了探听梁山的消息,派了个密探假扮货郎,路过十字坡被孙二娘看见了,孙二娘看这个人鬼鬼祟祟的,肯定是个刺客,先把他截住。这里有一段文戏,货郎一看这个店婆子很漂亮,就想先把她灌醉了,其实根本没醉。我记得我演的孙二娘背了一把刀,翻小翻上了一个两张半桌子那么高的高台,然后从上面翻下来,意思就是从屋顶上翻下来的,紧接着就是一段打戏,最后是孙二娘胜了,货郎死了。

20岁时的孙野

这个戏在我们团应该说是影响很大的一出戏,当时淮剧比较少接待外宾,凡是有招待任务,总是我跟何老师两个人的《杀货郎》。所以那时候他们有一句笑话,叫"大江南北杀货郎"。说实话,这个戏我蛮怕的,两张半台子往上一站,腿都抖的。所以后来演出多了以后我就耍赖皮了,拿掉一个椅子,不拿椅子我不翻了。

说到得意之作、成名作,其实作为演员来说我的戏不多,这也是受到一个时代的限制。刚毕业的那几年我还年轻,担子压得不多,等到二十多岁刚刚风华正茂要起来的时候,突然"文化大革命"了。

采访人:"文革"期间应该说整个文艺界的演出等都瘫痪了,当时您在做些什么?

孙野:当时中央有一个政策,让上海文艺界要接受工农兵再教育,我们这些人有一批要去工厂。开会表决心的时候,别人都说"我们去者高兴,留者安心",轮到我的时候,我说我"去者高兴,留者不安心",坚决要离开。

我们这批人在工厂里战高温的这八年里面,很多人都是不习惯的,要求回剧团,但我是一心想要留在工厂里。我在厂里做技术员的工作,第四制药厂嘛,跟人家技术员一起学菌种的发酵,在显微镜下检验。当时我是不愿意回剧团的,可惜我自己身体不争气,也不知道是对药厂里的气味过敏还是怎么样,我们每隔几个月要检查肝功能指标,我每次检查肯定肝功能异常。在厂里八年,我生了六年的病,住了两次医院、三次疗养所。所以"文革"结束以后,我们这批人全部要召回淮剧团,我最后也还是回来了。

采访人：您那时候为什么这么不喜欢从事淮剧工作呢？

孙野：可能是书看得多了，眼界开阔了，而且我觉得从我接触到的艺术形式中，我更喜欢电影、话剧。记得我十几岁的时候，有一次京剧院借了三个人去跑宫娥，我也去了。那个戏是李玉茹老师的梅妃，我去的第一天，李玉茹老师一看见我："哟！来了一个这么漂亮的小姑娘。"我化好妆以后，她说："这么漂亮给糟蹋了，明天我给你化。"她自己的妆都是别人给她弄的，但是第二天我再去就是她给我化的妆。后来孙正阳老师、李童生老师只要看见我，还是会喊我一声"小李玉茹"。

李玉茹老师还跟我说："丫头，来我们京剧院吧。"我说："随便呐。"她真的跟我们团要我了，我们团长不放。我年轻的时候要我的单位很多，包括全国武术冠军李福妹的老师蔡龙云、云南省音乐学院的教授、云南话剧团的导演……有这么多的机会，我会安心待在淮剧团吗？我不是不热爱淮剧事业，只是我总觉得另一项事业可能更适合我。从淮剧事业来说，我的条件有限，我不可能成为站在舞台中间的那个人，但是作为一个演员，你总是想要做一个好演员，更何况我妈妈是那样一个优秀的淮剧演员。

采访人：所以后来您改行做了导演？

孙野：原因之一吧，改行的另一个原因是我曾经听到过一句话。有一次在后台，他以为我没听见，用苏北话说的："筱惠春是个角儿，养个女儿是个棒槌。"我觉得很难过，所以这也促使我决定改行。

按照做演员的条件来说，我是受到了嗓子的限制。我记得有一次团里要排《江姐》，我们的一个作曲就跟团长说，淮剧团如果要排这个戏，江姐这个角色肯定是我的。团长歇了一口气，说："她如果唱得了，当然是她的了。"包括像《红灯记》，如果我唱得了，那铁梅也是我的。作为一个演员，只要有这个"如果"在，我还能有什么发展？所以到了后面年纪越来越大，三十多岁四十岁不到的时候，我已经有危机感了,因为我不想等到四十多岁了,我还是在边上,别人叫一声"总女兵!""有!"我会很伤心的。

所以大概在我37岁的时候,我跟领导提出来说我要改行。我不想干演员了,因为在演员这条路上我只会越走越低,不可能再往上走了,而往下的那条路是我不愿意的。

我记得我的第一个戏是跟着江平老师,给他做场记。后来又跟着顾少春老师排《孟姜女》,给他做技导,设计动作。就在这个时候碰到了武筱凤老师的先生任何教授。他说:"孙野,我们这个班已经要开始了,你怎么不来?你赶快来。"因为当时考试已经都考完了,所以我是通过任何老师的关系,直接进了戏剧学院的导演班。

这个班是胡导老师的一个艺术理念,他想要把理论跟实践相结合,所以我们班里一半是戏曲演员出身,一半是话剧出身,他们想把戏曲和话剧嫁接在一起。我们这批人都是胡导老师的弟子。基本上我们这个班里面,很少有人是没排过戏的,有些是已经排了好多戏的导

与上戏导演理论班同学合影(第一排右一为孙野)

演,但是缺乏戏剧理论知识,所以在这个班里我们学习了很多理论方面的东西。

采访人: 担任导演工作之后,您感觉和以前做演员有什么不同?

孙野: 做演员和做导演最大的区别在于他们看剧本的角度不同。演员是站在一个点上去考虑问题的,我用什么形式、用什么样的唱来表现这个人物;而导演要全方位地考虑整部戏的艺术性,在拿到剧本以后你的脑子里要有一个台本形象的形成,主题、立意,要把每一个人物、每一个部门都组合在你的艺术构思之下。

我在担任导演工作以后,逐渐觉得在这个道路上我是可以往前走的,而且还可以慢慢地往上走。这里面有多种原因:一方面我是戏曲演员出身,我对淮剧程式化的东西也好,对它的表演形式也好,各方面我都非常熟悉;另一方面,我从小就养成了看书的习惯,古今中外、唐诗宋词,这些东西都早就融入我的内心里了。这些都有助于我更好地胜任我的导演工作。

采访人: 您担任导演的工作模式是什么样的?

孙野: 我拿到剧本看了以后,先要把我的想法和编剧、作曲沟通。然后我会做一份完整的导演阐述,跟演员见面,谈剧本、谈主题、谈构想,分析每个人物的个性。

作为导演,编剧的台本和你的艺术构想肯定会有差距,如果只是按照他的台本来操作,那么你的很多构想就没办法发挥了。我有一个优点同时也是最大的一个缺点,老是要改人家的剧本。我跟你要求了,如果不行,我也要说服你,你改不了的话,我来改。

其实我老是在为他人做嫁衣。我做副导演的时候帮助导演去完善艺术处理,我做导演的时候帮助编剧去完善剧本内容。

我记得那时候跟雷国华排《西施》,有一场戏他排不下去了。有一段西施的出场,他想要在艺术处理上达到让所有人惊艳的效果。他跟舞蹈老师要,说了半天舞蹈老师没办法领会他的想法;跟戏曲的技导要,技导老师给他的东西他也不满意。后来是我给他的建议,我说当所有人压低以后,西施慢慢从里面站起来,所有的光都压暗,两面桥光打在当中,然后西施背对着观众一个转身,长水袖一甩,所有的焦点就都在她身上了吧?导演说:"就要这个!"

再要说到《柳曲娘》,这是我改得最多的一个本子。最初拿到这个剧本的时候,我说这个戏千万排不得。为什么?这个故事本身的人物走向不对,尽管她是封建社会受到迫害的人,但是她的所作所为得不到观众的同情,更何况最后她把自己一家子都给害死了。那怎么办?当时我们把编剧从苏北请到上海来,我把我的设想和我的艺术处理先跟他沟通,然后我和编剧两个人你写一场我写一场,再从中取舍,最后这个本子等于70%都是我写的。

改剧本不单单是要求你有深厚的文学功底,还要懂得戏曲唱词的铺排,它的韵脚首先就限制了你在遣词造句方面的运用。

我排戏还有一个特点,我知道什么情绪该用什么样的唱腔。当然在排戏的时候我只是给到作曲我的建议。在改剧本的时候,我就会按照唱腔的结构来写台词。

采访人:作为导演,在一部戏的创作过程中您应该需要照顾到很多方面吧?

孙野:除了前面讲到的编剧、作曲、演员的沟通,还有灯、服、道、效、化的艺术创作和构架。

首先是舞美,因为舞美出了草图我才能下台子排戏。我会把我的设想给舞美作参考,但是在具体的设计上我还是尊重你的艺术创造力,你把我要的感觉实现了,其他的我不管。

然后是服装的问题。我排戏十次有九次是没钱的,剧团不会拨很多经费给我的,一部戏最多定做三四件服装已经算不得了了。有时候临到彩排前,我拿着一杯茶跑到服装间,对照着剧本,第一场女披要什么颜色的,第二场四个丫鬟的衣服一件件翻出来……还要考虑到灯光是什么颜色的,搭在一起好不好看。你说这个导演做的有滋味儿吗?没有的。

甚至有一次我们到山东去会演,我连道具都帮着他们一起搬。因为我们早点撤场人家后面的就可以早点上了,省得在下面等着。

采访人: 您给我们介绍几个您在导演方面的代表作吧。

孙野: 一个是《杨乃武与小白菜》,还有一个就是前面提到的《柳曲娘》。

《杨乃武与小白菜》在沪剧里面已经是一个比较成熟的本子了,淮剧团以前也排过,后来是陈慧君、陈忠国包括梁伟平他们,想把这个戏重排,就找到我。我看了本子以后和陈慧君说:"我想和你沟通一下。一共13场戏,虽然已经改过了,但我觉得还是碎。那些枝枝蔓蔓没有必要的东西能不能剪掉,浓缩一点?"最后我把它改成9场戏。

这个戏我是从对杨乃武和小白菜这两个人物之间的情感碰撞来处理的。应该说他们两人之间是清白的,但是小白菜心里有杨乃武,所以最后在几次翻供的情况下,我重点落笔在了后面的监牢、密室相会还有杨淑英告状。

演出《杨乃武与小白菜》后与施燕萍合影

梁伟平演的杨乃武,监牢一场戏的那段大悲调,我跟他说这个时候杨乃武受了酷刑,他心里的愤懑和他的怨气,你尽量用程式化把他的痛苦外化。

杨淑英告状有滚钉板的情节,我的滚钉板就不同于越剧、沪剧等其他剧种,而是用了我妈的这一招。酆君梅演的杨淑英上场喊冤以后,先把钉板高高地举在她面前,到滚钉板的时候,我要求她一圈滚下来以后,没力气再滚了,刚要趴下来,紧接着有两个人把一个小衙役一拎,站到她腰上,刚一站稳她就"啪"一下昏死过去。

据说我的《杨乃武与小白菜》到苏北去演出,非常轰动,观众要求买站票看。这种盛况在淮剧团这么多年的演出当中也是比较少见的。忠国一直和我说:"你排的戏淮剧观众要看。"为什么呢?因为我了解淮剧观众的审美心理,我知道他们要什么。

再说一下《柳曲娘》。我觉得我的《柳曲娘》和其他导演的不一样,特别是最后一场。女主角虽然前半生受到封建主义的迫害,但是最终她又变成了迫害别人的刽子手,儿子死了,儿媳死了,老情人死了,孙子死了,这一切都是她造成的。在这种情况下我对演员的要求就不一样了,因为这是一个跨度很大的角色,从闺门旦到青衣再到白发苍苍的老旦,一台的人都死了以后,她应该是个什么状态?如果按照戏曲程式化的东西,那么这个时候她肯定是昏倒了。我说不行,这个时候怎么也昏不过去的,应该是像母狼失去狼崽子一样地嚎叫,问天问地:这些都是我造成的吗?我又是谁造成的?所以我用了很多的艺术手段来呈现这么一台戏,用了京剧衰派老生的东西,包括我们郑贤峰老师的锣鼓点,酆君梅演得也好。我比较喜欢挖掘角色内心的东西,然后把它外化给观众。

采访人:关于淮剧的传承和创新,您是怎么看的?

孙野:传承方面,我一直都在给青年排戏的,排戏的时候有些东西是一招一式教的。

导演都是神经病你知道吗？特别是像我跟何双林这样的导演，一看别人做得不好，说了两遍还不行的话，那我做给你看。这个老的应该怎么样，那个小的应该怎么样……像我给青年排的《山伯下山》，小生的动作都是我一招一式很规范地教他的。

我还是那个观点，只有继承才能创新，离开了本体去创新就是一个空中楼阁。我喜欢小男的都市新淮剧，就是喜欢它这一点，跟淮剧的本体贴得很近，同时它的艺术形式又非常新。

采访人：您怎么看淮剧如今的现状和今后的发展？

孙野：原来淮剧老一辈种植的这棵枝繁叶茂的大树，如今下面已经水土流失了。

其实早在许多年前我已经感觉到了。我记得有一年团里搞一个庆祝活动，办了一台晚会，我是主持人。我拿了话筒上台，眼睛往台下一看，我就愣住了，因为给我的感觉观众席是一片灰蒙蒙的颜色。为什么会是灰蒙蒙的？我们的观众都老了，六七十岁，甚至于有的没有儿女的陪伴已经出不了门，来不了剧场了。那一刻我突然就感觉到了淮剧事业的危机感。

现在我们有时候辛辛苦苦花近两个月的时间排一场戏，最后只能演一两场。

当然这也是时代的问题。当年淮剧进入上海的同时，大批苏北人涌进上海讨生活，他们是跟淮剧同时代在上海成长起来的，所以20世纪60年代淮剧在上海能够达到一个鼎盛时期。现在我们的老观众都年纪大了，年轻观众又很少很少，所以淮剧的生存确实存在问题。

现在淮剧团在戏校的第五班要毕业了，他们的艺术到底怎么样，这些人是不是能够为淮剧事业的传承起到应有的作用，我不知道。他们成了气候以后，淮剧观众能不能再成气候，说实话我没有信心。

采访人：您对于现在青年淮剧演员有没有什么希望或者建议？

孙野：刚才说到的，淮剧观众已经不多了，现在能够进剧场看戏的

1995年与著名演员杨占魁合演《君臣游苑》,孙野饰孟丽君

淮剧观众,那真的是特别热爱淮剧这项艺术。我觉得我们的淮剧青年要继承这项事业的,首先你要尊重这些观众,要尊重你的工作,每一次在舞台上的表演都一定要认认真真的,我希望现在的淮剧人还能够把淮剧当成一份事业,而不是工作。

昨天晚上我一夜没睡,想了很多。想到筱文艳老师,我第一次跟她合作是演她的女儿,扑在她的怀里;想到何叫天老师、徐桂芳老师这些著名演员;想到搞音乐的宗海南老师;想到管服装的钱老师,他就像监工一样地盯着我们,裙子穿起来以后谁如果要坐下他马上就会来骂你,不能坐

与筱文艳合影

的，皱了要烫的；想到食堂里的严阿姨……我突然发现一点，我想到的这些人都已经不在了，但是淮剧还在。

淮剧为什么还在？就是因为有这些台前幕后的淮剧前辈为我们的淮剧事业种下了一棵根深叶茂的大树。因为这批人，淮剧这棵树在上海生了根，我们现在这些后来人都是来乘凉的，我们应该以什么样的态度来对待这棵大树？

（采访：裘一婧　整理：陈家彦）

教学是我戏曲生涯的重要一环
——朱桂芬口述

朱桂芬,1933年出生,江苏省盐城人,国家二级演员,中国戏剧家协会上海分会会员。1949年参加上海市兄弟淮剧团,1951年加入上海市人民淮剧团,1961年调入上海市戏曲学校担任教师,1977年调回上海淮剧团,担任演员和技术指导。

主要作品有《红楼梦》《打柴得宝》《三女抢板》《白毛女》《铡包勉》《党的女儿》《一家人》等。

采访人:朱老师,请您先介绍一下您的家庭环境、学习经历。

朱桂芬:我是艺人家庭出生。我的父亲是一名淮剧老艺人,他当年为了生活,从苏北到上海来唱戏。我父亲文化程度虽然不高,但他很钻研,不但演小生,还会编剧。过去旧戏都是连台本戏,他会看很多书,看很多历史戏,然后用口传的方法排戏。

我从小没怎么念过书,过去旧社会也没有什么幼儿园,再加上家庭贫困,我记得我五六岁的时候,就跟着我父亲到剧场内看戏玩耍。每天演完了,"明日请早"那个牌子一挂,我就跑到台上蹦啊跳啊,翻跟头啊,我自己印象很深。也是因为这么一个情况,我从小耳濡目染,大概七八岁的时候我就会唱,而且偶然有一次机会就让我上台了。有两个老演员到我们剧场演《秦香莲》,需要一对小孩儿,临时要找演员也找不到,有人就说了,朱家的小女儿蛮好玩的,会翻会弄,让她演吧。从那个时候开始,我大概十岁吧,就在台上演娃娃生。有时候唱一些很苦的戏,比如父亲要打母亲或者逼母亲死,我就跪下来求,能把底下的观众都唱哭。所以小时候看看,我在唱戏方面还是有天分,人家都说这个小孩很聪明的,将来可以走唱戏这条路。所以从此以后,我就跟着我父亲学戏。

我家里好多人唱戏,我的哥哥、姐姐都是跟父亲学戏的。我哥哥比我大五岁,也是淮剧团的演员,演小花脸。他过去跟京剧演员学过三年,不是光拜师,是在人家门里学了三年才出来,所以他基本功挺好的。那么我的文戏是父亲教,武戏都是跟我哥哥学的,而且他很严厉,学得不好会打我,父亲倒不打我。

采访人:您是什么时候进入淮剧团的?

朱桂芬:我十六七岁的时候吧。1951年,接到了文艺处的聘请书,聘请我和我哥哥进入上海市人民淮剧团。进了国家剧团以后不像以前那样,演出都是口传心授,可以随便在台上编,这里是剧本制、导演制的,你一定要按照剧本上来,不能唱错的。我们没上过学,没文化,怎么看剧本?剧团就请了文化老师来教我们认字、学文化。我记得那个时候每天上午两个小时就是学文化,有时候写写作文,很快就学到2 000字了,能

年轻时的朱桂芬

自己看剧本。

我记得那时候叫我们进国家剧团，我们也是凭着勇气进来的。过去在私营剧团的话，唱得多赚得就多，但是到了国家剧团就是固定工资了，一切要听国家安排。有的人就不想进国家剧团，也有的人来了一会儿又走掉了。那个时候我年纪轻，对党、对政府有很明确的感恩之情，因为过去家庭很贫困的，新中国成立以后感觉到翻身了。

采访人： 进入上海市人民淮剧团以后您都参演了哪些戏？

朱桂芬： 刚进剧团的时候演筱文艳的《白毛女》，我演黄世仁妈妈。那时候我们的淮剧泰斗筱文艳老师才三十出头，我才二十岁不到，演黄世仁妈妈要怎么演？只有从脚上下功夫，学黄世仁妈妈地主婆的样子，裹了小脚走路的模样，演得很成功，把满台的人都逗笑了。那个时候还没有作曲呢，唱是怎么样呢？就按照歌剧来唱。过去淮剧都唱古装，新中国成立初期一唱到现代戏，那观众是多得不得了。最开始就唱《白毛女》，后来根据形势，还唱了《抗美援朝》《镇压反革命》等，陆陆续续演了好多戏。

采访人： 当时淮剧团的状况是什么样的？

朱桂芬： 那时候大家过的是集体生活，比如说八点起床练功，练到十点学文化课，中午吃好饭休息一下，下午就排戏，然后晚上演出。上海市人民淮剧团成立的时候，是从各个私营剧团招了尖子过来的，基本上每一个人都很优秀。但是演员多了，比如演《白毛女》，喜儿只有一个，筱文艳老师演，其他人怎么办？我过去在剧团里是唱花旦的，但是进入国家剧团就排不上了，人太多了，那就演其他角色，我就演黄世仁妈妈。

以前我们连团址也没有，就住在人民大舞台的后台，和京剧团的人在一起；有时候又跟评弹和杂技团一起，住在延安路那边，就像打游击似的。后来国家给的经费多了，我们就有自己的团址了。最早是在泰兴路，挺大的房子，里面有好多宿舍，好多单身的青年，包括我

与筱文艳在北京参加《母与子》演出

们团长也住在宿舍,后来大家慢慢地各自成家以后就搬出去了。再后来淮剧团不断发展、壮大,泰兴路的这个团址不够用了,而且淮剧团也有武戏,演员要练基本功的,翻跟头、耍枪什么的,就嫌原来的礼堂太低了,不够用。那后来就从泰兴路搬到了绍兴路,现在是昆曲团的办公地;之后又搬到了威海路,现在是在普陀区的康定路,也就是艺海剧院那里。

采访人:您刚才提到《白毛女》,可以再为我们介绍几部您的作品吗?

朱桂芬:一个是我演的《党的女儿》中的二姐。这个戏到大连去演出,走在路上很多人看到我都要叫"二姐来了",还是很受好评的。

这个戏还有一个故事。戏中党的女儿李玉梅是我妹妹,我是她的二姐。我的丈夫北上抗日去了,妹妹李玉梅是留下来打游击的。我就不让妹妹出去打游击,因为外面白匪很多,就把李玉梅锁在家里不让她出去。有这么一个剧情,李玉梅被抓走了,在刑场上开枪打到了她的手臂,她受伤了但是没死。其他好多游击队员都被打死了,她是从死人堆里跑出来,躲到二姐家里。因为发现了叛徒,李玉梅要去联系另一个人,她说"二姐你不能留我,你让我出去送信,否则整个组织还要被破坏"。我随便怎么样都不让她出去,就说"你歇一会儿,我去端一点东西给你吃"。苏北话"吃饭"的"吃"发音是"切",因为是在大连演出嘛,北方人听到我说"切"他们都笑了,每天演,说到这个就要笑。后来筱文艳老师也说,桂芬的这个词是不是要改一改。后来全团都在讨论这个事情,就觉得苏北口音还是要适合当地,讲的时候可以稍微带一点点口音,但是口音尽量要往北面走,这样观众比较容易接受。后来我就改了,"玉梅啊,姐姐弄点给你吃啊",就稍微还带一点点口音,但听起来还是"吃",这样改完以后呢观众不笑了,第二天演出底下效果也挺好的。

后来开座谈会,谈《党的女儿》这个戏出去演出的相关情况,导演、编剧、筱文艳老师、何叫天老师他们都参加了,去听意见。我没有参加座谈会,但是后来听导演说,座谈会上觉得二姐这个人物我演得好,我听到了心里也觉得很安慰。

我还记得最后有一段,白狗子又要来扫荡了,要赶紧撤退。有一个游击队员把我拖了就跑,临走我还讲了一句话,"哎呀,我的门还没锁呢",台底下"哗"就笑,"来不及了,你快走吧"。我演的这个二姐受到了观众的热爱和好评,自己也蛮高兴的。

采访人:朱老师,我们知道戏曲是很讲究师承关系的。您进淮剧团以后拜过师吗?

朱桂芬:我进国家剧团不是为了拜一个有名的老师,剧团也觉得我是一个蛮好的演员,所以我没有拜师,但是很虚心地学习。我跟"传字辈"的

1959年参加青年会演所获奖状

老师们学习过,不单单是在戏校,剧团有时候也派我出去学。过去华东袁雪芬的剧团里,专门有两个"传字辈"的老师教他们"手眼身法步"这些,越剧的水袖、台步都是挺好的。

我记得有一次团里叫我到华东去学一些昆曲的东西。昆曲的耍剑、扇子都是很讲究的,折扇有折扇的拿法,团扇有团扇的拿法,都有各自的规律。不是说戏曲演员文戏只是靠唱或者靠两个水袖,还有好多讲究,宝剑怎么拿、刀怎么拿、扇子怎么拿,要下好多功夫。

采访人:那您的表演风格、特点是什么样的?

朱桂芬:我的风格实际上是比较擅长刻画人物,我也喜欢刻画人物。做演员最怕刻图章的演员,就是演什么都是一样的,这就不行。青衣有青衣的表演,花旦有花旦的表演,丫头有丫头的表演,不同的人物连台步都是各自不同的,所以我表演的时候就会根据人物来表现。

有的旦角出来,很文雅的,你的水袖也好,台步也好,就要压着一点,不要那么快;如果是小丫头的话,出来就都是快步,因为小丫头做事一定要快,不然主人要骂的。过去演员在台上台步是要跟着点子走的,根据锣鼓节奏,演员脚底下要有节奏感的。

我演戏一辈子都讲不要超出人物,不要不符合人物。我是很注重刻画的,古装也好,现代戏也好,不讲究人物是不行的。有一次我们团里三个青年人同时参加一个青年会演。我演妈妈,另外两人演我的女儿和游击队长。故事说的是白匪要来抓游击队长的女儿,她逃到我家里来了,我家里还有一个女儿,白匪一看家里两个女孩儿,就问哪个是游击队长的女儿张英。当时我演的这个老旦就把两个女孩儿抱在怀里,她在做思想斗争,到底是舍张英,还是舍自己的女儿小琴,最后认了张英是自己的女儿,说小琴才是游击队长的女儿。这一大段的唱以及表演,当时也是公认说演得太好了,会演我还得了奖。导演也说,你看小朱多有激情啊。

演员光靠唱,身上没有是不行的。过去说的"手眼身法步",我们平时都要练的。比如练手,兰花指、拂手,你别看我现在年纪大了,手还是很翘,还很好看。包括演现代戏,要表现一些内心的变化,一抖手就是代表心理活动,内心有点害怕的样子。

另外我平时喜欢看戏,昆曲、京剧、越剧,都喜欢看的,看戏的过程也是一种学习。比如越剧我喜欢看老戏,如果有袁雪芬和徐玉兰的剧我一定要看的,因为她们的表演太好了,身段太美了。我会从她们身上学习这种优美的东西,当然淮剧也有粗犷的一面,但我的风格不是那么粗犷,我觉得观众也蛮喜欢我的。

采访人: 您再给我们介绍一下淮剧团排样板戏《海港的早晨》前后的情况吧。

朱桂芬: 淮剧有一个优势就是既能演古装戏又能演现代戏,所以那时候古装戏不演了,淮剧团就写了好几个戏,最早是《杜鹃山》,后来就是《海港的早晨》。创作《海港的早晨》的时候,先是编剧李晓民到码头上去体验生活,后来演员、创作人员全部都到码头上去了,和工人们同吃同住,背得动的还背大包。

后来《海港的早晨》被京剧拿去了,搞了革命样板戏,之后"文革"中期工宣队进驻,淮剧团又把这个戏移植回来,这个时候就是根据京剧的《海港》来演了。但是词基本上还是淮剧的词,套路也基本上还是淮剧的套路,比如说朱文虎唱的"轻轻的一抓就起来",过去何叫天演的就是这么唱的。

采访人: 您在剧团期间应该参与过很多慰问演出,还为许多领导人演出过吧?

朱桂芬: 1953年成立国营剧团以后到朝鲜去慰问志愿军,后来又慰问解放军。我记得那时候慰问解放军,筱文艳老师因为能文能武,一个人要演两个戏,上一场演《小姑贤》,下一场还要演《穆桂英挂帅》,很辛苦。《小姑贤》是我和筱文艳老师一起演的,筱文艳老师演我的媳妇,她有点胖胖的,我那个时候二十四五岁吧,人很单薄,筱文艳老师就说想想办法帮我弄得胖一点。后来我就里面穿个红棉袄,就是过去练功穿的那种绸的薄棉袄,外面再穿过去婆婆穿的那种大袖子的古装。我这个婆婆很凶的,整天要打那个媳妇,虐待她,这个角色我演得不错的,以至于后来排到有婆婆的戏都要叫我演。我记得有一次也是慰问演出,演完《小姑贤》下场,我把老旦的头套一摘,正在卸妆呢,一个老太太跑上来一把搂住我,说"原来是个小

朱桂芬老旦扮相

妹妹啊",这个老太太就是劳动模范施小妹。筱文艳老师笑死了,就向她介绍我:"是小妹妹,她才二十四五岁。""哎哟,这个小妹妹演得像得来,那么凶哦。"施小妹当时是这样评价的。

后来1957年的时候,中央在上海开会,那是我第一次招待总理。在当时的中苏友好大厦,我们演了《白蛇传》里的一段武戏《水斗》,当时参加表演的还有越剧的王文娟、徐玉兰,都是些小戏。当时选演员的话,个子矮的、形象不好的要被拉下来,我蛮幸运的,因为我形体不错,也有点基本功,每次都被添上去。那个时候保密工作也是很要紧的,不会提前告诉你是招待总理的,到了剧场才知道是总理在现场看戏。演完以后,总理会来和大家问好。一般我们群众演员都站在后面,然后一直盯着总理笑眯眯地看。总理知道你想要握手,会到你面前来和你握手。这个我印象很深的,说明总理他很理解我们每个人的心情。

后来演出《女审》,我记得是招待朱德、刘少奇,好像还有陈毅,朱老总也是和我们一一握手,真的很感动。《女审》的主要角色只有一个秦香莲,那是筱文艳演的,我们都是跑龙套,演女兵。

1957年合影（左一为朱桂芬）

再后来是招待江泽民，那时候他在上海当市委书记，来看我们学馆三班的学生演出。我那时候已经在学馆教学了，教施燕萍、袁红她们，给她们排《水漫泗洲》。这个戏排得不错的，一台戏能文能武，行当也齐全，当时京剧院的梁斌、马科他们都来看我们排这个戏的，说"真的好"。后来我们就是在现在的兰心大戏院招待江泽民，三班的学生们演《水漫泗洲》。

采访人：您曾经在戏校担任老师，给我们讲一讲这段经历吧。

朱桂芬：我是1961年到戏校做老师的。一开始我是兼课，上完课就可以回淮剧团，晚上还是参加演出的。1961年团里演《党的女儿》还叫我去演二姐了，但是后来戏校的班主任就不允许了，因为演出你可以调别的演员，我走了的话学生要停课了。所以后来关系就转到戏校，专职做老师了。

做老师其实也蛮难的，有的人他是个好演员，但是不一定会教，不一定懂得怎么样去启发学生。到戏校先是给他们练基本功，圆场台步、

与学生施燕萍合影

跷腿下腰、水袖这些,然后就是给学生们排戏。排戏其实很考验一个人的组织能力。我一开始不知道怎么排,也没有当过老师,怎么办呢?就去看昆曲老师是怎么给学生排戏的。那个时候只要我有空,人家昆曲老师在教课我就去看,看人家怎么给学生排戏的,怎么启发学生的。几天看下来,我就知道大概是怎么样的一个路数了,就开始给自己的学生排戏,先从唱腔开始,慢慢排。

在戏校教戏是对自己能力的锻炼,要有耐心,而且我们那时候排戏教学不是按行当分的,一整个戏都是一个老师教,花旦也好,小花脸也好,小生也好,男的、女的,都是我一个人教,蛮有挑战的。我教的戏基本上出去汇报效果都蛮好的,蛮完整的。过去我们戏校在文化广场,基本上一个戏教一个多月,然后马上就要到舞台上去实践的,教导科、老师们、同学们都要来底下看的,所以到了时间你就一定要有东西能拿出来,不能混的。所以说教戏、培养学生还是要在戏校,很正规,很严格,文化课、形体课、练功、排戏各方面都比较全面。

采访人：后来"文革"期间，戏校也是处于停课状态吧？

朱桂芬：我很幸运，没有被批斗，但是课都停了。到"文革"中期的时候，工宣队进驻戏校，淮剧班的学生那时候都到淮剧团去了，但我作为老师还留在戏校。留在那里干嘛呢？我就练功。入了这一行，拳不离手，曲不离口，每天总要练练功、跑跑步、叫叫嗓子。我记得那时候京剧班什么的，好多老师都一起练功的，有时候也打打把子，练练刀枪。

再后来，戏校的学生都去排练《沙家浜》的演出了，练功的人也少了。有一阵子，有的老师被调到食堂烧饭，做炊事员，我和"传字辈"的几个老师被调去看戏校的大门。坐门房的那段时间，我的收获很大。之前上课教学的时候，都没有空闲时间，除了教课就是备课，但是在门房间，两个人一班，就偷偷聊艺术、聊昆曲。我会问很多表演方面的、戏曲方面的、动作方面的东西。当时老戏都已经不让演了，这些东西也是不准说的，但是昆曲老师也不保守，他们对我都很好，也很信任我，我问了，他们就会说，但是只能在这里说，不能外传。所以那段时间我跟着"传字辈"的老师们学了不少东西，水袖啊、四功五法啊，过去这方面理论的东西我知道很少，都是从这里学来的。

采访人：那"文革"之后，淮剧团是什么样的情况？当时都排了哪些剧？

朱桂芬："文革"之后淮剧团还可以的，那时候团里有三个队。一队排了《爱情审判》《牙痕记》，二队排了《哑女告状》《九件衣》，三队排了《水漫泗洲》《白蛇传》，还有《金钱豹》《刘二姐赶会》，三个队轮流出去演出，到安徽、南京都去过。那段时间演出不少，观众也还可以的，到各地去演出都蛮受欢迎的。

后来到90年代，我快退休前后的这个阶段，淮剧团排了《金龙与蜉蝣》这个戏，搞得的确不错，从编剧、导演、演员，到舞台美术、效果各方面，都很好。起初我是听说剧团排了一个很好的新戏，后来给了我票子去看，真是耳目一新，我看得很感动，流了不少眼泪，而且感觉到淮剧的

与戏校淮二班学生合影

发展有希望了。

《金龙与蜉蝣》这个戏,它的剧本很新鲜,那时候听说开座谈会,有人把这个戏比作莎士比亚的作品,悲剧色彩很浓重。我觉得导演的处理方法很好,很感人,而且有别于过去老戏的处理方法。整个戏的风格也很统一,武戏的部分都是用舞蹈的方式来表现,这就是新的形式,这就是改革。从蜉蝣的打斗戏,到那些兵马俑似的士兵,整体风格都是一致的。而且,虽然这个戏有很多创新的地方,但是在音乐曲调的运用上,大悲调什么的,都用得恰到好处,淮剧传统的东西还是保留得很好。

采访人：我知道《金龙与蜉蝣》曾被改编成电视剧,《女审》也被改编成了电影,改编之后在表演形式或者其他方面与舞台上有什么不同吗？

朱桂芬：《金龙与蜉蝣》改编成电视剧,从情节方面,比舞台上更完善一点。比如人物的出场,原本在舞台上,蜉蝣有一个出场是从皇帝坐的凳子底下钻出来的，但是电视剧里就不受戏曲舞台的限制，各种设置会更加的合理一点。但是从整体来看，包括化妆、演员各方面，还是稍微粗糙了一点。

《女审》这个电影，拍的时候没有做什么大的改动，基本上就是根据戏曲舞台上的表演来拍的。现在来看的话就觉得当时有点过分保守了，跟舞台上差别不大。当时拍这个电影的时候，淮剧团所有的演员基本上都参加了，我是在里面演女兵。当时拍了有两三个月吧，因为淮剧团的演员都来拍电影了，所以演出也都停掉了，就专门拍电影。我们演女兵的，虽然没有几场戏，但是一整天也都耗在那里，不能随便走的。所以就感到拍电影、电视剧这些真的很辛苦。

采访人：《金龙与蜉蝣》被称作都市新淮剧，在表现形式上相较于传统淮剧有着很大的革新，您是如何看待淮剧的改革的呢？

朱桂芬：淮剧将来的发展，改革是一定需要的。现在淮剧的观众越来越少了，大家对淮剧没有那么感兴趣了，但是《金龙与蜉蝣》给人的印象还是可以的。所以淮剧如果要想把观众拉回来的话，不改革是不行的，总是保持老腔老调，这里搬搬那里搬搬，这样不行的。

淮剧现在面临的问题不少，语言是一个。我们的下一代很多都不讲苏北话了，像我这么大年纪，平常和人家交流也是上海话或者普通话，除非是碰到家乡人和他说两句苏北话。观众面越来越小也是问题，一个剧种的发展离不开观众的支持，淮剧如果要继续在上海站稳脚跟的话，一定要培养观众、发展观众。

淮剧要发展，首先要有好的剧本，要有好戏、好的导演、好的演员。我们的演员平时要注意提高自己的艺术水平，不然有好的剧本摆在面前，你演不出来，也是不行的。

演员素质很重要。前两年听说他们都不练功的，我吓了一跳，演员不练功怎么行呢？演员每天台步要走，水袖要练，"手眼身法步"一个都不能少。我们以前做演员，身上要带一个小镜子的，哪怕是坐在车上,我也要照着镜子练习,怎么笑、怎么哭。如果是花旦笑,我要用水袖把嘴挡住了,不能露齿;如果演哭戏,眼泪只能汪在眼眶里,不能滴下来,不然妆花了就很难看。这些都要看一个演员的本事的,内在和外在结合的表演才能感动观众。

还有一点,一个演员要爱护自己。什么意思呢?有的演员管不住嘴,吃得很胖。你作为一个演员,是要到台上和观众见面的,吃得那么胖,身上都是肉,腰那么粗,那怎么行?演员还要会弥补自己的缺点。过去我们京剧四大名旦之一的程砚秋先生,他有点胖的,但是人家不嫌他胖。他文戏武唱,水袖那是一绝。他的水袖幅度很大的,出场基本上都是半个身子出来的,然后水袖一摆,身体遮掉一半,就不显得胖了。

采访人: 朱老师,您是什么时候退休的呢?

朱桂芬: 我是1989年退休的。退休以后团里也继续聘请我演过几场戏,但是我住的是团里分的房子,那时候刚刚搬到浦东,南浦大桥还没有造好,晚上演出完回家的车都没有,觉得很艰苦,跟团里的领导再三打招呼,我说我实在没办法,尽量还是让二班的人去演吧,以后再有什么重大活动我再参加。后来是淮剧团50周年团庆吧,请我去参加,我们老同志们一起演了一个《官禁民灯》,之后就没有再参加演出了。

我退休以后享受着儿孙的孝敬,那时候六十多岁,和我爱人一起,老两口就去旅游,跑了好多地方,四大名山、海南三亚、桂林、长江三峡、厦门、香港、澳门,去了好多地方,看看祖国的大好河山,看

朱桂芬扮演反派师太造型

看祖国的建设，真的是美不胜收，我觉得很开心。再后来我们又到国外去旅游，到了韩国、日本、新加坡等，出去看看世界，也是开阔自己的眼界吧，有了比较之后也更加感觉到祖国的繁荣富强、兴旺发达。

再有一个，退休以后我很欣慰的，就是我教的学生们，他们对淮剧是真的非常非常的热爱。他们现在也都退休了，但是还没有忘记我这老师，每逢团里年轻人有演出，他们都请我去观摩、看戏，有时候也拍拍照、留留念。有的同学每年过年还都上门来拜年，平时也经常打电话来问候我的身体情况，让我觉得在我的演艺生涯当中，教学的这个过程对我来讲是一个很大的安慰，因为我的劳动和辛苦没有白费，学生们对我的关心就是对我在事业上作出的贡献的安慰和鼓励。

采访人： 对于淮剧未来的发展，或者对现在的淮剧青年们，您有什么想说的吗？

朱桂芬： 对于淮剧的发展，我希望我们的剧团包括上级领导能够给予淮剧更多的关心，让它能变得更好。淮剧也是一个大剧种，过去也去过好多地方，全国各地都晓得有个淮剧，它也是百花园中的一朵鲜花。现在如何把这朵花浇灌得更加鲜艳，让这朵花开得更好？我觉得要靠大家的努力，单单依靠领导抓，下面不动也是不行的。我觉得淮剧的兴旺发达是有希望的，只要大家肯动脑子，抓创作、培养青年，各方面配合好，淮剧的未来一定是好的。

（采访：陈娅　整理：陈家彦）

演员,就要在舞台上拼搏

——何小山口述

何小山,原名何长生,1933年出生,江苏阜宁人,国家二级演员。出身于淮剧世家,9岁学艺,13岁登台演出,主攻文武小生。1946年参加工作,1979年进入上海淮剧团。主要代表作品:《五台山》《郑巧娇》《三打白骨精》《柳毅传书》《合同记》《琵琶寿》《双扇姻缘》。

采访人:何老师,我知道您是出生于梨园世家,请先给我们谈谈您的家庭。

何小山:我的祖上是从事香火戏的。香火戏是淮剧初级阶段的形式之一,后来结合了民间小调,再接受古老徽班艺术的传授才形成今天这样的淮剧。我的祖父何明珍、三祖父何卓珍都是徽班师傅门下的弟子,两位祖父100多年前与武旭东等七人来到上海,他们是上海淮剧的开山鼻祖。

我祖父在1912年就创建了长盛班,这是我们的家班,那时候就

武旭东,最早开拓上海淮剧的艺人之一(何小山母亲袁彩凤的恩师)

巡演于江南、苏北等地。新中国成立前后我们的长盛班不断壮大发展,上海以前有13个淮剧团,其中精诚淮剧团和志成淮剧团的主要成员都来自我们长盛班,而且两个剧团的领衔人物分别是我父亲何益山和表兄周筱芳,常演的剧目有《白虎堂》《红楼梦》《虎符》《游龟山》《合同记》,还有一些现代戏包括《东海最前线》《海滨激战》《节振国》等,都给广大观众留下了深刻的印象。其他还有好多主要演员,比如说我祖父的入室弟子周廷福,他也是我的姑父,是淮剧早期四大名旦之一;我的母亲袁彩凤是武旭东的亲传弟子,也是淮剧早期武家班七条凤之一;我叔父何步楼,后来改名青山,他是淮剧早期著名武生之一;我的师兄张古山,是老生演员,也是志成淮剧团的创始人;还有我表姐周艳芳、表兄周筱芳、二弟何幼山、妹妹何长秀,都

1964年,《节振国》,志成淮剧团,周小芳(左)饰节振国,何益山(右)饰耿三和

是在淮剧界响当当的人物。

采访人：您能具体介绍一下您印象当中的长盛班的情况吗？

何小山：长盛班的顶梁柱是我祖父何明珍和我三祖父何卓珍，还有我的姑父周廷福。它是以衣箱为主的，人员不多，在苏北演出的时候就靠当地的家族成员还有临时邀请的一些演员来参加演出，到上海演出的时候有武旭东，还有其他一些老艺人也都参加。

我祖父四十多岁就淡出舞台了，那么长盛班这个担子就交给我父亲来挑了，我父亲承担长盛班班主的时候只有18岁左右吧。当时班里除了我姑父他们，没有什么其他人了，就是家里的衣箱班，有时候外面临时凑合几个人员到我们班里来唱戏。演出的话一般到苏州、无锡、南京这些地方，也到上海演出。在上海演出是在长安路一个叫三层楼的地方，另外还有凤翔大戏院、共和戏园等几个虹口的老戏园，都是我父亲带队演出。

我父亲有时候也参加其他衣箱班的演出。他在自己的长盛班时多数是在淮剧的戏园演出，通过中间人介绍有时候就去京戏班演唱京戏，大概唱了两三年。之后没多久，我父亲又回到淮剧，和马麟童、骆宏彦、武旭东这些老一辈一起挂牌演出。

但是到了战争爆发，上海沦陷了，到处都很乱，我父亲的这个衣箱就失掉了。因为战争也没有观众看戏了，大家都逃难去了，我们一家

1932年，何益山（右）与何青山（左）合影

也就逃难了。我记得我们离开上海之前是逃到大世界里面，那时候我差不多五岁吧，印象里就是大世界上面在扔炸弹，我们从大世界出来的时候，马路上面汽车都在烧，人也烧成焦炭一样的。后来我父亲就带领整个家班的人员到苏北去了，整个全面抗战时期他在苏北都是演的京剧剧目，不演淮剧，因为苏北称淮剧是江淮小戏，而京剧是大戏，更受人尊敬。

采访人：您前面提到您的祖上是从事香火戏的，您能给我们具体介绍一下吗？

何小山：香火戏也叫僮子戏，是淮剧的前身之一。我祖父从事香火戏，有时候我也参加的，当时我只有八九岁吧。那时候都是迷信吧，农村人生病了不怎么去看病的，小孩子生病了就用香火戏祈求神灵保佑小孩子早日康复。我的祖父就唱一些词，大概意思就是"这个农民的小孩生病了，希望他早日康复"一类的，我呢就负责跟在我祖父身边敲锣。我还看到他用刀在手背上划开一个口子，用他的血涂在这个农民房子的门框上，还有房前、房后。祖父身上还有一面鼓，他一边唱，一边自己敲鼓，还要对那个生病的小孩子指手画脚地做一些动作。

那时候在农村里，像我祖父他们每个香火戏艺人都有一个管辖地段的，就是这几个村庄都归他管辖，这里需要演香火戏都由他来唱，其他的香火戏艺人不可以到这个地段来，这个都是有规矩的。香火戏演出的时候是不收钱的，到了年终的时候，我祖父就叫一个人推一辆六合车，到庄子上去收食俸。为什么叫食俸呢，因为庄子上种大麦的就给一些麦子，种山芋的就给你山芋，都是给他粮食作为报酬。

采访人：您从小成长在这样一个环境中，是不是自然而然地就对戏曲产生了兴趣？

何小山：我出生在一个京剧的时代，当时我父亲正在虹口翔舞台演出京戏。那时候京淮都是掺和演出的，同台合作大家都是习以为常的,因为京淮两个剧种都是徽班艺术流传下来的。可以说我是从小跟随父母在戏班子里面长大的。

应该是受到家庭的影响吧,我大概五六岁的时候就会唱京剧的《萧何月下追韩信》,还有《碰碑》中的《杨七郎托兆》。最早上台是客串,演了《九更天》里的鸡毛报子,他就是为了救受冤的犯人,长途奔袭了几天几夜,最后是力竭倒在了台上。那时候夏天也没有衣服穿,我就光着身子,用一块绣花的肚兜围着,就上台

1951年,18岁的何小山

演出了。这之后我又在我父母演出的《三娘教子》《桑园寄子》这些戏当中扮演娃娃生的角色。

我正式开始学戏其实是13岁的时候,开蒙戏是《徐策跑城》。我父亲为什么教我演京戏开蒙呢?因为他是周信芳大师的忠实信徒,他早年到苏北躲避战乱,在那里巡回演出长达八年,唱的都是京戏,像《四进士》《追韩信》《临江驿》《鹿台恨》《投军别窑》《战宛城》等,都是周信芳大师的经典剧目。父亲为我请来好多京戏的老先生教导我,让我得到了很好的京剧艺术的熏陶。比如说首先教我《徐策跑城》的是京剧乡班老生左月亭老先生;教我武戏的有京剧著名的武生盖春来,还有京剧的武生名家李德源,他们教我把子功、毯子功;还有著名京剧武生盖兰亭教我《神亭岭》《两将军》等武戏,让我打下了扎实的基本功。

采访人:您从小在戏班子里长大,有没有什么童年趣事可以和我们分享?

何小山:我的童年虽然处于一个战乱的年代,但是过得还是比较快乐。那时候经常到县城的剧场或者寺庙里演出,在寺庙演出的话,到

了晚上，佛殿的两厢就是我们艺人的栖身之地。在农村演的话，多数都是演一些敬神戏、丰收戏，就在农村的草台上搭台，上面围成棚，再用红的、绿的缎子把舞台装扮起来，就可以演出了。

那时候我大概就八九岁，印象当中最开心的就是跟着两个表兄一起玩，我最小，三表兄比我大四岁，还有周筱芳是二表兄，他本身就很灵活，同龄的小孩子要是跟他格斗起来那准是他的手下败将。那时候经常玩的有滚铜板、打弹子这些，玩得很开心的。还有抓小鸟蛋，要爬到农民的房子的屋檐口，我人小，身子又轻，就站在我表哥的肩膀上，爬上去掏麻雀蛋。那时候出去玩总是我们三个人搭档，我当时有点得意忘形的，因为跟两个表哥出去玩没有人敢欺负我，有时候我还要去斗斗人家，那么有一次就出事了。

有一天我一个人到台下去玩，结果冤家路窄，正好碰上了被我欺负过的几个小孩子，他们看到我孤身一人，认为报仇的时候到了。我一个人孤立无援，他们把我围住了我后台也去不了，那只好朝艺人住的宿舍那边跑，后面很多小孩子一窝蜂地紧追不舍。我跑进门以后赶紧把门关上，然后一眼看到墙上有一捆舞台上用的刀枪把子，我也是急中生智，从里面抽出一把雪亮的铁皮单刀就冲出门去。那些小孩子看到我这样冲出来，都吓得抱头鼠窜，四散奔逃。通过这次的经历我也得到了一个教训，之后就再也不敢仗势欺人了。

采访人：您曾经用过"小何益山"这个招牌是吗？

何小山：对，我13岁刚刚学戏的时候就用的这个艺名，我演的第一个戏《徐策跑城》就是挂牌"主演小何益山"。

那时候新中国成立前有一个风俗叫作打秋风，就是拉局。什么意思呢？就是几个戏班一起，每个戏班拣你好的戏，大家凑成一台戏。这里人家受灾难了，去帮人家公益演出一场；那里要建学校了，去公演一场帮人家筹措资金。我这个"小何益山"，当时经常参加浦东、浦南的这些演出，好几个剧场我都去演出过的，就演《徐策跑城》，人家都很喜

在沪西大舞台演出的广告

欢小孩子演老头。

还有我15岁的时候和我父亲一道演《五台山》，用的也是"小何益山"这个艺名，那时候刚刚学戏没有两三年。

采访人：您刚刚提到《五台山》，您还曾经为周总理演出过这个戏对吗？

何小山：那是1953年11月，我们正在沪北大戏院演出。周总理到上海来是必定要看一台地方小戏的，那么淮剧当然包括在内。我记得是一天晚上，当时上海市文化局的艺术处处长刘厚生带领一个车队，把我们接到延安西路200号，就是现在的上海市文艺会堂，那时候叫华东民族事务委员会。那时候来接我们也不说是为什么人演出，只说是有重要的演出，那我们当然也不晓得是给周总理演，只是觉得大概是哪个

1948年,《五台山》,何益山(左)饰杨继业,何小山(右)饰杨五郎

首长来看戏。到了演出的地方,解放军三步一岗、五步一哨,守卫非常严格,我们在后台也不能随便走动的,那就认真化妆,到时候上台把戏演好就是了。

我们演的是《五台山》,我父亲演杨老令公,我演杨五郎,这是我们父子两个一直演的一出戏。我演的杨五郎出场一亮相,眼睛一瞪往台下一看,眼前没什么观众的,靠舞台前面就是两个大沙发,左边一个沙发坐的是我们周总理,右边一个沙发坐的是陈毅市长。这个戏50分钟,那我们就是跟周总理在一起50分钟。我父亲唱到"八姐九妹还未曾长大,要你替她找一个婆家"这两句词的时候,周总理点点头,很感动的。这两句是老唱词,人情味很重的。那天晚上演出的除了我们,还有甬剧的《拔兰花》、扬剧《上金山》这些节目。

采访人: 我知道您是1979年,也就是"文革"后进入上海淮剧团的,您能否为我们介绍一下"文革"前,上海淮剧界的整体情况?

何小山: 上海淮剧在新中国成立以后有13个淮剧团,联谊、麟童、联义、春光、精诚、志成、兄弟、同盛等,那时候淮剧在上海真的很兴旺的,剧团多,剧场也多,这是淮剧最兴旺繁华的时候。

后来这些淮剧团有的合并了,有的陆续转移到外地去了,到1957年的时候,好多剧团都整编了:把精诚和志成合并为志成淮剧团,在静安区;把建新淮剧团和日升淮剧团合并成烽火淮剧团,在闸北区;把竟成淮剧团和春光淮剧团合并成为浦光淮剧团,在杨浦区。加上上海淮

1983年,《白虎堂》,上海淮剧团。何小山(左二)饰赵德芳,马秀英(左三)饰柴郡主,施月娥(右二)佘太君,韩小友(右一)饰杨宗保,李文藻(左一)饰寇准

剧团,当时上海就这么四个淮剧团了。再到"文化大革命",其他三个剧团都解体了,只剩下上海淮剧团这么唯一的一个淮剧团,可以说是担负着弘扬淮剧事业的重任。

采访人:您后来是怎么会加入上海淮剧团的?

何小山:"文革"开始的时候我只有三十多岁,结果十年的美好青春都浪费掉了,所以我后来在淮剧团拼命工作,也是想把失去的宝贵时光抢点回来。

我原本是志成淮剧团的小生之一,后来1972年的时候我们剧团就解体了。到1978年,我被泰州市淮剧团聘请去演出,因为当时恢复传统戏的演出,但是他们团里小青年不会演传统戏,就需要演员去帮忙演出。当时我在泰州演出了八个月,演了全本的《秦香莲》里的陈世美,《白蛇传》里的许仙,还有《梁山伯与祝英台》里的梁山伯,在社会上也是有一定的影响的,泰州市委宣传部、文化局都出面挽留,希望我能在

何小山扮演的陈世美

泰州待下去。

但是上海淮剧团不许人才外流,就要把我调到上海淮剧团。当时我还在泰州演出,在新造的影剧院准备演出全本《梁山伯与祝英台》,刚刚排练完才演出了两三天,上海那边来通知叫我赶快回上海报道,通知我已经被调到上海淮剧团了。但是我当时走不开啊,泰州淮剧团能演梁山伯的演员刚好生病,没办法演出,本来还有另外两三个来支援泰州淮剧团的人也都陆续回去了,只有我一个人替它挑大梁,如果我也走了,剧团的演出就要停下来了,这个后果就很惨重了。所以我想到我父亲教我的,一个演员要有戏德,无论如何我不能见死不救,我不能走。当时我上海家里人看我不回上海报到,已经赶到泰州要把我押回去了,但是我最后还是跟上海淮剧团的领导通了长途电话,汇报了情况,淮剧团的领导也同意我把这《梁山伯与祝英台》演完再回上海报到。

其实当时我真的要走也可以走,因为我已经支持泰州淮剧团演了七八个月了,我要走也是无可非议的,但是根据实际情况,我不能走,就这样把人家丢下太缺德了。

讲到戏德呢,还有一个例子。那是1956年,我还在精诚淮剧团,当时我们在沪西大舞台演出,班期要结束了,马上就要换到其他剧场去演出了。我们原本计划的最后一个节目是演《哪吒闹海》,这是一个我擅长的戏,而且有文有武、有唱有做,又是神话戏,观众很喜爱的,临走演这个戏也能给观众留下一个好印象。但是门口广告的戏牌挂出去，第二天我们的同行韩小友就到沪西大舞台的后台来找我了。他说："老兄弟啊，你能不能让一让，把这个戏让给我们剧团，我们的打炮戏就是这个《哪吒闹海》。"当时我考虑到，我们如果演了这个戏，他们再来炒冷饭，那不讨巧，上座率可能要打折扣的。而且同行不是冤家，是有友谊的。所以我就临时把原本要演的《哪吒闹海》这出戏换掉了，让给韩小友的同盛淮剧团来演出。

采访人：您刚进上海淮剧团的时候，当时剧团的演出状况是什么样的，您都参与了哪些演出？

何小山：刚进淮剧团的时候，也是"四人帮"倒台没几年，那时候戏曲学校的淮二班是当家，大家都争着要演戏。因为"文革"十年，大家都没有戏演，淮二班这个时候年龄都不小了，三十多岁了，所以我进淮剧团的时候，大家都争着跟领导要戏演。而且那时候有的戏还要让，比如说泰州市淮剧团的陈德林到上海来实习，那么首先要保证有节目让他演。所以说我初进淮剧团的时候演戏很难。

一开始演了《宝玉哭灵》《吴汉三杀》《芦花河》这些戏当中的小生形象，但是戏的分量不重。到了1983年，淮剧团排了一个重点的小生花旦戏《郑巧娇》。这个戏是淮剧历来必定要演的，到什么地方都会演这个戏，演得好要演数十本。但是淮剧团把它浓缩成上下两集，剧本

1983年，《郑巧娇》，上海淮剧团。何小山（左）饰桂中华，马秀英（右）饰郑巧娇

重新编写,然后根据剧本的内容,根据导演的要求,在表演上比以前有了更高的要求。

我到淮剧团之后的第一个重点节目就是这个戏,这个角色我以前也演过的,当然重新编排之后我还是要根据新的要求去进入角色。但是最重要的,淮剧以唱腔为主,唱是第一位,你的唱腔如果抓不住观众,那这个戏就是失败的。我的大段的唱腔都是和作曲合作,他先用录音机把我的唱腔录下来,回去重新整理,根据我的音色重新把这个唱腔变成一个完整的唱段。我的这个大段的唱腔都是根据高亢激昂的马调,把它改变成一个婉转抒情、优雅的小生新腔,这一演出得到了观众的青睐,在上海很卖座。

我们有一次去苏北演出《郑巧娇》这个戏,第一天演出都是A角,观众看了都对这个戏印象不错,第二天有的场次就让B角去演了。结果有的观众第一天来看过以后,第二天他还来看,看到演出的这个大段唱不是我演的,他就不满意B角的演唱,结果就出现了现场观众哄场、喧叫的情况,不让B角演出。那时候我正好在休息,剧务跑过来说"何老师你赶快换衣服,台上不行了,等你上场了"。我上场以后,观众的掌声就起来了,就把哄场的情况稳定下来了。

我演的《郑巧娇》这个戏,应该说是我在淮剧团最重点的一个剧目,其他比较重点的还有《双扇姻缘》我也演过,我的唱腔跟里面的旦角是非常融合的,效果也比较好。

1986年,《双扇姻缘》,何小山饰李尚文

采访人：除了刚才提到《郑巧娇》，您在淮剧团还有没有什么比较难忘的演出经历？

何小山：我第一次跟随上海淮剧团到苏北演出是1981年，在我的故乡，也是淮剧的发源地之一阜宁演出，那时候我演的是《牙痕记》中的安文亮。然而到了第二天，在我们团里实习的陈德林由于食物中毒到医院抢救了，白天的戏他就不能演了。还有两个多小时就要开场了，原本是陈德林演的安寿保这个角色没人演了，怎么办？这时候筱文艳团长就找到我了，希望我来顶一下。我原本是演安文亮的A角，也是安寿保的B角，但是这个B角我在上海一次也没排练过，这要怎么上场？但是我又转念一想，现在团里有了这么特殊的一个情况，面对这种困难，我是唯一可以帮助解决的人，我应该要尽力去帮助团里解决这个问题。所以我就跟团长说，今天是特殊情况，我可以上台演安寿保，但是我申请破例，我在台上所有的唱腔都不照原来的曲谱，而让我自由发挥来演唱，团长也同意了。这样的话，这个角色我还是熟悉的，到了舞台上表演也是一气呵成，我的演唱同样得到了观众的热烈鼓掌。所以面对这一次的挑战，我是获得成功的，不但使得团里的领导和同行都对我刮目相看，也让我在家乡的父老乡亲面前有一个精彩的亮相。

我再谈谈我在两个方面挑重担的事情。

1982年，我们淮剧团到扬州地区巡回演出，那时候除了《牙痕记》一台大戏之外还带了两个折子戏，分别是《琵琶寿》和《八姐游春》。这两个戏都是淮剧团的优秀传统剧目，而且一直都是同台演出的。我在这两个戏当中分别扮演陈世美和宋王这两个角色，而且这两个角色都是戏份很重的，从开幕一直到结尾场场有。在这之前的话我没有尝试过一台戏连演两个主要角色，后来通过实践感到这样真的是很劳累、很繁重的。三个小时的演出，我真的是从头到尾没有一点休息，陈世美演完了下来马上服装换掉，一刻钟之内把宋王的服装换上，全部准备好就连忙匆匆再上场，连喝口水的机会都没有。一上场观众就认出来了，

"咦？这不是刚才那个陈世美嘛。"

团里当时选择我同时演这两个主角也是根据实际情况，为了保持淮剧团的演员阵容和演出质量，团里领导安排我演这两个角色是对我的信任和重用，所以再艰苦、再劳累，我还是以苦为荣。这台戏当时就是打疲劳战，每天日夜两场，一直演了将近两个星期，团里面才逐渐给我这个角色增加了B角的排练，那么就能跟我轮换演出了。

还有一个也是在1982年。当时我们淮剧团集中全部的主要阵容到江苏兴化去演出，兴化的观众十分踊跃，我们带去的两三台戏上座场场爆满，但是最受欢迎的还是《牙痕记》。那时候筱文艳老师、何叫天老师都参加演出，从一开始一天两场，到一天三场，票子还是不能满足观众的要求，最后加到一天演四场。这个时候我在戏里担任的是安寿保的角色，那时候陈德林回泰州去了，所以安寿保只有我一个人演，没有B角。其他的人物像顾凤英、李氏、王金龙，都有B角的，一天四场的话就等于一个人演两场，但是当时团里面没有人能够作为安寿保的B角参加演出，那么这个千斤担子只能由我一个人撑到底。上午九点，下午一点五十分、五点二十分，晚上八点四十分，一天四场。安寿保又是有大段的唱，真的是唱得我嘴皮发麻，两眼昏花。我们何叫天老先生就说了："哦哟，真是唱不死你何小山。"我当时的想法其实很简单，团里正是需要我的时候，我一定发挥自身最大的极限，作为一个演员，在舞台上就是要玩命、拼搏，人生难得几回搏，是吧？

采访人：您刚才也提到了筱文艳老师，那您在淮剧团期间和筱文艳老师有没有过合作的经历？

何小山：我和筱文艳老师合作，最早其实是1954年，那时我还没有加入上海淮剧团呢。当时我是上海市春节文艺演出第十一队的副队长，这个队跟筱文艳老师带领的上海市人民淮剧团的部分成员一起，合并成立了一个文工团，到松江、嘉善去慰问中国人民解放军。我们当时演的是《穆桂英挂帅》，演出期间解放军战士提出来要我们加一个《小放牛》,这个节目我没有演过,很担心,怕搞砸了。筱文艳老师当时很温和地跟我讲:"没问题,你跟我一起凑合着,你能行的。"然后我就在老师的精心帮助下,排练、对词,临时就这么凑合出来一个戏,之后上台演出,这个临时加的节目受到了解放军战士的热烈欢迎,老师也很开心。

之后我和筱文艳老师的第二次合作就是在1983年了,当时我们是到淮安巡演。淮安是周总理的家乡,也是筱文艳老师的家乡。那个时候老师是作为团领导,专程到淮安去看望、慰问我们演出人员的,那么当地的领导和广大观众就强烈要求筱文艳老师演一个戏,就演了《琵琶寿》。这个戏那时候我和马秀英演得很多了,但是跟老师是第一次合作,所以我是很小心翼翼地,不敢分神。筱文艳老师演的这个秦香莲把她贤妻良母的形象表演得很有层次,而且她的唱腔悦耳动听,真的是很感染人。

1992年的时候,我们淮剧团在虹口区第一工人俱乐部慰问虹口环卫工人,那台戏里也有《琵琶寿》这么一个折子戏。本来我是要和马秀英一起演的,但是淮剧团一个演员当时在苏北演出突然病倒,马秀英临时要去救场,所以团里就请了筱文艳老师来跟我演这个《琵琶寿》。这是我第二次和筱文艳老师合作这个戏了,也再次让我学习了老师演出时的神韵。

还有一次是1991年7月,在上海沪西工人文化宫的小剧场举办淮剧赈灾演出,规模很大。那次本来也不是老师的节目,但是观众再三要求,老师就选择我跟她演《女审》,我给她配陈世美。这是我唯一一次跟筱文艳老师演《女审》。那时候七月天啊,十分炎热,剧场又没有空调,老师白天跟我们反复排练,当晚就上台演出。老师当时已经是年近七旬的老人了,也顾不得自己大汗淋漓,就是振作精神,把这台戏演下来了。当时真的是让我印象很深,观众的情绪十分高涨,掌声如雷,而且我们的这个《女审》是整台戏最后的压轴,也把整个赈灾演出的晚会推向了最高潮。

1991年淮剧赈灾义演《女审》排练,筱文艳(中)饰秦香莲,何小山(右)饰陈世美

采访人: 您觉得您的表演特点是什么?

何小山: 根据我自身的条件,我的小生扮相比较俊美,嗓音也很圆润,高音可以上得去。另外从表演的角度,我会根据戏中人物的性格来选择适合的"手眼身法步"。你的手指出去代表什么意思,你的喜怒哀乐首先要从眼睛里表现出来,这都是很有讲究的。一个演员唱当然是主要的,但是不能脱离表演,戏曲是一个综合性的艺术,要根据人物所处的特定的环境,他的思想、情绪,你都要通过你的表演去展现出来。

另外在舞台上要守规矩,你的表演一定要符合你的人物,我不赞成为了讨好观众而做一些不适合你表演的东西。

我在演出中还愿意接受挑战。什么样的挑战呢?虽然我演出是以小生行当为主,但有时候也演其他的角色。演戏这个事,我们在舞台上讲究装龙要像龙,装虎要像虎,在台上总归要尽一切力量把人物的表演做到最好,达到完美的程度。比如说我本身是小生行当,但也能演花旦,小生戏当中也有男扮女装的花旦。另外我还能演二花脸,有一个戏

1961年志成淮剧团演出《孙悟空三打白骨精》，何小山饰孙悟空，周小芳（左二）饰唐僧

《薛刚反唐》，叫我演薛刚，那就是个二花脸。但是我演过反差最大的角色，是1961年志成淮剧团演出的《三打白骨精》。这是个猴子戏，让我一个演小生的去演猴子，这在戏曲界是十分罕见的，也是我一生中唯一一次挑战这样的角色。当然我也没有拒绝这个角色，虽然演出有一定的困难，但是我可以克服，不会的我可以去学。那段时间，我白天就去动物园观察猴子的生活，回家再反复地琢磨、研究，晚上就到人民大舞台去看京剧小三王桂卿的《三打白骨精》，然后再认真、艰苦地排练，最后总算也是为这个戏的演出画上了一个圆满的句号。

采访人：何老师，我们回过头来再聊聊您的父亲。我知道您的父亲何益山十分擅长三公戏，您可以给我们介绍一下这方面的情况吗？

何小山：我父亲的三公戏在新中国成立前就演了很多，我记得小时候看他演《古城会》《白马坡》《关公三本走麦城》《水淹七军》等。我父亲演关公戏在农村演得很多，在农民当中很有影响，所到之处都称呼他的班子是"何益山的大戏班子"，那时候唱的都是京戏。在农村

父亲何益山（摄于1932年）

演出的时候，我记得他用黄色的纸把关公的脸谱印下来，把纸折起来供在农民供神的那个香炉下面，是压邪气的。

新中国成立以后，上海淮剧和京剧要分开，那我父亲就回归淮剧了，把原本的那些节目都改用淮剧来演唱。他演的最著名的关公戏就是《战貂蝉》，这是他后来除了《五台山》以外演得最多的一个节目。令公戏唱得最多的是连台本戏《杨家将》，有《八虎闯幽州》《老令公碰碑》等。

包公戏唱得最多的是《秦香莲》。有一段戏是演到《铡美案》的时候，我跟我父亲对场，我父亲演包公，我演陈世美。秦香莲跟包公告状，包公就押着陈世美不让他回皇宫，我们俩就对上了。"陈驸马。""包明公。""陈状元。""包大人。""陈世美！""包黑子！"我演的这个陈世美就冲着包公狠狠地讲他是包黑子，那个时候台下的观众很多都笑了，都知道我们是父子俩嘛，儿子跟老子斗嘴了。

采访人：您之前还多次提到您的表兄周筱芳，我们都知道周筱芳是王牌小生，著名的"四少一芳"之一，您能再给我们详细讲讲他的一些经历吗？

何小山：我表兄周筱芳以前也唱过京戏的，跟我父亲在苏北同班的时候我父亲教了他《碰碑》里的杨七郎、《大保国》里的徐延昭等几个戏。表兄到了十几岁的时候就开始给我姑父配戏，我姑父演的《孟丽君》《七仙庙》里的小生都是周筱芳给配的。

1958年志成淮剧团演出《寇准背靴》，何益山（中）饰寇准，周小芳（右）饰杨延昭，张小亭（左）饰赵德芳

到后来抗战胜利了，父亲带着我们一家先到了上海，当时我姑父一家还在苏北，表兄就偷偷到上海来找我们，因为他觉得上海的环境可以培养艺人，更容易出头。那时候我们正在南市大戏院演出，周筱芳他就一个人从火车站叫了一部黄包车到南市大戏院来找我们，到了地方他身上钱已经用光了，就叫人到后台找我母亲，替他把黄包车的车钱付掉。就这样表兄一个人到了上海，我父亲看到他来了很高兴，把开锣戏给他演让他锻炼锻炼，又请了舞台的乐队来帮他捧场，一般的普通小角色都不让他演的。后来我父亲又拿了钱给表兄，让他回苏北把他父亲、姐姐都带到上海来。

我父亲那时候已经四十几岁了，演小生已经不大相称了，就集中主要精力来培养周筱芳唱小生，还培养我表姐唱花旦，就是要捧他们。当然我表兄自己也非常努力，他在苏北已经唱了很多年的戏，本身就有一定的基础，到了上海以后他也很快适应了新环境，又融合了那时候上海新创的自由调，一天天地就红起来了。

1959年志成淮剧团演出《虎符》，周小芳（右二）饰信陵君，何益文（左二）饰侯赢，何长秀（左一）饰侯桂英，苏金山（右一）饰朱亥

表兄演戏很卖力的，他演的小生也很风雅。他曾经跟马麟童的戏班演了大概六个月吧，就把马麟童最拿手的马派唱腔融合到自己的唱当中，在他的《白虎堂》和《节振国》当中的两大段唱就是以马调为基础，之后形成了他自己周派的特色唱腔。大概是1962年、1963年的时候，筱文艳老师跟他合作演过一次《荆钗记》，之后想调他到上海淮剧团。但是当时他带领一个班子，如果他走了那么志成淮剧团这个班子可能也就散了，所以他就放弃了进入上海淮剧团的机会。

采访人：我们再回到您自己的经历，您从淮剧团退休之后还继续参与演出或者参加淮剧相关的活动吗？

何小山：我退休之后反而感到比在职的时候更加忙碌。团里回聘我演出，一方面是支持青年演员，在他们演出的《杨乃武与小白菜》《丁黄氏》《金鞭记》这些戏中当绿叶给他们配配戏，另外就是跟着剧团出去参加巡回演出，演《哑女告状》《南北和》《李翠莲》这些戏。

除了演出以外，我还参加了淮剧志的编纂工作，这个任务还是比较繁重的,弄了有七八年的时间。我负责的是上海所有民间职业淮剧团的资料的收集整理,所以那几年里也是经常要在外面跑,到处去采访。

此外,为了帮助淮剧团申报国家非物质文化遗产,我也尽了不少的力量,当然这也是我应该做的,因为上海淮剧是从我祖父辈开创过来的,所以我对淮剧有着特别的情感。那段时间正好是夏天,我也是经常外出寻访材料,最终是贡献了一个传承履历表,还有淮剧历史艺术资料,帮助上海淮剧团申报成功了。

除了淮剧团这边我在退休后依旧做了许多工作之外,在群众文艺方面我也参加了许多的活动。从1991年5月到2014年3月,这23年的时间里,我应该说和群众文艺活动没有分开过。上海沪西工人文化宫、上海市工人文化宫、铁路文化宫、西部淮剧研习社,还有浦东新区文化艺术中心、曹杨社区淮剧团以及许多街道社区、公园淮剧沙龙都向我发出邀请,希望我参加他们举行的各种各样的活动,比如说庆祝国庆、五一劳动节,纪念毛主席文艺座谈会、党的生日等,23年的时间里大大

1988年,上海淮剧故乡行——淮安。筱文艳(前排左三)、马秀英(前排左二)、李神童(前排右三)、何小山(前排右一)、李泰祥(前排左一)

小小的演出活动我大概参加了有一两百次。

我的活动范围还很广,除了上海之外,盐城、射阳、淮安、苏州、无锡这些地方我都被邀请去演出。因为这个文艺团体邀请我,我去参加了他们的演出,另外一个文艺团体听说了也来请,那我就不能够不去,不去的话就不太好了。而且也都是为了弘扬淮剧,所以我基本上有请必到,而且我出去不讲条件、不讲报酬的。因为淮剧的观众喜爱淮剧,喜爱我,所以来邀请我,那我就不能推辞。什么戏演的最多呢?比如说《女审》《琵琶寿》《白虎堂》《告御状》《罗成叫关》《五台山》这些。

还有音配像。2003年我参加了淮剧《五台山》的音配像,演出老令公。2006年我还参加了《梁祝》的音配像,就是《花园会》这一段,我演的是梁山伯。

所以说我的晚年生活多数还是跟淮剧融合在一起的。

采访人:对于淮剧的未来发展,或者对现在从事淮剧事业的青年人,您有什么话想要说?

何小山:上海的淮剧在老一辈艺术家的带领下,它的演出质量、演出阵容,它的整个综合性的艺术在全国是名列前茅的。现在老艺术家们相继逝去了,对于淮剧的未来,对淮剧的新生力量,我希望他们能够把这个班接下来,能够把上海这么一块弘扬淮剧的阵地坚守住。

青年演员的艺术造诣一定要抓紧,要积极地锻炼、实践,这方面领导的把关很重要,不然青年人很难担负淮剧传承这么一个重任。我希望淮剧的后备军能够有足够的力量,把淮剧这份来之不易的国家非物质文化遗产继续一代一代传下去。

(采访:陈娅　整理:陈家彦)

努力传承，为了不留遗憾

——何双林口述

何双林，1945年出生，淮剧表演艺术家，国家级非物质文化遗产传承人，国家一级演员、导演，原上海淮剧团艺术委员会主任。

曾扮演淮剧《三女抢板》中的黄伯贤、《红灯记》中的李玉和、《海港》中的马洪亮、《捡煤渣》中的李海洲、《金龙与蜉蝣》中的金龙等角色。导演作品有淮剧《母与子》《窦娥冤》《劈山救母》《海角情话》《银瓶仙子》《英雄泪》；京剧《诸葛亮招亲》；越剧《一夜新娘》《情探》《王老虎抢亲》《灰阑记》；沪剧《胡锦初借妻》《红灯记》，锡剧《清风亭》《白罗衫》《状元情殇》等。

采访人：何老师，您出生于淮剧世家，能不能先给我们介绍一下您的祖辈和父辈与淮剧的缘分？

何双林：淮剧开始产生的时候并不像现在这样演唱一台完整的戏，而是农民在农忙的时候为了鼓劲，就唱唱民间小调，也叫作"嗨大嗨"。农闲时也有人沿门卖唱，叫作唱"门叹词"，所以很多人会唱，但不一定会演。我的老家在江苏省建湖县,我的祖父叫何孔德,他有一个兄弟叫何孔标,这两位老人原先都是农民。后来我的叔祖父去了徽班学习。当时徽班已经不景气了,很多徽班都散了,所以没多久我叔祖父就回到了原籍,同时也把徽班的很多戏、表演技巧带回乡来,传授给我们苏北地区唱淮戏的这些演员。所以我们淮剧的很多艺人都曾经受过我叔祖父的教诲,他号称门内门外徒有八十几个,对淮剧一开始的发展影响是很大的。

  1906年左右,苏北地区泛洪灾,他们两位老人就带着家人,坐着小船到上海来谋生打工,在苏州河旁边定居下来。我父亲还没有出生的时候,我大伯伯跟着我的祖父他们在码头上干活,拉板车、拉黄包车,都是干很累的活。后来怎么会演戏的呢?当时很多一起打工的人很想听家乡戏,很喜欢听到淮剧的音调,所以我的祖父和另外一些到了上海会唱淮戏的人,比如韩家班的一些老先生,他们就聚在一起,利用上工之余在提篮桥的马路边唱一些戏,喜欢的人就围过来看。后来看的人多了,就把一个长凳竖起来,拉上一个布条,就挡住了,外面的人要进去才能看得见,这样的话演完以后就可以拿个铜锣在观众里面转一圈收点钱,像卖艺一样。当时演的叫作"三小戏",就是小生、小花旦、小丑,也没有什么复杂的道具,也没有很漂亮的服装。女性的角色也往往都是男的来演,用一块花布把头包一下,就代表是个女的了;穿一件长衫就代表是小生;脸上抹一点粉,简单地画一画,擦一点胭脂,就变成小丑了。后来从苏北到上海谋生的人越来越多,想看淮剧的人也越来越多,这当中也有很多会唱淮剧的,就组织了一些小的戏剧班社,进入上海的小茶馆。

  我爸爸是淮剧的著名表演艺术家、"何派生腔"的创始人何叫天,他1919年出生在上海,上面还有一个姐姐、一个哥哥,年纪都比他大得多。他不到十岁的时候,我大伯伯就由于过度劳累,那时候白天要打工,晚上要演戏,二十几岁就去世了。我叔祖父因为在其他一些班社里面给人家教戏、唱戏，就把我父亲和他的一些徒弟聚在一起，跟他学艺。到我爸爸十岁的时候，上海发生战争了，日本鬼子扔炸弹，大家觉得在上海很危险，就回到家乡建湖去了。在建湖一待就是整整十年，到1939年才又从苏北回到上海。在苏北期间父亲也一直坚持跟着我的祖父他们演戏，那个时候就是摇一条船，走到哪里演到哪里，也吃了很多苦。但是那个阶段对我父亲的成长也很有帮助，一方面他可以跟我的叔

父亲何叫天

祖父学戏，另外当时很多京剧艺人由于生活所迫，到淮剧班社来和淮剧同台演戏，所以我父亲可以从这些京剧班社的演员身上学到很多表演技巧，也学了很多戏。我父亲常说的一句话，"我们淮剧是徽剧为父，京剧为兄"，说明我们淮剧这个剧种是从徽剧延伸出来的，又受到京剧很大的影响。

我父亲一开始是演小花脸、娃娃生，被称为"十岁红"，因为他十岁之前就唱戏了，十岁的时候已经是小有名气了。后来跟京剧演员同台以后又学了很多京剧方面的表演技能，所以他再回到上海以后就带来了很多跟京剧演员学会的戏，都是一些文武兼备的戏，到上海很快就走红了。他原名叫何长泰，后来人家觉得他嗓音好，就给他取了个艺名叫何叫天，因为京剧不是有盖叫天、谭叫天嘛。后来这个名字他就用了一辈子。我父亲在演唱方面的确嗓音嘹亮，很有功力。

采访人：您的母亲也是淮剧演员？

何双林：我的母亲叫高艳秋，她的家庭很苦，她从小就跟着父兄到

何叫天《三女抢板》

何叫天《太平天国》

处演戏。起初是演京戏,后来京戏不景气,就跟淮剧一起搭班,嫁给我父亲以后她就真正转到淮剧这一行了。我母亲戏路比较宽,能文能武,文的她能唱《秦香莲》,武的可以演《活捉张三郎》中的阎惜娇,那些技巧都很棒的,而且她花旦、青衣、彩旦、老旦都能演,所以她也属于我们上海淮剧团中比较出色的淮剧演员。直到现在很多淮剧观众还怀念她过去在舞台上塑造的一些人物形象,比如王熙凤、萧太后,都是很有个性的角色。

母亲高艳秋

采访人:您的父母长辈都是淮剧人,那您是不是从小就在戏班里长大?

何双林:我从小就在后台长大,基

本上等于是生在戏班的。那个时候我们家都是随着剧团,爸爸妈妈在哪里演出,家就搬到哪里。也没有固定的房子,有时候就在剧场的后台住下,有时候在剧场旁边找一间房子租了住下来。

我从小就看着大人唱淮剧,四五岁的时候,我父亲教学生,比如说《杨门斩子》里面杨六郎杨延昭的一段唱,那个师兄还没学会,我在旁边已经会唱了。后来我走到街上,很多人看到我会拦着我,因为我排行老二,苏北人习惯叫小二子,"小二子,唱一段,给你糖吃",就这样哄我唱,而且还夸我唱得好。小孩子么就是这样,大人一夸好,就很想显摆自己,有时候一路上要唱好几次,大家也很喜欢我。

后来在剧团看演出,那时候也还没读书,大人在台上演武戏,有时候高兴起来就把我拖到旁边,给我脸上涂一点妆,弄一块人家扎头的绸子往我腰里一扎,就把我扔上台了,我也就跟着大人们在那个大武戏的场子里跑。有时候剧团需要演小孩的角色,也会让我上去。比如演《三娘教子》,里面有一段是小孩子放学回来,不听妈妈的话,妈妈罚他跪在那里。那个小孩还有几句台词:"你要打我,你自己养个孩子打打好了。"那时候都是大人教一下,我学会了就上台演出了。

四岁时演马夫(右)

与父亲在一起

有一次我还出了洋相。演《三娘教子》，我跪在舞台中央，有人买一个大西瓜往舞台前面一摆，跟我指指，意思说这是给你的。我看着那个西瓜心里就挺得意，想着一会儿有西瓜吃了，结果就把台词给忘了。我妈妈就在旁边喊"小二子！小二子！"，意思是我该说台词了。为了这个事情我后来被妈妈打，她觉得你既然要上台演出，就不能开小差出洋相。

采访人：您是从什么时候开始产生要从事淮剧的想法的？

何双林：我从小就喜欢唱淮剧，也自认为我长大后肯定是要唱淮剧的。上小学的时候学校里搞活动，我就会跟一个同学编小节目。那个同学比我大一点，也是艺人子弟，我们两个就自编自演，无非就是演一些英雄好汉，看到有人受欺负了，我们就打败坏人，救了人家，类似于这样的内容。

我十岁不到的时候，淮剧团在排一个配合时事宣传的现代戏，叫作《小女婿》，是宣传反对包办婚姻的。当时剧团特地从学校把我借出来，演这个小女婿。而且当时剧团同时有几个戏，都需要小孩子的角色，所以我还演了《秦香莲》里的英哥和《白蛇传》里白娘子的儿子，反正大人就把唱词教给我，学完了就上台演出。我那时候还是童声，嗓音很好的，观众都很喜欢，那么我也有点沾沾自喜的，总觉得自己将来肯定是要做演员的。

采访人：您是从几岁开始系统地学习淮剧的？

何双林： 11岁的时候吧。当时中国戏曲学校京剧班到上海来招生，我报了名，但是我祖母舍不得，觉得孩子才11岁，就要离开父母到北京去，家里也没有亲戚在北京，不愿意让我去。正好当时淮剧团也在招生，就是后来的淮大班，我就去报考了。戏校当时的校长周玑璋亲自来当考官，老师们都对我很满意，觉得我是个唱戏的料子，但是商量下来，就觉得我还太小。当时淮大班招的都是十七八岁甚至快二十岁的年龄段，因为剧团需要人才，想要快速培养一批青年，两三年后就能够接班的。那么我当时小学都还没毕业，进了戏校毕竟还要上文化课的，总不能为我单独搞一个班级吧？所以后来就决定，让我先回去读书，等第二年小学毕业了再插班进来。这样我就又回到学校继续读了一年书，到第二年，也就是1957年，戏校淮剧班与淮剧团学馆合并为淮大班。

我12岁进淮大班学戏，当时是三年制，14岁的时候就毕业了，15岁就开始拿工资了。而且淮大班算是淮剧团的学馆，进入学馆学习，从编制上就算进入淮剧团工作了，所以我的工龄是从12岁开始算起的，到60岁退休，工龄是48年。戏剧艺术就是这个特点，演员学得早，后来工龄就变得特别长。

采访人： 进入淮大班以后的学习情况是什么样的，当时都学了哪些戏？

何双林： 那时候剧团安排了专门的老师负责我们练功、学戏。起先安排我学《楼台会》里的梁山伯，但是我不愿意学小生。我这个人很好动，喜欢演一些武戏，总觉得学小生有点娘娘腔，不喜欢，就要求学别的戏。后来老师就问我："学小丑愿意吗？"我当然愿意了，后来就学了《秋香送茶》。我有一张和我爸爸一起拍的照片，那时候我爸爸正好演《乔老爷上轿》，也是个丑行，我在他前面的戏里加演一出《秋香送茶》，所以人家就帮我们父子俩拍了一张两个小丑的合照，我一直都保存着。

我跟我爸爸在艺术经历上是有相同之处的，一开始都是学丑行、娃

1958年演出《秋香送茶》时与父亲合影

娃生什么的。其实戏曲艺术都是这样的,不可能一上来就成为主要演员,都是慢慢地把表演的各方面的能力学会、健全了,将来才能够挑起重的担子。我爸爸也是从小丑、娃娃生开始,后来演武生、小生、老生。我是先学的小丑、小花脸,在剧团里面参加武戏,演群众角色、娃娃生。后来到17岁的时候,蹿个子了,一下子长到一米七八、七九的样子,再要演小丑就很困难了。为什么呢?当时剧团的一些主要的女演员个头都不太高,小丑个子很高的话站在旁边不合适,那段时间我演小丑的时候在舞台上都是弯着腿蹲下来演的。后来逐渐有团里的领导觉得我不适合这个行当了,甚至有人建议"要不叫他改行吧,去学学别的吧"。我自己也想,要不然我就改行,当然不是放弃演戏,就改个行当。我爸爸也有这样的经历,演过武生,所以我就想去学武生。

学武生以后发生了一件事对我影响蛮大的。我这个人学东西比较快,从小人家也老夸奖我,所以我总觉得自己很不错。那一年,京、昆、淮三个剧团要到北京去演出,我们淮剧团要选几个节目参加,当时备选的有《女审》《探寒窑》《断桥》,还有一个我主演的武丑戏《杀货郎》。我这个戏平时演出的时候也很受淮剧观众欢迎的,所以总是自认为演得很不错。但是我这个武戏和京、昆的节目放在一起比的话,人家的武戏要比我们强得多、技巧高得多,所以我这个节目就没有选上。我当时在《女审》里面还有一个群众角色,结果因为我的武戏没有选上,这个群众角色就也让给其他人代替了,去北京的机会也就没有了。这当时对我打击蛮大的,但是后来也想明白了,就是我技不如人,基本功不扎实。当时也有老师给我指出,由于我从小接触演戏比较早,各方面学得也快,这样往往就容易犯一个毛病,感觉自己像个老艺人一样什么都会,但其实舞台上的分寸感等各方面不够稳、准。其实就是有点"油"了,做动作都是点到为止,人家看起来就会觉得这个小孩演戏不够扎实。

我听到这样的评价以后,才明白为什么父母过去不让我演戏。按理说父母看到我从小很受人家喜欢、夸奖,我要学戏的话他们应该是很支持的,但其实不是这样。以前他们讲的我并不太懂,他们说这碗饭不好吃,要做一个好的演员是很难的,如果不能够成为一个好的演员,在剧团里是要受气、被人家瞧不起的。后来我才明白,不是单单自己喜欢就够了,如果没有真功夫,没有过硬的本领是不行的。想明白以后就不一样了,原先练功还怕疼、怕苦,后来就不需要人家来督促了,很自觉的就会自己下功夫。早上很早就起来吊嗓子、练唱,把老演员的好听的、精彩的唱段都拿来练。唱完以后练形体基本功,翻跟头,即使大热天也穿着棉袄、扎着靠,穿着高靴练枪。那个练功的枪都是特制的,比平时演出用的枪重三倍左右,就这么练,练得棉袄都湿透了。剧团排戏的时候也跟着一起排戏,人家休息了我再继续练,一天要练好几遍功,晚上去演出,演完了回来再练一遍。

采访人: 除了刚才讲到的例子,在剧团期间还有什么人对您的个人成长影响很大的吗?

何双林: 有一个老师对我演

《拣煤渣》剧照

戏生涯有很大的启发、帮助，让我受益匪浅。

那时候剧团的练功房里专门有几位老师，有教花旦的身段的，有教武戏打靶子的。后来又来了一位老师，高高的个子，戴着一副眼镜，每天一大早就到练功房来，总是很威严地坐在那里。那个时候只是听大人说这个老师原来是个干部，犯错误了，下放到我们这里当老师。我一开始觉得这个老师怪怪的，人很严肃，看我们练功有时候还会发出"呵""切"这种声音，好像是不屑一顾地在否定什么。那时候练功房里常常只有我一个人死乞白赖地在那练，因为我的同学大多比我大五六岁，那个时候都是20多岁的年纪，到谈婚论嫁的时候了，工作也忙，都不来练功了。

有一天我又是一个人在练功房练功，这个老师突然把我叫过去，"小双林，我教你一出戏，你学吗？""好啊好啊，老师你教我什么戏？"他说我教你京剧的《挑滑车》。《挑滑车》我太想学了，经常看到那些很棒的演员演这个戏，难度很大的。第二天老师就开始教我《挑滑车》。

《挑滑车》一上来就是起霸，这个套路我已经会了，就做给老师看，我觉得在起霸这个部分不用太麻烦，可以往下学了。结果哪儿知道，就是一个起霸，老师教了我一个多星期，而且经过老师的教导，我突然感觉到这个老师不得了。同样一个起霸，他就讲出场要怎么出，正面出、背身出、横过来出，他有很多的样式，而且他不仅教了我各种样式的出场要领，关键还告诉我为什么这个人物要这样出场，那个人物要那样出场，为什么这个流派的人是这样做的……艺术就是这样，有时候自己琢磨半天也不懂，但好的老师给你一点拨，马上就能让你明白。比如有一个功架，手肘这个地方要很圆，但是我们一般人做不圆，总是容易手肘突出来，后来老师就教我把虎口往里扣，这样一扣整个手臂就圆了。他不仅教了我很多京剧武生的要领，还教了我表演、发声的技巧。比如京剧的念白要高亢有力，嗓音要嘹亮，我们淮剧过去在这方面不太讲究,他就教我高盛麟的发声、杨小楼的那种共鸣位置的感觉,等等。

老师还教我表演要从人物出发,他不仅教我动作、形体、技巧,还给我分析人物。他说:"小子,你知道《挑滑车》是个什么戏?高宠是什么人?"他就给我分析,高宠是王爷,岳飞对他也谦让三分。他来打仗,万一碰到危险怎么办?所以不是岳飞瞧不起他,而是想要保护他,不让他去危险的地方。但是高宠他很高傲,觉得岳飞不派给自己重要的任务就是小瞧自己了。其中有一段戏,岳飞分配任务的时候没有分到高宠,到最后高宠就问了,为什么大家都有任务我却没有。岳飞说你有任务的,你负责看守大纛旗。高宠勉强接令,但是接了令出去以后越想越生气,觉得岳飞你瞧不起我。戏里就有一段表演,是高宠要"呵,呵,呵呵呵呵"冷笑着下场。老师就给我分析了,你以后要想把这段演好,那就要注意,你拿着这个令箭,在岳飞面前是高举着出去的,但是出了门以后你看着这个令箭,回身就不是举着的了,要放下来。因为你是觉得岳飞小瞧你了,才发出那种高傲的笑,所以你要表现出你对这个令箭的鄙视,把令箭在手上一转,反手抓住以后放到身后,然后下场,就用这个动作来表现人物内心对这个东西的态度。一下子我就被点拨了,觉得艺术真的是太精妙了。

起先我以为老师只是一个普普通通的老师,后来才知道他是一个老革命,叫陶德康,以前是在延安平剧团演林冲的。我在跟陶老师学习的过程中受到了很大的启发,演戏除了我们原来经常采用的模仿的形式,还有更深的东西,就是通过表演技巧来塑造人物。说实话,我们现在很多戏曲演员在这方面往往还停留在注重戏曲技巧的表现,而忽视了塑造人物这个根本任务。只有把人物塑造好了,他的表演技巧或是其他东西才有生命力。也是因为受到陶老师的启发,我后来就经常去看话剧、看电影,主动地去跟一些话剧演员交朋友,那个时候学斯坦尼斯拉夫斯基的表演体系,我就把他们的书借来看,吸收了很多刻画人物的方法。

　　我最后一次见陶老师是我演《红灯记》的时候。当时演出反响很好,陶老师看了特别高兴,有一天拉着我的手说:"小子,我看了你演的李玉和,很好。我欣赏你什么呢?你演工人很像,在台上有戏。你走路的时候晃荡晃荡的样子,特别好。"我问为什么好呢?他说那个时候的铁路工人就是这样,走路都走在铁轨上,自然而然走路都有点晃荡。那次他跟我谈话之后,我就再也没有见到过老先生了,连他什么时候去世的都不知道,只是听说他走了。一直到"文革"结束以后,在龙华殡仪馆为他重新举行了一次追悼会,在追悼会上听人家介绍陶老师的生平经历的时候,我哭得很厉害。为什么呢?在这之前我一点都不知道他是这么了不起的老革命,而且他在身处逆境的时候,也没有一点抱怨,从来没有在我面前提起过自己的经历,只是无私地把他对艺术的见解

上海人民淮剧团建团二周年全体同志合影

毫无保留地传授给我。所以直到现在我总是觉得，我们搞艺术的，特别是当自己老了，在艺术上也有所成就之后，要像这些老一辈一样，无私地把自己的艺术奉献给人民、奉献给世界。

采访人： 您刚才提到《红灯记》，能详细讲讲这出戏排练、演出的经历吗？

何双林： 我在舞台上真正演主角的话就是从《红灯记》开始的，在这之前大多数演的都是小丑、武戏和一些配角，包括现代戏里面的一些反面人物。虽然我后来改行学了武生，但是因为淮剧不可能整天演《挑滑车》这些戏，所以这类戏学了其实是作为练功。19岁的时候，我被剧团破格提拔来演《红灯记》，这对我来说是一个很好的机遇，让我有机会把自己学的一些京剧武生的技巧，还有平时看话剧、看书学习的一些刻画人物方面的知识和能力充分地发挥出来。

当时剧团里决定要排《红灯记》，那就要选演李玉和这个角色的演员。当时的导演是我们剧团的副团长高桦，他刚刚从北京的中国戏曲研究院进修回来。由于京剧的《红灯记》里，李玉和这个角色最早是李少春演，后来是浩亮演，他们都是武生，所以高桦导演就提出淮剧这次也要用武生来演李玉和。我当时才19岁，而且刚刚转行学武生没多久，淮剧团这么多演员，在舞台上论资历、论艺术能力都比我强，哪能轮得上我呢？但是高桦导演就提出让

《红灯记》剧照

我来主演，还提了另外一个二十几岁的青年演员来演铁梅。当时剧团里领导班子讨论，有的人觉得我们还太稚嫩了，还是应该挑成熟一点的演员来演，有的人觉得还是要培养青年人。最后是我们的支部书记表态，觉得当时的形势应该要培养青年，所以同意了导演的方案，这样我们才得到了主演《红灯记》的机会。

第一天排练的时候，大家并不觉得我这样一个小家伙能演好李玉和，我记得当时几乎全团的人都到排练场来看了。第一场就是李玉和出场，前面有一批日本兵的过场，然后李玉和手提红灯上。这个时候导演突然跟我说："小双林，不准你按照京剧那样的李玉和上场处理。"叫我当场拿出不同的处理方案。演员就是这样，往往人家有个戏已经有个样式了，就很自然地会照着人家的样子去演。原来京剧里是日本兵过场，李玉和拎着红灯亮相，两边一望看敌人有没有尾巴，再把灯换个手，一个亮相，手提红灯四下看。但是导演不让我采用这种处理，怎么办呢？亏得我自己提前做了功课，试着用话剧那种从人物出发来进行舞台调度的方法分析了一下，就做给导演看。前面日本兵过场还是一样，我呢尾随在日本兵的后面，稍微隔开一点距离，跟到舞台中心的时候看着日本兵都走远了，我再一回头，看一下身后，变一个造型然后一亮相。为什么要这样做呢？我觉得跟在敌人的巡逻队后面走是最安全的，因为他们觉得这些地方已经检查过了，不会再特别注意了。导演看了以后也对我的处理表示肯定。我们这一代人搞戏，如果完全按照老的传统来当然也可以，但是如果你学了文化知识，学了一些先进的表演理论，再把这些东西和我们优秀的传统戏剧相结合，那么效果会更好。

另外有一段是跟妈妈喝酒，要告别，喝完酒一个亮相，唱"临行喝妈一碗酒"。那天正好有一批戏校的小演员来看我们排练，排到这个地方，我把酒一喝，导演突然喊"停"，他就跟那些年轻演员说："你们看，何双林演李玉和喝酒，他其实没有喝，但是他的脸红了。"因为我在演这一段的时候没有只做一个喝酒的样子,我自己会捯一口气,同时做一个喝酒的样子,完了一个亮相,脸自然就会红起来,就像真的喝完酒一样。导演就拿我这个例子来说,这些好像很细小的地方,就能让人觉得很真实。

还有后面刑场斗争的时候唱到"到那时百花盛开、万花齐放,就想到新中国似朝阳",我在这里就学话剧演员的那种思想,不是光在那里唱,而是眼睛里有很多东西,好像看到了未来的国家、大地,再加上戏曲的动作,最后很激动的一个"啊!"。这其实就是把戏曲艺术的精华传承下来,演员要在规定情境里从人物出发,再赋予他新的内容。

采访人: 淮剧的《红灯记》是从京剧移植过来的,相较于京剧的版本,淮剧版有什么独特之处么?

何双林: 我们这个《红灯记》是根据京剧和沪剧两个剧本共同选择,来进行移植的。为什么要两个剧本呢?京剧有它的长处,比较精炼、准确,沪剧的人物刻画、体系和表现的样式比较符合我们淮剧观众的欣赏习惯,更贴近观众的心理。而且我们地方戏的唱词不像京剧那样,有时候一句唱腔一两分钟那么长,我们地方戏比较口语化,唱腔快,所以同样的内容需要再加几句词,这样唱腔风格可以得到体现,也能受到观众的喜爱,对原作也尽量保留。所以我们是取京剧和沪剧这两个剧种的长处,演出了淮剧的《红灯记》。

后来沪剧团的一些同志来看我们演出,说挺喜欢我们这种《红灯记》的演法,不拿腔拿调,更多地考虑了英雄人物的情感表现。我觉得我们淮剧版本的优势就是更容易打动、感染观众。

采访人: 您还主演了《金龙与蜉蝣》,给我们介绍一下这部戏的诞生过程吧。

何双林:《金龙与蜉蝣》这个戏是在我们淮剧团一个非常特殊的情况下排练的。当时剧团处于一个很不景气的状况,老艺术家们都退了,年纪轻的演员在传统戏上比较薄弱,演过去老艺术家们的拿手戏观众

《金龙与蜉蝣》剧照

不满足,新的作品又出不来。当时大家都在探索,有的想在机制上找办法,有的想在内容和风格样式上找办法,但一时都拿不出比较理想的作品,甚至有人议论,淮剧是不是还应该继续留在上海。就是在这种情况下,淮剧团排了《金龙与蜉蝣》。

这个戏的编剧是罗怀臻,《金龙与蜉蝣》是他的第十个剧本,前面九个剧本都没有能够引起什么重视。导演起先是戏剧学院的陈明正老师,但是由于他比较忙,要兼顾教学、话剧等很多事情,所以虽然他一开始答应来排这个戏,但是在日程、精力上他无法全身心地投入进来。再加上我们这个戏想要赶在剧团建团40周年的时候演出,准备排练已经三月份了,要赶在五月份演出,时间非常紧迫,所以陈明正导演在日程上就有点困难。后来正好郭小男从日本回国,他在日本也排过一些戏,但是他就觉得自己像被关在笼子里一样,很多想法、精力想用却用不上,就想要回国寻找机会。正好碰上我们这个戏,罗怀臻跟他也很熟悉,就说这个戏你来导。当时也没有什么很高的报酬给他,导演费很低,接待他的环境也很简陋,办公室连个窗户都没有,他就在那里又办公又睡觉。他和罗怀臻配合很默契,大家理念相同,所以整个排戏过程当中都有商有量的。

当时最令我感动的是我们这个剧团上下一心，就是想争口气把这个戏搞好。这个戏主要角色就是我、梁伟平、马秀英老师三个人，剩下有一些配角，然后大部分都是大兵、宫女这样的群众演员，但是这些群众演员在舞台上都和主要演员一样一丝不苟的。大家在很多细节的地方都进行了精雕细琢。比如说士兵拿着枪从舞台侧幕条往外出场的时候，大家拿枪的高度都是一样的，为了做到整齐，每支枪上都做了记号。舞台的灯光，那时候还没有电脑控制，灯具完全都是靠人手控的，但我们每次演出都能做到非常准确地随着剧情的变化，一个亮相就"哗"一个灯或者一排灯打开，都能引起观众的掌声，这就是由于各个部门的配合形成了舞台上严谨、新颖的呈现。

有一次我们去参加会演，那天是早场，天很亮，但是演出的剧场是个老剧场，屋顶、墙面很多地方都漏光的。但是我们这个戏灯光处理很重要，有光透进来的话效果就不好了，那怎么办？我们很多同志就拿东西去把缝隙封住，有的封不掉，那要关灯的时候就会有工作人员爬上去用手把缝隙挡住。这些办法看起来很笨，但是说明我们这个群体为了完美的舞台呈现，大家群策群力，团结一心。所以这个戏最后得了那么多奖，是一个群体共同努力的结果，如果这种精神永远流传下去，我们就可以永远出好戏。

采访人：您在塑造《金龙与蜉蝣》中的金龙这个角色的过程中，有什么难忘的经历吗？

何双林：我在人物的塑造上是花了不少心思的。比如有一段唱，一个小孩把金龙以前的头盔带来了，他从小孩手里一把抢过这个头盔，下意识地看看，他认得这个头盔，然后走一步，突然好像觉得这个头盔有点熟悉，但还没有想起来，再走几步，突然我有一个很大幅度的动作，"哗"水袖往上一甩，然后抓着水袖猛地一个转身，瞪大了眼睛回头。观众一下子就能感觉到：他想起来了！这个头盔是他的。假设按照过去戏曲传统的表达方式，往往就是拿到头盔一看，扔掉，然后一想：这

《金龙与蜉蝣》剧照

个头盔好像是我的。但是通过我的方式演绎出来以后,能够让观众感觉到你的人物更加准确、栩栩如生。

另外排练这个戏最让我难以忘怀的是一次受伤。这个戏排练的过程中我曾经骑自行车摔伤,断了两根肋骨,但还是坚持排练。稍微好一点以后,临演出前,一次因为灯光关了,在舞台上走台的时候从平台上摔下去,摔在灯具上面,又把另一边的肋骨严重挫伤。就在两边肋骨极度疼痛的情况下,隔天就要首演了,怎么办?就只能咬着牙坚持。导演让我最后不要把蜉蝣抱下来了,很累的。我说不行,这个戏的震撼力就在这里,金龙杀了儿子以后极度痛苦,灯光、音乐的处理都是为了烘托那个情绪,金龙如果不抱着蜉蝣走下来,达不到那个效果的。所以我尽管带伤,演出的时候还是咬着牙,一切都按照原来的艺术处理去做。最后演出获得成功的时候我也流泪了,因为我觉得我们没有辜负养育我们的淮剧人,没有辜负前辈们传给我们的那些知识、技艺,也没有辜负他们对我们后辈人的期望。

采访人: 还有没有哪部作品,创作或者演出的经历让您比较难忘的?

何双林: 有一个《三女抢板》,这个戏是我父亲的拿手戏,他在这个戏上面花了很多工夫。我父亲平时演这个戏的时候都是在大团,那时候我在青年队,他也没有教过我演这个戏,但是他在这个戏里的唱腔我平时是作为练功自己在学、在唱的。有一次,我在学校里进修导演

1983年父亲赴朝鲜前全家合影

班,突然接到副团长的电话,说我父亲的《三女抢板》最近在演出,连演了十几场了,星期天还要演日夜场,他太累了,问我能不能来替他演一场。因为星期天学校正好也不上课,我就去了。

  演一个大戏涉及很多技术问题,虽然我爸爸的唱腔、台词我可以记得准,但是舞台上还有很多表演的东西,比如这个戏里面很多抖胡子的技巧,还有要斩杀女儿之前的那种痛苦,都是很有难度的。这个戏我平时虽然是看会了,但是从来没有在舞台上实践过,只是凭借长期以来我眼睛里面看到的,老一辈怎么演戏、怎么做的,那天直接就上台了。我们副团长也厉害,他也不改广告,登的还是何叫天演。起先大家都没看出来,唱到后面,毕竟我年纪轻,声音还是有些不同。散戏了以后就有一些观众跑到后台来,说你们淮剧团太厉害了,儿子演就儿子演好了,干嘛说也不说?我们在底下看了还争论了半天,有的说是儿子演的,有的说是老子演的,你们这样不对的。但是也没有人闹意见,觉得我演得也没有让他们太失望。

后来我爸爸逐步退休了,我也就一直演这个戏了。但是我在演的过程当中还是注意到要怎么跟上今天的时代,在节奏的处理上也加上我的理解,演唱的时候情感的起伏也更加细腻,拿捏得更清楚。而且我父亲在后期,因为年纪大了,记忆力不如从前,所以有的时候节奏也不能太快,后来我演的时候就在有些地方随着剧情的变化适当地在快慢上做了一些变化。当然,真的和我父亲比较起来,我是永远也演不过他的,老一辈那种娴熟的表演不是轻易就能学到的,戏服穿在他们身上好像会和人融为一体,身体一动衣服都会跟着他们动。

我是把《三女抢板》这个戏作为淮剧的一个看家戏、传统戏来对待的,不仅我自己演,还教底下的年轻演员演。像我现在在教更小的一辈,也让他们开始学这个戏,从片段、选场学起,将来等他们功力达到了再让他们演全剧。而且我还要把这个戏和其他剧种结合,"锡剧王子"周东亮所在的剧团,一些演员想演这个戏,我也去帮他们排了,在舞台处理上跟我父亲演的版本有一些变化,灯光布景上也稍微运用了一些现代的灯光变化、服饰变化。虽然淮剧将来发展成什么样我可能看不到了,但我觉得我的责任就是要尽力把老一辈的东西传承下来,再传递下去。

采访人: 你刚才提到您曾经学过导演?

何双林: 我去学导演其实是受到了陶德康老师的影响。他对我的教育和启发,使得我在艺术道路上和其他同辈的演员有一点不太一样,我特别喜欢看话剧、看电影,学一些新的东西。

那时候剧团听说上海戏剧学院在"文革"以后要恢复导演班,先不恢复本科,而是恢复一个戏曲导演进修班,是面向全国招生的。我们剧团的领导当时就跟我谈,说:"双林,我想建议你去学习。不是说叫你改行,演员还是要做,但是我们觉得你去考的话可能考得上。"当时这个名额很难拿到的,竞争很激烈,上海就招一个人。我觉得这是一个很好的机会,就做了准备去考试了。

先是笔试，之后还举行了一次面谈，所有去考试的人都在。当时上戏导演系的支部书记是叶露茜，是过去很有名气的话剧演员，也是很有威望的一个老师。她组织了导演系的老师一起，一个个问我们：你们为什么要来考导演系？后来我谈的时候就说："我在剧团已经是主要演员了，为什么还要来学导演？因为我们的父辈、前辈们由于历史原因，他们大多数都是农村出来的，没什么文化，在理论等方面受到了一定的局限，虽然技艺都很出色，但是有的时候也并不太讲得清楚道理。我来学习，目的就是要学一些知识、理论来搞淮剧，希望能在前辈的基础上使淮剧能有更好的发展。"

后来有老师告诉我，会后叶老师在教研组讨论录取名单时说："我们办戏导班是为了什么？就是想发展戏曲艺术。既然这些学生有这方面的心思，有这个志向，我们就应该收他们。"所以原来上海只有一个录取名额的，后来又扩展了两个名额，我也就得到了这样一个学导演的机会。

学了导演以后就更感觉到我们戏曲艺术的优秀。我们肩负着一个任务，就是把优秀的传统戏曲继承好，并且顺应时代的发展、观众的要

《母与子》剧照

求,让这些古老的剧种能够跟得上时代,符合现在人们的文化需求。

采访人:作为国家级淮剧艺术的非遗传承人,您在淮剧艺术的传承方面都做了哪些努力?

何双林:我觉得成为传承人并不是一种荣誉,而是给了你一副担子、一份责任。我们的前辈曾经教给我们的,或是他们在舞台上曾经展示出来的优秀的传统艺术的魅力、精湛的技艺、精彩的演唱,我们有责任把它继承下来,传播下去,这是一种承上启下,也是我们这一代人不可推卸的责任。

从我个人,要继承好我父亲"何派"的淮剧流派风格,要使他的演唱风格和对作品的把握,尽量能够通过我传递下去,让这个流派在淮剧当中继续起到它应起的作用。另外我还给自己压了一副担子,因为我跟别人不同,我在目前的演员当中辈分是和马秀英老师平辈,但是我的年龄比他们小很多。现在他们好多都不在了,我觉得我有责任把他们要做的事情也做掉一点,把我过去在艺术实践当中对这些流派的学习、

何叫天、陈丕显、筱文艳合影

对他们特点的把握,通过我的导演工作、教学工作,帮助青年演员搞专场、搞总结,学演各个流派的优秀剧目,尽量让他们把这些流派传承好。我一直跟青年人讲,你们的起点应该在我们的成就之上,你们应该站在这个高度上继续往前走,否则我们之前的摸索就白费了。

我作为非遗的传承人,我想把我父亲精湛的唱腔艺术做成示范光盘,让更多的人可以有所依据,可以学习。另外要把我所知道的前辈们优秀的作品、值得传承的技艺,通过口传身授的方式把它们传承下去,这样才真正发挥了我作为国家级传承人的作用。

最近我在给剧团里刚从戏校毕业的一批学生补课,补淮剧艺术传统的唱念基础、表演基础,要把这个剧种在江淮大地上长期孕育出来的那种淮剧特有的粗犷、豪放,同时又那么朴实淳朴的艺术风格在我们的淮剧舞台上永远保存下去。

淮剧的艺术风格其实是很浓烈的,过去我们有很多戏都是跟人家很不同的,比如说《秦香莲》《女审》这样的戏,几代人都演这个戏,中央首长很多都看过《女审》。又比如我们的《探寒窑》,梅兰芳先生也夸奖过,说京剧也有《探寒窑》,但是没有你们演得好,你们演得更加感人。这些其实都是这个剧种老一辈人创造的成就,今天的我们不能无视前辈们的优秀遗产,要把它们好好地传承下来,我们没有权利不努力。

在我自己的艺术实践当中,作为一个何派的传人,曾经也有人说过"何双林太狂了,他爸爸的东西都没有好好学,就想要变化"。我是这么看的,我是我父亲的儿子和传人,但传人不等于翻版,我和他一模一样就没有意义了,还要有延伸和发展。关于这一点,我父亲曾经在采访里讲过这样一段话:我从来没有叫何双林要跟我一模一样,《金龙与蜉蝣》的金龙我演不了,但是《海港的早晨》的王德贵他要学,而且一定要好好学。我后来体会了我父亲话里的意思,《金龙与蜉蝣》不是他们那个时代的戏,但是过去前辈们创造的《海港的早晨》应该要好好学,

《海港的早晨》中饰演马洪亮

学什么？就学那个味道。他的想法是后辈人应该不放弃新的追求，但是更要把原来优秀的东西传承好，在传承优秀传统艺术的基础上再去大胆地探索、创新，跟上时代的步伐，这样淮剧就永远不会落伍。

采访人：您是怎么理解淮剧的艺术风格的？

何双林：上海淮剧团的一批老艺术家大多数都是苦出身，后来虽然进了剧团演戏，但是他们很多人身上还是保持了劳动人民那种很质朴的特点，在表演风格上也是如此，就让人感到很亲切。

"文革"之前上海八十万产业工人里面大概三分之二以上是江苏人，所以淮剧在当时观众群体是很庞大的。这些观众原本都是工人，生活在上海的最底层，新中国成立后他们充满着革命激情投身到社会主义建设当中去，很多人业余生活中的一大爱好就是看淮剧、听淮剧。所以我们淮剧团和其他任何戏剧团体不太一样，长期以来坚持下基层，直接为群众服务。我记得那时候淮剧团去为工人演出，有时候是在剧场里，有时候甚至直接是在工厂的食堂演出。那时候我们一天最少也要演两场，早班的工人下班了来食堂吃饭，顺便看演出，夜班的工人有的就提前来看演出，看完了再去上夜班。

我们的演员就是通过这样的活动，更加地贴近生活，这也是为什么淮剧团能够排出好几部在上海比较有影响的现代戏的原因。比如过去的《王贵与李香香》《走上新路》，后来还有《党的女儿》《海港的早晨》，这些戏都是我们老一辈淮剧人在深入生活的过程中得到灵感，创作出来的。我父亲演过《走上新路》里的一个老农民，他凭借这个角色在华东会演得了一等奖,有一块金的奖牌。后来我父亲去世之前在他的遗书里特别提到,把这块奖牌留给何双林。后来我把它捐给我们淮剧的博物馆了,我觉得摆在那里比摆在我身边更有意义。

所以你说淮剧为什么有很独特的艺术风格?我觉得我们这个剧种的风格和我们淮剧人的情感有很大的关联。他们能吃苦,坚守着为群众服务、为群众演好戏的信念,所以保持了我们这个剧种长期以来的精神面貌。他们在舞台上都很质朴,不拿捏,因为他们没有什么杂念,没有想着要去表现自己、争名夺利。那个时代,大家都很自律,总觉得争名誉、争待遇是很可耻的,也是因为这样他们这一代人才能在舞台上那么有凝聚力。

采访人:对于淮剧未来的发展,您怎么看?

何双林:我有信心,但还是要努力。这是相对的,如果没有信心,就失去努力的动力了,但是光有信心,不努力那也是空谈。我觉得我们的淮剧艺术是一份很宝贵的财富,从淮剧诞生已经近两百年,在上海生根、发展也已经有一百多年的历史了。在过去那么困难的条件下,淮剧艺术孕育出一代又一代优秀的艺术家,在新时代,我们在各方面条件都很优越的情况下,又有什么理由说淮剧要灭亡?

而且现在对艺术的宽容度从理念上就和过去大不相同了。过去老一辈人有时候还是在被人家看不起的那种压力下唱戏,现在的淮剧演员小有名气以后社会地位都很高的,这说明社会已经对我们淮剧没有歧视和偏见了。现在所谓的感到失落,其实是因为你没有拿出成绩所以人家淡漠你,把你边缘化了。你不吸引人家,不出彩,人家当然不会想到你、关注你。

现在国家在扶持我们,把淮剧作为国家级非物质文化遗产,我们应该在国家这么重视淮剧、保护淮剧的基础上,努力发挥我们文艺工作者的艺术创作的能量。我现在为什么这么拼命地这个也做那个也做?年纪越来越大了,我的家人还有身边的人都在劝我,要悠着点,毕竟这把年纪了。我确实也知道要注意身体,但是我总觉得有压力,现在还不抓紧时间,难道把身体养好了等到七八十岁了,再来做这些事吗?年纪大了,脑子也不行了,今天我之所以还能讲这些,毕竟脑子还清楚,可能再过两三年就没有现在这样清楚的思路了。过去排戏的时候,谁说错台词我马上就能给他补上,他们说导演你脑子真好,但是现在就感觉到记忆力各方面都在逐步减弱了。越是这样我越是感觉到很多事情要抓紧做,这就是矛盾了,因为忙得多了身体又吃不消。但有时候自己想一想,现在尽力去多做一点,可能以后就能让自己不留遗憾吧。

(采访:裘一婧　整理:陈家彦)

为淮剧而生,为舞台而活

——何长秀口述

何长秀,1939年生,江苏阜宁人,国家二级演员。出身于淮剧世家,父亲何益山、兄长何小山都是淮剧演员。幼年跟随父亲学戏,13岁入志成淮剧团正式登台演出;15岁在《杨家将》中演佘太君。1976年后调入上海淮剧团。

曾荣获上海市文学艺术奖,上海戏曲电视二等奖,上海白玉兰表演艺术配角奖。主要代表剧目有:《哑女告状》《腊月雷》《皇后与疯女》《窦娥冤》《血冤》《铡包勉》《母与子》《千里送京娘》《南北和》《家里家外》《吴汉三杀》《庵堂认母》《白虎堂》等。

采访人:何老师,能不能先从您的父亲何益山老师讲起?

何长秀:我们家从我祖父开始,三代从艺。我父亲何益山在解放初期就担任了上海志成淮剧团的团长,后来精诚淮剧团合并到志成,他依旧是团长。

我爸爸是一个很善良的人。我记得小时候家乡有人来找我爸爸,他总是：第一，请人家吃饭；第二，请他去洗澡；第三，走的时候给他盘缠。

采访人：您是从几岁开始学习淮剧的呢？

何长秀：我妈妈也是个演员，所以我等于是在妈妈肚子里的时候就已经开始接受舞台的熏陶了。等我稍微大一点之后，我就好像井底的一只蛙，只能看到井口那么大的一片天，这片天就是淮剧，除此之外我的世界里好像没有别的东西了。

你问我有多爱淮剧，那时候我也还不懂，只是每天看着大人们的一言一行，就自然而然地开始模仿，耳闻目染地就这么爱上了淮剧舞台。那时候小，很好玩的——拿一个长毛巾，把前面一端扎起来顶在头上，再把后面也扎起来，就作为一个头套；手上再拿两个长毛巾做水袖。我还会创新，那时候用的胭脂粉都是干的，涂在脸上一流汗就没了，怎么办呢？我居然会想到拿涂手的油，把它用火熬了融化开，把干的胭脂粉拌进去做成油彩，就自己涂了玩。

大概13岁的时候，有一天我放学回家，我爸爸把我叫到跟前，问："长秀啊，剧团要演《嫦娥奔月》，四个领头的仙女有一个演员突然病了，团里也没人，你敢不敢上？"我毫不犹豫地就说："敢！"我爸爸也很欣慰，就把剧本交给我。

十几岁时的何长秀

过了两天，我父亲叫我："你把剧本拿来。"又问："背到哪里了？"我一边背，我爸一边翻剧本，翻了半天也找不到我背的是哪一句。其实他还在翻前面的，我早就背到后面了。

这一次"临危受命"我爸爸是很开心的，因为我才

13岁,已经能帮剧团解决困难了。这之后不久,到学期结束的时候,我爸爸又来问我了:"长秀,你喜不喜欢唱戏?""我喜欢。""那你想学戏吗?学戏很苦的。""我想学,我不怕苦。"就这么简单的几句话,下一学期我就没有再去上学,等于从此放下了书包,解下了红领巾,正式走上了淮剧的舞台。

这个时候我其实什么都懂了,因为从小就看,上场门、下场门、主人在哪边、佣人在哪边、父亲在左边……这些舞台上的规矩我都懂,所以正式学戏以后我也没有拜师,就跟着爸爸,他说什么,我就行动。

爸爸说学戏一定要勤学苦练,要谦虚、平易近人,我都时刻牢记在心。所以我学戏学得很广,每个剧种的戏都去看,而且不止名演员的演出要看,稍微逊色一些的演员我也去看。看什么?名演员我去学玩意儿,逊色一些的呢他身上的缺点就是一面镜子,我去看了以后引以为戒。

爸爸还教育我们,唱戏一定要有职业道德。观众是我们的衣食父母,你不能欺骗观众,只要上了台,不管台下观众是多是少,都要一样认真;在台上,不管你演的是主角还是配角,也要一样的认真。观众花了钱、花了时间到剧场来看戏,演员在台上如果态度不认真,那对得起观众吗?

我爸爸教育我的这些话,我都听进去了,所以后来我在剧本、人物、唱腔方面的研究,还有上台的状态,那种认真、严谨的态度,就是从我爸爸那里传承下来的。所以说我的父亲就是我的老师,他的艺德是我的榜样,没有他的教导,就没有我今天这样精益求精的精神。

采访人:前面提到您13岁进入志成淮剧团,当时剧团的演出情况是什么样的?您演了哪些戏?

何长秀:那时候台上演的都是幕表戏,就是没有剧本、唱词、唱腔这些设定的,上台前会有一个编剧来告诉你,今天你演的是个什么人物,要干什么,故事是怎样的,然后你就到台上自己发挥。我们那些淮

在志成淮剧团时期的合影

剧老前辈他们能唱上半个小时，就像现在说的即兴创作一样。他们的台词都是在自己脑子里的，不但很工整，还押韵，因为他们一辈子都是这么在台上摸爬滚打过来的，习惯了。

我的启蒙戏是《千里送京娘》，是我们张老师（筱文艳）手把手教的。张老师很忙的，能抽时间来教我这个戏已经很不容易了，那这个戏的唱腔我是怎么学的呢？当时已经有唱片了，我们剧场里开场前都要放一遍张老师的《大悲调》，中场休息放一遍，散戏了又放一遍。一天早、中、晚三场戏，要听好多遍。我还在上学的时候就跟着唱片里学，那时候就觉得我们张老师的唱腔太优美了。她是跳出淮剧传统的东西，从声音、润腔各方面都改良了，吐字很规范。但是那时候我还总结不出来好在哪里，就是觉得好听，爱上了她的唱腔。

后来我的这出戏还参加了文化局举办的青年会演，和我哥哥合演的《千里送京娘》还灌了唱片。有人听了以后说我很像张老师，我知道了也挺高兴。因为张老师是淮剧皇后啊，我们都很崇拜她、很敬仰她，说我像她是对我的一种认可，感觉自己和张老师之间又更近了一步。在那之后我就逐步唱主角了。

有一次，那时候我已经是剧团重点培养的青年演员了，日场都是我们青年演员演，我爸爸他们这些有名的老演员都是演夜场。有一天，我白天的演出还没散戏呢,后台的黑板上就写出来了,说夜场新排的《御河桥》里面的一个主角花旦突然生病了,要找人来顶。因为票子已经都卖出去了,不能停演的,那时候剧团都是自负盈亏,停演的话收入就没有了。

谁来顶这个空缺呢?我来!我胆子很大的,白天我是最后一折戏,散戏已经五点钟了,晚上开场是七点一刻,就这么两个多小时的时间,我剧本还没学,妆发都要重新弄,还要吃晚饭,怎么来得及?我有窍门的——这个戏有一个特点,花旦是隔场上的,这样一来就给了我充裕的时间。我先把晚饭吃好,不然没力气唱不动的;然后把妆和头套都弄好,至少先像这个人物;再去跟乐队的主胡打招呼,我说唱腔我要自己发挥了,我唱到哪里请你跟着我跑。

等到了晚上我父亲来演出了,一看怎么是我演了这个角色,就问:"你怕不怕?"我说不怕。我父亲听了很高兴,脱口而出:"初生牛犊不怕虎!"这句话我一直都记在心里。当天这出戏顺利地顶下来了。

还有一次演《唐伯虎点秋香》,也是主角临时生病了,那么还是我来顶。结果演完这出戏以后,我居然收到了一封观众来信,说已经盼望了很久希望我来演这个角色。这对我是一个很大的鼓励,说明我这个时候已经冒尖了,喜爱我的观众也已经多起来了,

志成淮剧团时期的剧照

那么今后我就要加倍努力来回报他们的喜爱。

采访人：您很早就开始自己设计唱腔了是吗？

何长秀：是的。比如说那时候团里排《江姐》，当时他们说我只专不红，不适合演江姐这个角色，就另外请了一个演员来演。其实我挺冤枉的，但我这个人气量挺大的，不让我演那我就在边上看，思考假如让我演，我会怎么去创作。

这个演员，她第一场"看长江，战歌掀起千层浪，望山城，红灯闪闪雾茫茫"用的是淮剧传统的老拉调。我听了吓一跳，江姐是一个革命人物啊，怎么能这样唱呢？

那个时候歌剧的《江姐》已经很流行了，我也学过。我就在边上开始创作了，把歌剧的唱法融入我们淮剧里面来，把倒板散开来唱，随着过门的音乐出场。整个一段唱腔全部设计好以后，我就去找导演了。我跟导演说："我觉得这一段出场用老拉调不合适，我帮她创作了这一段，你如果满意就拿给她唱，不要就算了，当我白辛苦。"结果导演看了以后很满意，就直接换我演这个《江姐》的上半段。

我是这样的，力争唱戏，但是不搞小动作。因为我的父母教育我，我们做演员，就像开店一样的，商店的货架上要有货，做演员肚子里要有戏，要有实力。

我喜欢每一个剧种的唱，评剧、京剧、沪剧、越剧、川剧、梆子……好多好多剧种我都喜欢。这要归功于有一年，上海搞了一次华东会演，每个省市的主要演员都把自己的拿手好戏带到上海来参加会演。那时候每天早上都有观摩演出，我一场不落的。没票怎么办呢？找一个人进去以后带个票头出来，再把我带进去。没有位子怎么办？两个人中间我就挤一挤。那时候反正年纪轻，吃点苦也没什么，也不考虑舒不舒服这些问题，就是要进去看戏。

我别的记性不好，但是在看戏这个事情上记性好得不得了，脑子就像电脑一样的，看过的戏全都储存在里面。一开始自己也不觉得，到后来进了淮剧团自己要搞创作的时候,脑子里的东西全部都涌出来了,当然这是后面的事情了。当时看了好多戏以后,每个剧种我都学着唱,唱下来感觉还是歌剧的唱法最适合我,高低音我都有,怎么唱都行。于是我就学着把歌剧的唱腔融化到我们淮剧里面来。前面说的《江姐》就是我的第一次改良。

采访人:您是什么时候进入上海淮剧团的呢?

何长秀:"文革"开始志成淮剧团就停演了,我被下放到"五七干校"学习改造。后来回到上海以后,被分配在食品店站柜台。那段时间可可怜了,也不会算账,一手拿钱,一手拿粮票,转个身就搞不清楚了。店里面人家也不想要我,就把我弄到厂里面去了。在厂里面做食品,也是苦得不得了。幸好遇到了一个医务室的医生,她体谅我们这些演员,因为我有心动过速的毛病,她就常常给我开病假,几乎天天都是工作半天,下午就回家了。

就这样熬到有一天,我哥哥来告诉我,淮剧团要招人了,我们就一起进了上海淮剧团。进了淮剧团以后我们先到戏校做老师,过了没多久又喊我们到淮剧团去唱戏了。

第一个戏是我哥哥演《宝玉哭灵》。因为在志成淮剧团的时候,《红楼梦》里的紫鹃是我演的,所以我哥哥就要叫我来演紫鹃。紫鹃的唱腔是我自己设计的,采用了西洋的发声方法,起初也担心观众能不能接受,但是后来演出了以后,包括同行的演员、观

《佘太君》剧照

众，团里的领导，都没有提出异议。这样我就放大了胆子，继续我在唱腔方面的改革。

接下来淮剧团让我唱老旦，演《杨八姐游春》里的佘太君，还有《九件衣》里的姜巧云。我启蒙学的是闺门花旦啊，不会演老旦，怎么办呢？就逼上梁山，自己慢慢地琢磨。

但是唱花旦是很温柔的，而老旦是高亢激昂的。有时候白天唱花旦，晚上唱老旦，或者这几天演花旦，过两天演老旦，我就遇到问题了——高低音怎么结合？高音和低音像宝塔形的，低腔就像是宝塔的底座，高腔就像是宝塔的尖子，从底下到上面你要怎么上去呢？

后来我请教了淮剧团负责声乐的王老师，他告诉我：就像一座桥，你从下面上桥应该有一个过渡，要有一个引桥。他说的这个"引桥"我后来琢磨了很久。还多亏了歌剧院的吴少伟老师。当时文化局发现各个剧种的中青年演员，好多人嗓子都出了问题，去治疗、开刀，就是因为没有使用科学的发声方法，导致艺术寿命不长。吴少伟老师就来教我们科学的发声方法，教我们用气，指导我们怎么样在唱的过程中慢慢地把气息流出来。

我就运用了吴老师教的运气的方法，再加上王老师提出的"引桥"的概念，总结出了八个字："以气托音、以音行腔"，解决了我高低音结合的大难题。这就给我后面的艺术生命增加了新鲜的血液，不论是唱花旦还是老旦，我都能游刃有余了。

采访人：您前面提到，你启蒙学的是闺门花旦，后来又改行唱老旦，能不能具体给我们介绍一下您在塑造人物方面的故事？

何长秀：我进淮剧团的第一个大戏就是《九件衣》，我演姜巧云。这是个什么样的人物呢？她是一个十六七岁的女孩子，从小就没有母亲，父亲常年在外做生意，所以这个女孩子总是一个人在家，遇到什么事都是自己一个人思考该怎么处理，就连自己的嫁衣也是关起门来自己裁剪、缝制。在这样的情况下，尽管她是一个十六七岁的女孩子，但我没有用闺门花旦那一套很嗲的东西来演这个角色。为什么？穷人的孩子早当家，她从小没有人疼爱，连发嗲的对象都没有，你说她身上哪里会有闺门花旦的那种气质呢？所以我塑造的这个姜巧云是比较大气、成熟、沉稳的。

特别是在《公堂》一场，表哥因为巧云给他拿去当的一包嫁衣而被误判作强盗，被捉拿到公堂上，蒙冤而死。巧云听说这个消息以后，就在怀里揣了一把剪刀，上公堂要为表哥讨回清白。一番对质之后，老爷就说："你表哥的案子搞清楚了，他是清白的，这包衣服既然是你的，你就拿回去吧。"姜巧云接过衣服，唱一段小悲调，唱到"领他回去成何用"的时候要把包袱放下，因为后面还有别的动作。之前的演员在这一段是做了一个标准的花旦的动作处理。

但是我每次演到这个地方总觉得别扭，情绪不对。如果换做别的演员遇到这个情况，可能得过且过也就算了。但是由于爸爸教导我的精益求精的工作精神，我就没有轻易地放过它，决心一定要解决这么一个疙瘩。

一开始我绞尽脑汁怎么也想不出来应该怎么处理这个放包袱的动作，有一天晚上睡前，我已经躺在床上了，这时候脑子也比较冷静，就在琢磨这个问题，最后从我的唱词里找到了答案。"领他回去成何用，万念俱灰一场空。"我是来找老爷拼命的，剪刀已经揣在怀里了，这个包袱还要它干嘛？为什么还要很规范地把它放下去呢？所以我干脆就把包袱一扔，不要了。

后来演出的时候我们的团长在底下，看到我这个处理以后说："你这个处理相当好。"

这次经历之后，我就越发觉得一个演员读剧本是非常重要的。而且读剧本不能只关注自己的台词，还要体会台词背后这个人物的心理活动。只有把台词之外的东西也表现出来了，你塑造的这个人物才完整。

再说《哑女告状》的掌赛珠。她也是一个十六七岁的女孩子,但是和姜巧云不同,这个人物是骄横的、野心勃勃的。按照古装戏传统的演绎方法,这个角色不是彩旦就是姨婆旦。我认为这是一种脸谱化的处理方式,而我不想做脸谱化的演员。

我干脆用闺门花旦的方法去塑造这个人物。为什么这样处理?因为尽管她是一个很坏的形象,但是你跑到台上就两手叉腰一副坏样,观众看剧本就可以了,为什么还要你来演呢?演员要做的是基于剧本的二次创作。二次创作是什么?就是刻画人物,让她变成有血有肉的、活生生的一个人物站在舞台上。至于她到底是好人还是坏人,要留给观众自己去评判,而不是你直接一上来先标榜自己是个坏人。

闺门花旦有一个好处,符合她的年龄和身份。比如说,姐姐出嫁,姐夫是官老爷,掌赛珠就跟妈妈说,你为什么不考虑把我嫁出去呢?说到这里她害羞了,用手帕一遮。妈妈受到她的启发,就让她代替姐姐出嫁,她好开心:"你真是我们好妈妈!"手帕一抛一接,一个转身,然后

六十多岁时与梁伟平演《哑女告状》时的合影

"嗒嗒嗒"踩着花旦的雀步就走了。这些都是闺门花旦专用的动作，我就用这些动作贯穿起了这个人物。

到了掌赛珠做新娘子的一场戏，她坐在洞房里，这个时候心情是很忐忑的。新郎怎么不来揭我的盖头？急死了。怎么办？我趁他不注意的时候，自己悄悄地把盖头掀开一点，眼睛从盖头底下的缝隙里悄悄往外探，看到他在那里呢，暗自窃喜。发现他头转过来看这边了，赶紧把盖头放下来。过一会儿又悄悄地掀起来看。

之后，我拿出了两个人的定情之物——玉扇坠，陈光祖就完全相信我了。他去应付客人，留下我一个人在房间里。这时候掌赛珠之前那种紧张的心情就完全没有了，她开始大幅度地踏步，然后把水袖拿出来，左一翻看，右一翻看，"哎呦，刚才紧张死了，吓死我了"。观众看到这里都笑了，反应很强烈，觉得这个女孩子挺好玩的。

再往后就不可爱了。到了第七场《鸩兄》，哥哥姐姐找上门来了，但是掌赛珠已经都安排好了，你们来是死路一条，别想活着离开。有一句话念白："既然兄姐千里来京，我愿好好款待亲人。"这个"亲人"的"人"字，把声音调高，脸也冷下来了，眼睛里是恶狠狠的。

这样前后一对比，这个人物形象马上就生动起来了。我们团长告诉我他听到台下有观众议论，说这姑娘可爱的时候很可爱，坏的时候恨不得冲上台打她。这就说明我用闺门花旦的方式来演掌赛珠这个角色是成功的，我自己内心也很高兴。

我就是要做一个性格演员，追求程式，但是不程式化。包括前面提到的放包裹、念白、水袖、闺门花旦的一些东西，我把它糅到人物性格里面，把它们生活化了。艺术本身就是来源于生活，但是又超出生活的东西。

再说《腊月雷》，我演的贺氏是一个老旦的形象。其中《盼子》一场，老夫妇两个都是白发苍苍的形象，走路都颤颤巍巍的，儿子离家出走了，老太太责怪老头子把儿子打走了，到现在也不回家。这一段剧本我读完以后，自己都没有感动，怎么去感动观众呢？他们是怎么想儿子、盼儿子的，又是怎么在少吃无穿的艰难困苦的岁月之中熬过来的，这些情绪都没有渲染出来。我就去找了导演，我说你应该给观众有个交代。结果导演就去找了编剧，写了一大段唱。这段词写得特别漂亮，把我的情绪都调动起来了，简直就是创作欲望大增，我就不分昼夜地开始自己设计唱腔。

在这之前我自己先在心里形成了一个画像——在偏僻的农村有一个茅草屋，周围荒无人烟，门口有一条小路，是老两口长年累月走出来的。路边有一棵大树，树叶黄黄的，颤颤地从树上掉下来。我一手捧着自己当年给孩子缝的书包，一手拄着一根竹棍，嘴里念着："继保，你哪里哟？"

说到这儿我要感谢昆大班的孙华满孙老师。因为我是闺门花旦出身，隔行如隔山，是他教了我很多帅派老旦的东西。演《腊月雷》的时候我就去请教他了，他告诉我，你的腰要探下来，弯到超过45度、不到90度的范围。我回去就琢磨了。这样的一个体形要唱是很难的，气运不上来，非常累。然后我把自己的一团白发弄乱了，鬓角都弄刺毛了，眼睛是无神的、呆滞的。

"继保走的那年，才13岁。一去就是七八个年头。如果还在的话，这么高，这么高，这么高，已是二十来岁的大小伙了。"这个时候我心里面已经酸了，但是没有哭，而是用声音去表达的。到后面，泪水是情不自禁地流出来的。这时候我是全身心投入在这个角色里的，我就是贺氏，贺氏就是我。

一阵风吹来，我倒退着踉跄了几步，耳朵听到有声音，抬头看，大雁来了。这个看是要有目标地看，仿佛看着天上一排的大雁从这儿飞到那儿，一路飞远。紧接着就是一段唱，这里我大胆运用了旦腔的演唱方式："大雁又南飞，秋风紧，黄叶飘飘落满身。"用哭腔，一种低沉的气氛去烘托人物内心的凄楚、悲凉。

由于这一段唱词每一句的内容都离不开她思念儿子的情景,所以我在每一段都加上了一句"儿哪儿哪"。但是这些呼唤不能用千篇一律的唱法去表现,我是怎么区分的呢?有盼望的,有失望的,有急迫的,有无奈的,用这么多复杂的情绪来牢牢抓住观众的心。

插一句题外话。有时候我们在台上演出,台下可能有观众在说话,甚至走动,请你不要怪观众没礼貌,这是演员的失职。你唱的不动听,你的人物不吸引人,所以观众才会走神。你要把自己完全投入到角色的情绪里,和角色之间没有你我之分,这样才能抓住观众。

有一次我们在外面巡演,有一个观众在底下感叹:这么苦的戏是哪一个想出来的,他苦得吃不消了。我的老伴在底下看戏,他也说:"我明明知道台上的是我的老伴,但还是情不自禁地流下了眼泪。"我觉得这还是归功于演员自身的投入,把角色的喜怒哀乐完全给到了观众,让观众的情绪跟着你一起起伏。

首届上海戏剧表演艺术白玉兰奖座谈会合影(第一排右一为何长秀)

采访人：您是怎么看待淮剧传统的传承问题的呢？

何长秀：传统的东西是老前辈留下来的宝贵财产，我们首先要继承，然后才能谈发展。老先生们花了很多心血才形成了一套规范的、程式化的表演动作，怎么哭、怎么笑，小丑是什么样，老旦是什么样，花脸是怎么样，各个行当都分得很清楚。

我想起一个例子。《千里送京娘》这个戏是我们筱文艳老师的经典之作，我们要尊重老师，好好地把它传承下来，这是我们的责任。至于改良和发展，你要先掂量一下自己有没有足够的水平。

剧中赵京娘这个角色被强盗抢去，后来被赵匡胤救了出来。由于这个女孩子从来没有接触过男孩，赵匡胤又是她的救命恩人，很自然就对他产生了爱慕之情。但是古代的女孩子是很含蓄的，她没法开口表达爱慕之情，就借助各种桥、景、人、事、物去比喻，用这个来打动赵匡胤。这些在剧本里面都有了，我们筱文艳老师的表演里也都有了。

可是我们有一个演员在演赵京娘的时候，她唱到一半竟然用肩膀去碰了一下赵匡胤。这是传统戏里面小花脸调戏女性的一个标准动作，怎么能这样表现呢？我们改良应该从人物出发，不能脱离剧本，这是最基础的。

采访人：您退休以后还在继续从事淮剧的教学、传承工作是吗？

何长秀：退休以后，淮剧团招了淮四班，都是"80后""90后"的小孩子，有17个女孩，我们团长就找我去教学。

我首先教的全部都是筱文艳老师的唱腔。筱文艳老师的唱腔是突破了淮剧传统的，没有那么土。我是筱文艳老师的粉丝啊，很崇拜她的，所以我投入了很多精力在筱文艳老师的唱腔当中。她的吐字非常清晰，润腔优美，唱什么都是字正腔圆，观众哪怕坐在剧场最后一排也能清楚地听到她的念白、唱段。

所以在教学的过程中，《秦香莲》《党的女儿》这些戏我都是教的筱

已经卸了行头的何长秀被筱文艳特意从后台叫来合影

文艳老师的唱腔,我不会唱的就到团里去找她的录音,找人根据录音写成简谱,然后我自己先学,学会了再教小孩子们。

那些小孩子来自五湖四海,有的根本连苏北方言都不懂,我的教学过程就像是在一张白纸上画上五颜六色的图案,非常辛苦。这么多小孩,每个人天分都不同,教学的过程中我可以明显看到哪些孩子

上海戏校淮剧班2009年合影

以后是可以成为主角的,哪些可能只能站在边上,但是我都是一视同仁,从来没有把哪个孩子丢在一边不管。17个女孩子,每个人唱一遍,我再一个个反复纠正,教到后面真的是头晕眼花,回到家里话都说不出来了。

在戏校教学虽然很辛苦,但是对我自己也有一个好处,让我能有机会把以前演过的角色、唱过的唱腔做一个回顾和总结。以前演出的时候哪有时间来做这些事呀,都是一个剧本接一个剧本地排练、演出。

采访人:从事了一辈子的淮剧事业,您对它有着怎样的情感?

何长秀:我把淮剧当作生命一样看待。我活着是为了什么?就是为了淮剧舞台。小时候好像不懂,总觉得我的天地就这么一块,里面满满的都是淮剧,除此之外好像世界上就没有别的什么了。所以我是为淮剧而生,为淮剧舞台而活的,我对这个舞台的爱锲而不舍。

我连生病都不休息,只要还唱得动,就坚持带病上台演出。因为我们那时候已经有一定的观众基础了,他们都爱看我,所以我不能让他们失望。特别是巡回演出,比如去到淮安或者哪里,哪几个演员演出,那都是提前和剧场签好合同的,不能轻易换人。

遇到再不愉快的事,到了台上都要撇开。我记得我妈妈去世那年,我还在台上演《血冤》,在舞台上还是和原来一样,只有下了台,卸了妆,才做回我自己。但是等我拿到新的剧本之后,又什么都抛开了。

《血冤》剧照

近年来,我欣喜地看到《金龙与蜉蝣》这样的新编好戏给淮剧舞台注入了新鲜的血液,也不无遗憾地眼看着淮剧这一直接脱胎于京剧的古老剧种日渐式微,但我心中始终是充满乐观的。当我看到自己教的孩子们使用经我改良的发声方式,唱出原汁原味的从筱文艳老师那里传承下来的唱段时,总是仿佛看到童年时拿了两条毛巾当水袖甩的自己。淮剧也好,传统文化也好,它们的生命力之强大往往超出我们的想象,因为只要还有一个人喜欢,它就不会消亡。

(采访:陈娅　整理:陈家彦)

演员要耐得住寂寞
——张留根口述

张留根，1947年出生，江苏姜堰人。1960年考入上海市戏曲学校淮二班，1966年毕业后进上海淮剧团工作。国家一级演员，主攻老生行当，师从陈为翰、李神童，尤其擅演反派角色，人称"淮剧演反派第一人"。主要代表作品有：《西楚霸王》《夫差与西施》《马陵道》《晏婴戏妻》等。在《西楚霸王》中饰演的范增一角，获第六届中国戏剧节表演奖。导演作品包括：《琵琶记》（上、下集）、《访鼠测字》《刺目》《李逵探母》《打龙袍》《寻娘哭塔》《李素萍》《捧印》《张文远借茶》《扫松下书》等。

采访人： 张老师，您是怎么会进入戏校学习淮剧的？

张留根： 我是1960年考入上海市戏曲学校淮剧班的，在那之前没怎么接触过淮剧。那时候我只有13岁，属于学校的文体活跃分子，还是大队文体委员，但是对戏真的是不懂。

我记得是小学毕业前一年，五六月份吧，戏校的老师们来学校里挑学生。学校的教导主任或是校长领着他们到一个个班里看，然后挑了几个学生到校长室去，我也是其中之一。到了校长室一看，有的老师拿着胡琴，有的就站在旁边打量我们，看看身材比例、掰掰腿。又问："会唱戏吗？"我说不会。但是老师要看我的嗓音条件，"不会唱戏就唱个歌儿吧"。我就唱了《社会主义好》。唱完就看到两个老师互相使了个眼色，应该是觉得我还可以。之后还有复试，考完以后就等通知了。

我当时考试的时候都没有跟家里讲，一直到考取了以后才说。因为我的父母都是工人，他们原本一心一意是要把我培养成大学生，所以一开始得知我考取了戏校的时候，我父亲是坚决反对我到戏校去的。他说，你一定要好好念书，唱戏的话，旧社会那些戏子，别看他年轻的时候好像很风光，到老了晚年很悲惨的。后来戏校的老师，以及学校里的老师都来做工作，最后我父亲还是松口了。

采访人： 当时在戏校的学习情况您还记得吗？

张留根： 刚到戏校的时候，自己还糊里糊涂的，对淮剧也不太懂。不像京剧班和昆曲班的好多同学，他们本身就出自艺人世家，从小受到戏曲方面的熏陶。第一年的时候还没有分行当，京、昆、淮三个班练基本功都是同一批老师教的，所以我们的毯子功、把子功、形体这些基础都学得非常规范。

那时候我们京、昆、淮三个班的男生都睡在一个大宿舍里。早上六点起床，但是常常不到六点就听到练功房里有动静。后来才知道，是京剧班、昆曲班的有些同学，早上五点多就悄悄起来练私功了。那还是我第一次听说"练私功"这个词。后来我们几个同学也约好，早上看到有人悄悄起床了，我们也跟着起来，厚底鞋穿好，跟着一起练功。

老师们是有心人，第一年大家一起学形体的时候他们就在观察了。从你的扮相、气质、嗓音、个头各个方面综合考量：这个小孩五官蛮端正的，气质也比较老成，那就唱老生吧；这个看起来还挺秀气的，就唱小生吧……我是主攻老生，也学过武生。

我的开蒙老师是陈为翰老师,他是当时淮剧团最老的一批老先生。遗憾的是,他教我的时间不是很久,后来就过世了。我主要师从李神童老师,其他比如李文藻老师、杨占魁老师、何叫天老师等,这些老先生或多或少都教过我们,有的可能是上大课,有的就是一出戏一招一式地教。当时戏校有许多好的老师,我们见识的也比较多,比如周信芳的戏、俞振飞的戏、言慧珠的戏,包括昆曲"传字辈"的老师们,他们上课我们有时候会偷偷地去看。戏校有一个蒙古包一样的小剧场,每个礼拜都有演出,大家都会去观摩,所以学习氛围非常好。

除了唱腔我们是学淮剧的,其他艺术上的东西,大部分都受到京昆的影响。那时候好多在全国拔尖的老师到戏校来上课,我们都跟着学,受他们的熏陶,所以在戏校的那几年,真的是看得多、听得多、学得多。那些老先生在当时都是泰斗级的人物,各个剧团里的顶梁柱,那时候我们自己还糊里糊涂的也没什么概念,现在回想起来,能看到那些老先生的那些戏,真的是很幸运也很幸福。

采访人:除了专业课,在文化课方面戏校的教学情况您还有印象吗?

张留根:我们俞振飞校长对学生的文化方面还是蛮重视的。他自己也是知识分子出身,所以对此深有体会。在大会上他也会和我们说,演员要有修养,包括琴棋书画这些艺术素养,都要抽空学,本事学在身上,不知道哪天就用到了。俞校长也会和我们谈他自己的艺术体会,总是鼓励我们上了台不要怕:"上了台就是老子天下第一,要谦虚下了台谦虚。"

俞校长的话对我们是很有影响的,包括我后来对文学的爱好、对书法的爱好,都是源自这里。俞校长写了一手好字,我印象很深的,所以读书的时候我业余时间花在练字上面也蛮多的。那时候我们有"少年之家",哪个同学字写得好,会贴在"少年之家"的墙上。我的字就常常被贴出来,然后大家都知道淮剧班的张留根字写得蛮好的。我一下子就被架上去了，更加要好好练，不然让人家笑话。练得多了字就更加进步，然后人家更加夸你，等于是良性循环了，我也就把练字这个事情一直坚持了下来，慢慢就变成了生活中一种下意识的爱好。

采访人： 您1966年从戏校毕业，正好是"文革"开始的那年。当时学校、剧团是怎样的情况？

张留根： 其实在我们快要毕业的时候，当时好像已经有一点这方面的空气了。"文革"开始之后，我们当时虽然毕业了，还是全部留在戏校。那时候也乱，也没人管，大部分人都糊里糊涂的，浪费时间。我后来就变成逍遥派了，在家里闭门练字，所以"文革"期间是我练书法练得最多的一段时间。

那时候很茫然，也不知道以后是不是还干这一行。我们有很多同学都当兵去了，有的当了几年兵再回来，有的一直就留在了部队。

采访人： 您正式进入淮剧团是哪一年？

张留根： 正式进团是1970年，但是在这之前，淮剧团开始排一些现代戏的时候，借我去排练过。

正式进团的时候，老戏还没有恢复，还在演样板戏，我们排的第一个戏是《海港》，之后还有《杜鹃山》，还有许多淮剧团自己创作的现代小戏。

排样板戏的时候，我们是到北京去和样板剧组学习的。样板戏是什么都不能改动的，从服装、道具、布景，到演员的动作、造型，甚至是眼神，除了唱腔是淮剧的，其他都要一模一样。那时候政治空气很紧张，把对样板戏的态度上升到了革

1985年在《关公斩子》中饰关平

命和反革命,所以大家演出的思想负担也很重,谁在台上出了一点事,下来以后不要人家说,自己主动检讨,甚至有的人都吓哭了。

那时候的演出,实事求是凭艺术良心来讲,质量上没的说。每个演员都是一丝不苟、精益求精,对待艺术这种严肃、神圣、认真的态度,我感觉现在还是需要的。

毛主席说"世界上怕就怕认真二字",你认真了才能出好东西,要有精品意识才能够出精品。我们那时候演《杜鹃山》,七点一刻开演,七点零五分所有演员在后台列队检查,从头到脚,从服装到脸上的油彩。那时候演现代戏,脖子上、耳朵里都要涂上油彩,出来的效果就很好。我感觉这就是对艺术的讲究,这种一丝不苟的精神必须要有。讲究和将就是两码事,如果得过且过,那是出不了好戏的。一台戏的呈现是综合性的,创作、剧本、音乐、舞美、表演、导演……要各方面相互协作才能出一个好的作品。

我到了淮剧团以后,也不能讲我这个人有多大的上进心,可能就是比较好强一点,所以我干什么事都要求自己不能比别人差。在艺术视野方面我还是比较开阔的,我的眼睛也不是完全放在淮剧团,而是非常注重向别的剧种学习,京剧、昆曲甚至北方的梆子戏,因为艺术的东西好多都是相通的。

淮剧这个剧种,它不像京昆那么程式,规矩不可越雷池一步。它因为是从农村、从江北小戏开始发展起来的,所以比较泥土气、生活化。很多人说淮剧比较粗犷,但是粗犷不等于粗糙,它的可塑性比较强,只要是有心的艺人,你创作了新的东西,观众还是很容易认可的。

采访人: 你们当时刚进剧团的时候,有没有师傅带教?

张留根: 那时候我们进淮剧团以后都是拿工资的了,所以也没有师傅带这种说法,但还是跟老先生们学到很多东西。

比如说恢复老戏的时候,老先生们都还能演,也很想演,那么很自然的,老先生们演A角,我们跟在后面演B角甚至C角。那时候也谈不上拜师，就是跟着剧组走，排戏的时候在一边看。我们的一个老先生杨占魁，是淮剧著名演员，我向他学了很多东西。排《女审》了，他演陈世美，我也演陈世美，排练的时候导演当然是围绕A角的，我就在旁边看。排了两个月，我就老老实实地搬凳子坐在旁边看上两个月，他反复地排，我就反复地看。等到演出的时候，这个角色应该怎么演我就全知道了。

这个戏我是在什么样的情况下第一次上场的呢？有一次杨占魁老先生高血压，中风了，但是票已经都卖出去了。那时候在四川路的群众剧场演出，演秦香莲的筱文艳老师就问我："留根啊，你能上吗？"我说我只能保证不出错，演得好不好我自己也不知道。后来筱文艳老师就和我在后台试着走了一下场，她说："行，上吧！"我就这么第一次演了《女审》的陈世美。

我们在剧团里要做一个有心人。你不能指望样样事情都是领导安排好的，很多东西的的确确是要靠平时自己去发挥主观能动性。作为一个替补的B角演员，从来也没有时间专门给你排戏，但是如果你自己吊儿郎当不去主动学习，那么到了需要你冲上去的时候，你可能就掉链子了。

我不但平时排练的时候用心在旁边看，而且自己还偷偷地练基本功。陈世美在这个戏里有一个甩发的基本功，我就是平时自己找时间去练的。因为每天晚上要演出，我都是下午很早就到后台去，对着镜子自己把水纱网巾勒起来。甩发的水纱网巾一定要勒得很紧，松的话要甩掉的，但是很紧的话，基本上十分钟就觉得头晕了，有的人可能就吐了。勒好以后就到台上练，练得一身大汗，练完了再把东西收拾好放回去，也不影响晚上的演出。所以后来突然要我救场的时候，我才能有底气说自己可以保证不出错，因为自己平时在练，心里有底的。

那次演出反响还蛮好的。虽然从年龄上看，我那时候也就30岁左右，和筱文艳老师看起来不像夫妻两个，倒有点像她的儿子，但是戏演下来观众还有其他演员们的反映都还是不错的。尤其拉胡琴的潘凤岭老师也对我表示鼓励："好！想不到想不到。"筱文艳老师也很高兴，后来再有一些戏，在安排上面她也会主动想到我，对我蛮信任的了。

采访人：听说您是淮剧团的反派专业户？

张留根：最早是刚进团不久，演了《海港》里的钱守维。我一开始其实不是演钱守维的，是演码头工人。后来导演一直对钱守维这个角色的演员不满意，换了两个以后，就叫我去试试，结果一试就下不来了。

说句老实话，我在淮剧团一辈子没有主动想办法去要演一个角色，都是服从领导的安排，主要角色我把它演好，配角、再小的角色我也要把它演好。我倒不是自夸，这是起码的职业道德。我一辈子戏唱下来，不管角色大小，都是认真完成，从这点来说我问心无愧。

扯远了，继续说反派角色。我演反派真正的成名作其实是《杜鹃山》里的温其九。我们淮剧团当时有一个吕君樵导演，他是全国有名的戏曲导演，和北京的李紫贵导演并称"南吕北李"。他们这些老导演眼光都很毒的，通过一个戏就能看出一个演员的水平。吕君樵导演看过我演的戏以后蛮喜欢我的，就叫我演《杜鹃山》里的温其九，那个时候我只有27岁。

那时候学《杜鹃山》是到北京去学，因为是样板戏嘛，所以要一招一式地学下来，不能走样。学完了回来演出，得到了大家的好评。

从此以后我好像就被定位定好了。因为团里就这些人，你一个角色演好了以后，以后好多

1996年，在《马陵道》中饰庞涓

类似的角色就自动对位了。现在回想起来,我从1970年进团,1971年演《海港》以来,演过的有名有姓的角色大概有60多个,无论是现代戏还是古装戏,主要的反面角色基本上是我包下来了。

采访人: 作为一个老生演员,您曾经在舞台上挑战过矮子步这一丑行的技能,能给我们讲讲这背后的故事吗?

张留根: 戏曲有一句老话,"一招鲜,吃遍天",你没有玩意儿是不行的。

有一次我看到一幅张大千的《西园雅集图》,画的是古时候的一批文人墨客,在饮酒之后的各种状态,有的在弹琴,有的在吟诗,有的在下棋……其中最吸引我注意的,是一个握着自己散落下来的长发在写东西的人,这个画面给我很大的视觉冲击。

演员容易有形象思维,我马上就想到这个东西如果用在舞台上会多好。从我从事这个行当到现在,舞台上没有人用过这个东西,我还问了一些其他剧种的朋友,全国各个剧种还没有拿甩发在台上写字的。

我就把我的想法和团里的一位叫陈慧君的编剧说了,他听了以后也很有创作冲动,就决定一起写一出戏。两个人谈了以后,就想到了晏婴这个人物。

晏婴,他是一个侏儒,我就想到用矮子步来展现这个人物的身材特点。但是他又是一个大儒家,出使七国,能说会道,用小花脸的路子来演显然不合适,所以我还是按照老生的方式来演绎。

我本身是一个须生演员,策划《晏婴戏妻》这个戏的时候也已经四十好几了,从零开始练习矮子步那真的是自讨苦吃。练功这个东西讲究从小练起,有的人十几岁开始练也不一定能坚持下来,更何况我当时已经四十出头了,那真是跟自己较着劲啊。我当时的信念就是,练这个功它没有危险性,不像翻跟头什么的弄不好要出事的,这个矮子步你再怎么练也练不死人的,所以我就下定决心一定要练出来。那时候还不好意思到团里练,让人家看到了还以为你要去抢丑行的饭碗呢,所以

1998年,在《晏婴戏妻》中饰晏婴

我就在家里偷偷地练。一开始蹲在地上,蹲5分钟就不行了,后来慢慢到10分钟、15分钟,最后能蹲40分钟。这个蹲还和我们平时的蹲不一样,它要脚掌落地,人还要挺起来,还要走。我就从客厅走到厨房,又从厨房走到卫生间,再走到房间,就这么在家里兜圈子。天热的时候就打赤膊,穿双跑鞋就这么在家练,累了就躺在地上歇会儿,歇够了起来擦把汗再接着练。就这么练了大概有一两年,当然不是每天练,有空的时候就经常练一下,练到最后能够边走边唱,还要把气压着。这个戏大概是30分钟,我练功起码要练到够45分钟的气力,这样到台上才能有余力。

我那时候还没好意思问丑行的专家,比如我们昆大班的刘异龙,我们叫他老大哥,我自己练的时候也没好意思去请教一些技巧。后来这个戏演出的时候他来看了,说:"你厉害的,在台上这么长时间,一般小花脸走矮子步在台上能有个15分钟就了不起了。"其实我不懂啊,就傻练。

这个戏还有一个亮点就是用甩发写字。《晏婴戏妻》这个故事说的就是晏婴原本和自己的夫人约好了在她的寿诞之期给她过寿的,但是由于出使在外,就耽搁了。出使回来以后,晏婴立了大功,齐王要封赏他,就想把自己的女儿嫁给晏婴。晏婴说我家有糟糠,就拒绝了齐王的封赏,逃回家了。结果他还没到家,已经有人把齐王招赘的事情传给了他的夫人。夫人就很生气,你在最困难的时候我一直支持你,现在立功了就嫌弃我了？其实这就是一场夫妻之间喜剧色彩的误会。晏婴回到家看到夫人误会了之后，他也没有马上解释，而是顺水推舟地让她继续误会自己，所以叫"戏妻"。当然最终两人还是解除了误会，连日的旅途劳累加上误会解除之后的高兴，晏婴连饮了三大碗酒，带着醉意，嫌弃人家递来的笔太小，就把自己的帽子摘掉以后，把自己的甩发和夫人当年赠予的一缕青丝并在一起，当场写了一个"寿"字送给夫人。

我在两个戏里面现场写过字，一个是《金鞭记》，现场写了"知耻"两个字，还有就是《晏婴戏妻》这个戏，写了一个一米大的"寿"字。之所以能在舞台上运用这个现场写字的设计，而且取得好的效果，那是得益于自己平时爱好书法。所以我常常和学生及青年演员说，你们多学点东西，指不定什么时候就用上了，到用的时候再去学，那肯定来不及。

《晏婴戏妻》这个戏应当讲我下了很多功夫，吃了很多苦，当然也得到了观众的认可。遗憾的是什么呢？搞这个戏的时候我已经上了岁

在《金鞭记》中饰苏云甫

数,虽然坚持下来了,但是如果再早20年,在我身强力壮、体力充沛的时候演这个戏的话,效果肯定还要好。这个戏的创作过程很累很累,但是我觉得我为淮剧贡献了这么一个人物,还是很欣慰的。希望淮剧的接班人里,有人能把这个戏接过去,甚至在我的基础上把这个人物演绎得更加好,这是我最大的一个心愿。

采访人: 您能不能再给我们介绍几部比较有代表性的作品,您的创作过程是怎样的?

张留根: 比如说《西楚霸王》,这个戏当时是准备代表上海去参加全国第六届戏曲节的,上海宣传部还有拨款。原本我不是演范增这个角色的,但是第一次彩排以后,宣传部还有文化局提出是不是能把范增这个角色的演员换一下,所以最后变成我演范增。

当时离演出大概也就还有二十多天,排练时间非常紧,所以从接到任务开始我整个人就完全投入进去了,没日没夜地扑在这个角色的创作当中,有时候半夜里想到一个动作都会立马爬起来。每天晚上吃好晚饭以后,我就拿着剧本,那时候我住在周家嘴路附近,那边有一条比较僻静的路,我就在那里来回地走,一边走一边自己琢磨角色,脸上可能做着各种各样的表情。因为那条路灯光比较暗,所以我就算走着走着停下来做几个动作,也不会引起什么注意。那时候感觉自己肩上的担子很重,因为人家已经排了几个月了,而我接到这个角色只有二十来天。

《西楚霸王》中饰范增

好在平时排练的时候我都认真在看，所以尽管是临危受命吧，但是自己心里对这个角色还是有所了解的。

后来到沈阳去演出，当时我根本就没有想过得不得奖这种事，心里想的就是如何把这个角色演好。我这个人演戏一直都是非常投入的，在舞台上也根本不想其他东西，心里只有戏。演出完了以后我也没注意，直到回到上海以后，获奖的消息在广播和报纸上都报道了，我才知道我演的范增得了全国的表演奖。

我爱人告诉我："你得奖了！"我也只是很平静地说："哦，是吗？"当然每个演员应该都是希望能够得奖的，但是我认为得奖与否并不是考验一个演员能力的唯一标准。有的演员可能一辈子也没有得过奖，但是这并不能说明他就不够好，可能只是缺少一个机遇。所以现在好多青年演员得了奖以后我也跟他们说，不要盲目，越是获得了奖项，你的头脑越是要冷静下来，在业务上继续刻苦钻研。

采访人： 您在塑造人物的时候会特别注意哪些方面？

张留根： 我一贯的做法，是要对剧本有充分的理解，把人物的脉络要抒清楚，把自己融入角色当中去。除了导演对人物的阐述，除了作曲的曲调对这个人物性格的体现，在我自己心里对角色是有清楚的定位的，我的外部表演手段和人物的内心是要高度统一的，脉搏的跳动一定要一致，否则的话你的人物就是浮于表面的，观众看起来就会觉得很假。

戏曲演员其实很容易犯这个毛病。因为话剧、影视基本上是非常生活化的，但是戏曲有它程式化的东西，"手眼身法步"这些都是规范，那么我们有些演员在基本功很扎实的情况下，往往容易为了体现他的表演技巧，而导致表演的程式化的动作和人物的内心是脱节的。

我一直记得我们团里的老导演吕君樵说过的一句话："我们戏曲要程式，但是不要程式化。程式动作是我们表演人物、体现人物的一个手段，而不是目的。"所以我在塑造人物的过程中，包括一些话剧导演到淮剧团来排戏的时候,他们都会特别要求人物的内心和外部动作的统一。这个讲起来很简单,其实很难的。演员在舞台上表演喜怒哀乐的时候,如果只是流于表面,那么你唱得再好、形体再好,你所表现的也只是一个躯壳,是没有血、没有肉的。

我虽然在这方面比较注意,但很多时候演出完了回过头去看录像的话,还是会觉得这个地方好像还欠了点,那个地方好像还能更好一些。当然这是没有后悔药的,只能下一次演出的时候再改正。

采访人:作为一个演员,您在二度创作的过程中是如何与编剧、导演进行沟通的呢?

张留根:一般我在反复看了剧本以后,会先把自己的角色和其他角色的人物关系捋顺,思考他在特定的环境下、特定的人物面前、特定的事件中,所应该采取的态度应当是怎样的。有时候看了剧本以后,觉得好像有值得商榷的地方,有一些自己的想法,那么也会力求和编剧、导演进行沟通。

我是这么想的,编剧也好,导演也好,他们是需要对整个剧本做全盘考虑的,要照顾到每个人物的方方面面。而我作为演员,只需要钻研一个人物,比较局部,那么就可以考虑得更加细腻,层次也更丰富一点。在不影响总体构思的情况下,如何让角色更丰满、更立体,像我的习惯的话,一个人物我一般会准备两到三套方案,有了自己的想法以后,我就会去说给编剧和导演听,大家讨论,取得了一致的见解之后,就能够

在《夫差与西施》中饰伍子胥

去实践了。

我记得以前吕导给我们排戏的时候常常强调的,角色没有大小,没有轻重,你把他演好了、演活了就行,这一点几十年来我也是一直努力这么去做的。

采访人: 您前面提到的《西楚霸王》属于"都市新淮剧",您是怎么理解"都市新淮剧"这个概念的呢?

张留根: 都市新淮剧和我们淮剧传统的、一代代传下来的老戏,这两种戏其实没有绝对的可比性,这是我个人在艺术上的看法。我觉得都市新淮剧和传统老戏是一个剧种的两个不同风格的产品。

《金龙与蜉蝣》也好,《西楚霸王》也好,包括《千古韩非》,它们从灯光、布景、表演的外部体现形式,和传统老戏还是有很大的不同。你说它把舞台的程式规范都丢掉了吗?也没有,但是有时候它的一招一式、锣鼓尺寸和传统戏还是有区别。所以从这个角度来讲,孰优孰劣,我想不能简单地划一个三八线。

当然,艺术上的东西本来就是百家争鸣,好多都没有绝对的是非对错,有的人可能也不一定赞成我的说法,大家都可以各抒己见,仁者见仁,智者见智。我觉得,不管是传统古装戏也好,都市新淮剧也好,大家的宽容度要高,要允许各个品种的存在,这样对一个剧种的发展是有好处的。

所以我感觉到,为了淮剧长远的发展考虑,我们恐怕还是要两条腿走路,不光要搞好传统戏的传承,也要做好都市新淮剧的创新发展。

采访人: 您后来"演而优则导"了是吗?

张留根: 一开始是吕君樵导演认为我在这方面有潜力,希望我能尝试导演工作。后来在我快退休前,承蒙大家的关照吧,开始从事这方面的工作,大家一起创作,帮着排了有十几出戏。

在剧团里,我们首先要因人制宜,如何扬长避短,把大家最好的一面和这个戏融合到一起,体现在舞台上,这是一个导演的职责。

捏剧本是第一步，改编也好，移植也好，没有一个好的剧本，你的导演工作是没法展开的。本子改好了，演员选好了，那么这个戏基本上一半以上就心里有底了。导演从另一个角度来讲，是一出戏的组织者，要把编、导、演、唱腔、音乐、舞美等各个部分捏合在一起，最大限度地发挥大家的长处。

应该说我们戏曲导演和话剧导演、影视导演的区别还是很大的。影视导演可以通过一个片子把一个完全外行的演员捧红，但是十个戏曲导演也不能够把一个外行一下子捧红，演员本身的"唱念做表"这些基本功，是必须要通过若干年的苦练、积累才能够达到一定水准的，你没有这些东西的话，根本就谈不上排戏。

我常常举的一个例子是：我们戏曲演员每个人身后都要有一个小仓库，里面放的是你表演所需的各种零件。你拥有的零件越多，你的资本就越厚，排戏就越容易。

采访人：您能具体介绍几部您的导演作品吗？

张留根：第一个就是根据《狸猫换太子》改编的《打龙袍》。我们的传统戏里就有《打龙袍》，但那是几十年前搞的连台本戏，剧情比较散，节奏也比较慢。我们在改编的时候，考虑到当时人们的心理节奏、生活节奏都比较快，对整个剧情中欠合理的部分都做了调整。这个戏后来演出以后，不光是团里的老艺人、我们的淮剧观众，包括京剧团的同行都表示很喜欢。

原本在《打龙袍》这个戏里，小皇帝只是一个配角，主角是老旦和包公。但是经过我们对剧情的梳理改编之后，小皇帝和他母亲的母子情变成了这出戏的主线，而且非常出彩。我们的淮剧观众原本就很喜欢那种抒情的唱段，戏里面母子相遇之后，儿子问母亲这么多年来你是怎么过来的，冬天是怎么过的，夏天又是怎么过的……这样的一问一答加上淮剧唱腔的表现，使得这段唱很受观众喜爱。

通过这个戏的合作，我也体会到，一个团队成员之间的合作、沟通、探讨是非常重要的。尤其是搞传统戏的导演,一定要把演员放在一个很重要的位置上,一起参与到创作当中,否则是排不出好戏的。导演、演员、作曲、琴师,每一个岗位相互协调,调动大家的积极性,心往一处想,只有这样才能出好戏。总之,戏曲是表演艺术。

当然也不可能总是面面俱到。有时候一开始设想得很好,但真正实践起来就会出现变数,所以现场的灵感也很重要。往往现场被激发出来的某一点火花,最终就会成为这出戏出彩的地方。所以一定要能够抓住闪现的某一个灵感,然后要把它发扬光大。

作为一个演员出身的导演,看了剧本以后,结合自己过去的经验,往往在唱、念上面可以提一些比较具体、有可行性的意见来给到编剧。因为你的意见比较具体,那编剧改起来也很明确。另外在排戏的过程中,对于表现手段也可以给出更多、更细致的想法。演员作为戏中人,需要投入自己的情感,但是有时候太投入了可能没办法照顾到舞台的整体表现;导演作为一个局外人,需要冷静客观地去调度整个舞台,但过分冷静的话也不行。所以我觉得,不论是演员还是导演,都要把握好度,这就考验个人能力了。

采访人: 您到戏校做老师是什么时候的事?

张留根: 退休前我还担任淮剧团艺委会副主任。2007年我退休以后,正好2008年戏校新招了一批学生,那么领导就希望我去戏校上课。从2008年一直到今年(2013年)7月份他们毕业,这当中整整五年的时间,我把他们领进门,又送到淮剧团。应该说,这五年收获蛮大的,虽然很辛苦,但是也很值得。毕竟自己从事了一辈子的淮剧,能够在退休以后继续发挥一点余热,把自己的经验、表演技巧、体会传授给学生,我感到很欣慰,毕竟戏曲是讲究一代一代传承的。

我常常和学生讲,文化非常重要。虽然戏校有文化课,但是有的同学不重视,觉得我们演员嘛,舞台上见真章。但其实不是这样的,一个演员的文化底蕴决定了他对剧本的理解程度,你只有理解达到一定的深度了，才能在舞台上通过自己的表演把它表现出来。当然，你还必须要有很好的基本功。扎实的基本功、较高的文化修养和艺术修养，你的综合素质提高了以后，才有可能成为一个好演员。

虽然在戏校，学制只有五年，但是在他们的艺术道路上，学习的时间远远不止五年。我算是他们的开蒙老师，首先把他们引上正路，在这条艺术之路上他们每个人能走多快、多远，取决于他们个人，但是我希望他们的方向起码是对的。

我自己心里一直有一个遗憾。那时候我们进戏校的时候，已经进行戏改了，所谓的黄色戏、鬼戏都不许演了。一直到"四人帮"粉碎以后，老戏逐渐恢复，很多戏才慢慢开始复排。其中《打金砖》这个戏，有唱、有念、有表演，有很多高难度技巧的东西，我就下定决心把这个戏教给学生。根据我们淮剧的唱的特点，唱词我全部重新写；利用戏校良好的资源环境，请武功老师把高难度的技巧教给孩子们去练。整整两个学期的时间，让孩子们从髯口到甩发，一招一式全部学下来，把这个戏排出来。其实按照一般的艺术规律，最好是过两年再给他们排这个戏，像京剧班的话，一般是到六七年级再排这样的戏。但是我们淮剧学制只有五年，而出了戏校，没有了这么好的练功条件，这种戏是不能排的，所以我必须要让他们学了。

正好我碰到两个学生还蛮有悟性的，也很争气，都达到了实习演出的水平。讲句不客气的话，《打金砖》这个戏在淮剧界，从江南到江北，从新中国成立前到现在没人演过，因为它的技巧难度太高。通过一年的学习、排练、彩排，2013年9月在逸夫舞台演出，下面的观众都叫好，想不到我们淮剧还能演出这样的戏。我听了以后真是比自己演还要高兴。看到自己的学生能够达到这样的水平，虽然距离我的要求还有距离，但目前来看我还是很欣慰的。有人问我给他们打几分，我说60分，及格。毕竟好多东西不是一天两天就能达到的，需要慢慢地积累。

采访人： 作为前辈和过来人，您对现在的淮剧青年有什么想说的吗？

张留根： 目前市场经济的大环境下，戏曲演员可能不是一个很赚钱的工作，但是作为戏曲演员，青年演员要能够克服浮躁的心理，要耐得住寂寞，静下心来练基本功，做一个有准备的人。随时有什么演出任务来了，都需要你有资本才能够冲上去。

那些成功的老艺术家，舞台背后吃了多少苦有谁知道？只有他们自己知道。我们不能光看到人家光鲜亮丽的一面，背后受的罪才是他能取得成功的根本。

淮剧这个剧种从筱文艳、何叫天、杨占魁、武筱凤、徐桂芳这一大批老艺术家开始，正是由于他们的辛勤劳动、耕耘，才使得这个苏北来的地方戏得以在上海这片土地上站稳脚跟，拥有自己的一片天。对于老一辈的功劳，我们应当铭记在心。而淮剧的未来，希望年轻一代能够长江后浪推前浪，薪火相传，淮剧事业的希望今后就在他们身上了。

（采访：裘一婧　整理：陈家彦）

因淮剧而改变的人生

——李金贵口述

李金贵，1940年出生，国家二级演员。1955年从农村到上海，进入上海市戏曲学校淮大班学习。1957年进入上海淮剧团。1961年在上海市第一届青年戏剧会演中饰演《探寒窑》中的王宝钏获得表演奖。主要代表作品有《探寒窑》《红灯记》《丰收之后》《红松店》《赠塔》等。

采访人：李老师，先给我们讲讲您是如何走上淮剧之路的吧。

李金贵：我和姐姐两个人从小就喜欢唱，读书的时候也参加了宣传队，逢年过节或者是农闲的时候，我们就会到乡村、到各个大队上去宣传、表演。如果有专业剧团来演出的话，不论多远，我们都会赶过去看。

那是1955年的初秋，上海市戏曲学校派王健茹老师到江苏盐城招淮剧班的学生。那时候淮剧班只招二十多个人，但是去报考的有两百多人，所以我去考试的时候很高兴也很紧张。

我记得那时候先考唱功,我唱的是西北民歌《高楼万丈平地起》。那时候年纪轻,气也足,歌声很响亮,老师听完看起来很满意。接着还考了身段动作,比如老师做一个兰花指,我们就跟着模仿。最热闹的是考大家做小品,有一个题目是"狼狗扑上来了",当时有的学生学狗叫,有的学生躲到桌子底下吓得不敢出来,拉都拉不出来,惹得现场的老师和其他考生都哄堂大笑。

第二天就发榜了,看到自己榜上有名的时候,那真是非常高兴。回家以后先去告诉老师,又告诉父母,他们听了也都替我高兴。甚至好多乡邻听说了都跑到家里来祝贺我,说:"金贵啊,考到大上海去了不容易啊。你要好好努力,为我们贫下中农争口气。"我母亲为了替我准备行李,把家里的鸡蛋都拿到乡下去卖。那时候鸡蛋大概几分钱一个吧,她一共卖了两块钱。然后准备了一块正方形的布,我记得很清楚是红白条子的,给我弄了一个小包裹。

等到十月份,王老师从上海到盐城来接我们这批考取的淮剧班学生。当时从盐城坐小船到南通,再换大轮船。上了大轮船那真是又惊又喜,原来在农村只知道陆地上造房子有楼,哪里能想到船上还有三层楼。我甚至还记得那天中午吃的是香喷喷的蛋炒饭。等轮船进了吴淞口码头,那时候正好是国庆节嘛,看出去到处都是灯火辉煌的,简直就像是到了另外一个世界。我就想,这才是我日思夜盼的大上海,心里非常激动。

采访人:进入戏校以后的学习情况是什么样的?

李金贵:当时戏曲学校是在华山路1448号。我记得王老师第一天把我们带到戏校,先带领我们参观了排练

18岁时刚从苏州到上海时的李金贵

1959年从戏校毕业时的李金贵

厅。印象中灯光照得很亮,大家都觉得很惊奇。

我们的课程有唱腔课、毯子功、形体课、文化课这些,形体课和毯子功都是由京剧老师负责,唱腔课是武筱凤、裴筱芬、孙东升三位老师负责,文化课是我们的班主任施怀老师负责。

当时的校风很严格,在校期间不准谈恋爱,一旦被发现了那就一并开除,绝不留情。周玑璋校长是老革命,他跟我们淮剧班的学生说:"盐城我去过,你们从农村来,要珍惜这个机会,好好学习。"这就增强了我们学戏的信心。我进戏校的时候已经18岁了,我们这批苏北来的学生年龄普遍偏大,但是戏曲练功要求一般是十岁上下,我们的岁数大了,腰腿也都比较硬,练功的时候就要吃更多的苦。但是我不怕疼,能吃苦,甚至睡觉的时候都把腿掰了靠在墙上练。

采访人: 您还记得您学的第一个戏,或是第一次演出的情况吗?

李金贵: 我学的第一个戏是《三击掌》里的王宝钏,第一次演出也是这个戏。初次上台其实是学校里的汇报演出,我记得底下坐着的有周玑璋校长、昆剧班与京剧班里有名的老师、各个戏组里的教练老师,他们都在台下看我们演出。当时心里非常紧张,毕竟是第一次,以前也没有画过完整的妆,也没有穿过戏服,第一次全套完整的装扮站到台上,手指出去的时候都是抖的。尽管紧张,还是一丝不苟地把整出戏演完了,下来了以后校长和老师们也给了我们很多鼓励。

采访人: 你们这班学生好像在校期间就已经在上海淮剧团演出了是吗?

李金贵: 对。我们是1955年10月进学校的,在学校待了一年多,

1957年就到了淮剧团,1959年正式毕业才开始拿工资。为什么1957年就进入淮剧团开始演出了呢？主要是由于当时老师们演出频繁,他们白天要在戏校给我们教学,晚上又要回到剧团参加演出,实在是顾不过来。所以后来就把我们淮剧班的同学直接安排到淮剧团,一边学习一边在舞台上实践,男同学就跑龙套,女同学就演宫娥、女兵这些。那时候大家都住集体宿舍,晚上演出到很晚,早上还要很早起来练功、排戏。但是大家都不觉得苦,跟着老师们同台演出真是可以学到不少东西。

在《探寒窑》中饰王宝钏

当时剧团里的主要演员有筱文艳、何叫天、杨在魁、马秀英等,那时候他们都是三十岁出头的年纪,很年轻,演出质量都非常的高。虽然有那么多淮剧大师在身边,但是我并没有拜师,这也是受到当时的形势、时代的特殊性所限制,那时候剧团里并不提倡拜师收徒弟。但是我在排练《拾玉镯》的过程中受到过筱文艳老师的传授,在排练《探寒窑》的过程中受到过马秀英老师的传授,在排练《赠塔》的过程中受到过武筱凤老师、韩小友老师的传授,在唱腔方面也曾多次得到潘凤岭老师的指导。所以说虽然没有正式拜师,但是在剧团日常的排练过程当中,从这些前辈们的身上我还是得到了很多的教诲,排练的时候老师们都是手把手地教,很认真也很用心。

筱文艳老师对我们在艺术上要求非常严格,她要求我们唱要字正

在《赠塔》中饰陈翠娥

腔圆,说白要抑扬顿挫,演戏一定要从人物出发。除此之外,在生活上她对我也是严格要求。有一次我烫了头发,正好被筱文艳老师看见了,她就指出:"你是农村来的姑娘,应该要保持朴素的精神,头发烫得洋里洋气的像什么样子。"我赶快就回到宿舍把头洗了恢复原样。

采访人:介绍一下您的代表作《探寒窑》吧。

李金贵:《探寒窑》这个戏,是吕君樵老师导演的。他原本是京剧院的,后来调到我们淮剧团。在这个戏里,他根据淮剧的特点,把京剧程式化的东西融入进来,通过他的设计,包括唱词、身段、唱腔、水袖各个方面,使得整个剧目变得诗情画意了。比如最后有一段唱词,"恨树木遮泪眼,风传隐隐车声",原本的词不是这样的,这句是从王实甫的《西厢记》里面化用来的。

一开始排这个戏的时候,我就是和施月娥一起。那时候我还比较胖,所以在上海演出的时候,每次老旦唱到"面黄肌瘦不像人"的时候,底下的观众席就会有"嘿嘿嘿"的笑声。

这个戏排练的时候有一些细节。比如我们从窑里面到窑外的时候,窑门应该怎么开? 一般在我们生活当中,开门是个很简单的动作,但是在这个戏里不一样,它的窑门是很矮的,首先你要蹲下来开,然后慢慢地走出去，这样才符合你的人物。其次，窑里面是很暗的，只有一扇很小的窗户，几乎不透光，所以从窑里出来的时候，一开门你应该会觉得外面的光线很刺眼，应该有一个遮挡光线的动作。再比如，王宝钏生活在这个寒窑里面，非常困苦，但是在妈妈面前你不能表现出难过，要强颜欢笑，不让妈妈担心。这些都是很细节的东西，马秀英老师给了我很好的指导，帮助我更好地诠释这个人物。

好像是1960年左右吧，有一次，俞振飞、言慧珠两位校长亲自带领我们京、昆、淮青年演员赴北京汇报演出。我们淮剧带去的剧目是《女审》《探寒窑》《断桥》，当时负责人是高桦和吕君樵。

我记得有一天晚上，在中南海怀仁堂小剧场演出《探寒窑》，我演王宝钏，施月娥演陈氏。演出之前听说今天晚上有中央领导、世界名人，还有各个剧种的专家来看戏，我们听了都觉得光荣又很兴奋，更多的还是紧张。没想到演出结束以后，观众热烈鼓掌，先后谢幕了七次。梅兰芳先生还亲自到后台和我们一一握手、慰问，还合了影。我记得当时梅兰芳先生对《探寒窑》这个戏作出了很高的评价，他说："我们京剧也有《探寒窑》，你们淮剧团的《探寒窑》唱腔朴素动人，很有人情味。"

我那时候才23岁，听到梅先生对我们的肯定和鼓励，那真的是永生难忘。从北京回到上海以后，各个剧种对我们淮剧也有了新的认识。我记得以前在戏校的时候，学校练功房有两面大镜子，那时候基本上都被京剧班和昆剧班的学生包掉，我们淮剧班排不上。因为我们总觉得自己是从农村来的，虽然学习上不怕苦，但是心底总有一些自卑感。但是通过这次北京的汇报演出，感觉淮剧好像扬眉吐气了。

后来这个戏还参加了上海市第一届青年会演，得了一个奖状，可惜后来在"文革"当中烧掉了。

采访人：您再挑选几部主要作品和我们分享一下台前幕后的故事吧。

李金贵：1964年我们移植了京剧的《红灯记》，当时领导宣布这个

在《红灯记》中饰李奶奶

戏全部由青年演员担当,何双林演的是李玉和,朱金霞演的是铁梅,我演的是李奶奶。这个戏的唱腔、身段、表演各方面都是筱文艳老师给我们指导、把关,从人物等各个方面手把手地教我,所以经过这个戏之后,我在人物塑造方面有了很大的提高。

之后我还演了《丰收之后》里的赵五婶、《洪湖赤卫队》里的韩母、《一副保险带》里的红英等,这些是比较主要的。排《丰收之后》的时候,导演要求我们体会人物,动作细节方面都抓得很紧,排练的时候一有不对马上就停下来,要求很严格。我演的赵五婶是一个农村的生产大队长,中年妇女的形象,我自己本身也是农

在《一副保险带》中饰红英

村来的,就回忆小时候身边乡亲们的神态、动作、走路的姿态等,自己琢磨、模仿,有时候也请教老师们。

到了"文革"期间,工宣队进驻了淮剧团,我们就一方面抓文艺革命,一方面到农村去接受贫下中农的再教育。这当中也穿插了几个戏,乔国凡编剧的《六月红》、张石流和施怀仁编剧的《人老心红》,还有样板戏《红灯记》《杜鹃山》《海港》等。"文革"期间虽然演出的场次不多,但是只要我们下农村演出,都很受欢迎。

采访人:"文革"之后淮剧团的演出情况又是怎么样的呢?

李金贵:这之后淮剧团分为两个演出队,分别在上海和苏北演出。我在苏北,负责人是陆汉文,我是演员兼队长。当时农村已经十年不演古装戏了,我们带了《九件衣》《哑女告状》这些经典戏到苏北去演出,真是轰轰烈烈啊,甚至于有时候一天演三场都满足不了观众的需求,还是有很多人买不到票。

我当时因为身兼队长的职务,所以《九件衣》和《哑女告状》这两个戏我演的都是B角。B角的话本身排练的机会就相对少一些,大部分情况都是A角在排练的时候我就在旁边看。有时候事情多了,要开会要干嘛,就没有时间参加排练,怎么办呢? 一方面在看排练的时候,我就把他们的路子都尽量记下来,然后通过回忆,自己把整出戏捋下来。有时候星期天大家都休息了,我不休息的,把人请来帮我排戏,或是找

在《哑女告状》中饰掌上珠

在党校学习期间不忘练功

程少樑老师帮我调整唱腔。

采访人：演员在舞台上的表演是二度创作，在排练过程中您会和编剧或者作曲进行怎样的交流沟通呢？

李金贵：有时候唱词不太顺口，或者调子高了、低了，就需要做一些调整。一般大家都能互相听取意见，沟通得很好。

这里我想特别提一下潘凤岭老师。他的唱腔设计得很好，《探寒窑》的作曲就是他，大悲调、淮调都运用得非常好。他有一个特点，就是他在创作的时候，会先考虑演员的个人特点，这样出来的唱腔、曲调就会更加适合演员的发挥，之后的磨合也会更顺利。比如我那时候还很年轻，音比较高，潘老师就会根据我的音区来进行改编。

采访人：您退休之后还继续参与淮剧的演出或是活动吗？

李金贵：我是1993年10月份退休的，提前了三年。退休以后到学校里教小学生唱淮剧，给他们排过《探寒窑》《哑女告状》《赠塔》这些戏。他们表演还得过奖呢。

还到业余的戏曲沙龙给她们化妆、包头,我包头不疼,所以他们特别喜欢我。不只是淮剧,京剧沙龙我也去给他们化过妆的。

我从一个普普通通的农村孩子,在党的光辉照耀下,在戏曲学校老师的培养下,在上海淮剧团的老前辈和同志们的帮助下,成为一名光荣的文艺战士,还得过"市三八红旗手"这样的光荣称号,得到过市文化局"学习雷锋积极分子"这样的荣誉,我觉得我要饮水思源,要懂得感恩。

我觉得我最大的遗憾和愧疚,就是对淮剧事业的贡献实在是太少了。年轻的时候由于担任演出队队长这些兼职,还有结婚以后家庭的拖累,使得自己怠慢了,没能在自己本行的业务中像前辈们那样刻苦钻研,取得更多更好的成绩,真的是很遗憾。

(采访:裘一婧　整理:陈家彦)

用鼓点传递情感
——李泰祥口述

李泰祥，1933年出生，原籍江苏阜宁，生于上海。国家一级演奏员，上海市非物质文化遗产项目"淮剧"代表性传承人。

自幼学习民间锣鼓、香伙戏锣鼓及民族乐器。1940年随胞兄李泰高、堂兄李泰山学习淮剧打击乐。1945年起在麟童剧团、联谊剧团为马麟童、筱文艳、何叫天司鼓。1946年为京剧演员赵松樵司鼓。1952年进上海淮剧团任鼓师。1960年首创使用大膛子单皮鼓，并能根据人物、剧情配置打击乐器。

长期致力于锣鼓经改革：以"慢长锤"和淮剧"清江谱"为基础，设计了《女审》的出场锣；以"水底鱼"为基础，设计了多种淮剧"水底鱼"；融汇民间锣鼓、神会锣鼓创作了多种淮剧锣鼓，改变了长期袭用京剧锣鼓的局面，首创正、反板结合垫打唱腔和过门及鼓板独奏。

采访人： 您从小就爱好淮剧，13岁已经开始演出了，请您给我们讲讲这当中的故事。

李泰祥：我从小就喜欢淮剧，是怎么喜欢上的呢？小时候我的父母开了一家杂货店，店里的窗口就对着沪西大舞台。我那时候放学回家，透过自家的窗口就能看到沪西大舞台里面的演出，京剧、淮剧、扬剧样样都有，我就很感兴趣。我的堂兄李泰山是敲小锣的，我就跟着他学小锣，熟悉了打击乐。过去演出开始前都要先打闹台，我放了学回家吃过晚饭，就到剧团里去给他们打闹台，敲小锣。

过去学打鼓是有顺序的，先打小锣，然后打铙钹、打大锣，最后才能司鼓。我刚到麟童剧团客串演出的时候只有13岁，就是打小锣。我比较聪明，可能在打击乐方面比较有天赋吧，过去也没那么多鼓给你练，就自己拿筷子敲板凳这样练基本功，但是我基本功非常好，那时候大鼓也已经能敲一敲了。有一次我自己敲大鼓敲着玩，很多同行看到了，说："哎哟，这么小就在麟童剧团敲了，以后还了得啊。"

我印象最深的是13岁的时候给赵松樵打鼓。赵松樵是京剧界有名的前辈艺人，人称"活颜良"。过去的班社，淮剧和京剧是在一个班

左：13岁开始敲鼓时；右：与李神童合影

子的,我原本是在淮剧敲大鼓,京剧演出如果有鼓师呢我就敲大锣,那天他们没有鼓师,我就给他敲鼓了。我敲的时候很多淮剧鼓师、同行都来看,看了以后也很惊讶,这么小的年纪要敲这个角色不容易啊。其实我当时因为小,也不懂,也不知道怕,所以人家叫我敲我就敲了。而且我还很高兴,为什么呢?过去我们演出拿包银,像我们淮剧鼓师最多拿五十米,一般我们都拿三十米,那次给赵松樵敲鼓,我拿了一斗多米,比人家要翻倍。

采访人: 您是什么时候加入上海淮剧团的,有哪些难忘的回忆?

李泰祥: 我是在1952年,我哥哥介绍我加入上海淮剧团的。那时候淮剧团只有一个鼓师,戏多了他一个人忙不过来,我加入以后正好帮他分担一下。

我进团刚三个月,就要去北京参加全国会演。当时去的剧团包括越剧也好,沪剧也好,人家的乐队人员都很完整,最起码有十几个人,而我们淮剧团的乐队一共只有七个人。人太少了,演出之前我们都躲在后面不敢出来,等到要开演了灯都关了,我们才赶紧上去就位。但是我们有一个特点,虽然我们人少,但是我们都一专多能,拉二胡的还会弹琵琶、会吹奏,打击乐的也会弹、会拉,所以最后演出完人家说你们七个人听起来演奏出了十几种乐器,得到了好评。甚至还有人专门来采访,问我们是怎么做到的。

紧接着1953年,我又跟着到朝鲜去慰问志愿军,那时候我已经当乐队队长了,淮剧团和杂技团、评弹团等一起组团去为志愿军服务。当时很危险的,有一次我们到连队去演出,眼看着地雷在我们面前爆炸,大家都吓

上海市人民淮剧团服务证

死了。这之后我们再要去哪里演出,都先扫雷,然后志愿军在前面走,我们跟在后面,谁也不敢随便乱走。

20世纪50年代的时候,淮剧团最早排《梁祝》时,做了很多的改革。过去我们的演出严格来说不是很正规,乐队伴奏很自由,演员的唱腔也是根据自己的认识自由发挥。后来排《梁祝》的时候就变得正规了,有专门的作曲,叫宗南海,他是大学生调到我们淮剧团的,搞的第一个戏就是《梁祝》。他以淮剧原本的小乐队为基础进行曲调、伴奏的创作,结果非常成功,得到了当时整个文艺界的好评,有文艺专家评论这个戏,说他把很多西洋的方法都用上去了,结合得很好。当时这个戏我是负责板胡独奏,结果有越剧、沪剧的同行来听了以后问:"你们这个戏里面是用了小提琴吗?"其实就是淮剧传统的板胡,但是出来的效果非常好。

还是50年代,上海淮剧团排演《杨家将》,当时非常轰动。为什么呢?一般情况我们一个戏由两个主要演员上场,而当时《杨家将》这个戏,淮剧团所有主要演员全都上了,这个演员阵容观众都轰动了。我记得那时候常常客满,甚至于观众连夜排队买票。

采访人:作为一个鼓师,您觉得司鼓在乐队或者说在淮剧演出中是怎样的一个地位呢?

李泰祥:在我们戏曲里面,唱、做、打全都掌握在鼓师的手上。淮剧演员也好,京剧演员也好,你不懂锣鼓的话寸步难行。哪怕是主胡,如果你不懂锣鼓那也只能算是外行。这就说明锣鼓的重要性,它是整个乐队的指挥,整个节奏的快慢都体现在我的锣鼓点子上。

像我们剧团都有作曲,但是他只负责曲调的创作,鼓点是我们自己去配的,这就要说到鼓师和导演的合作。导演排一个戏,在看过剧本以后会安排作曲去完成唱腔的创作,然后演员去学,等演员学好了唱腔,排练的时候我们鼓师就要来听,演员一唱我们就明白了,是快板还是慢板,节奏是什么样的,然后再根据导演的配器要求,定锣鼓点子。比如说和吕君樵导演合作,他是很有名的戏曲导演,也很懂锣鼓。我们合作以后,他就夸我,说跟老李合作,他能起到半个导演的作用。

采访人:在锣鼓方面您做了很多的改革和创新,可以具体谈一谈吗?

李泰祥:我怎么会想到要去改革锣鼓的呢?当时就看到人家的地方戏都有各自的风格特色,但是我们淮剧当时沿用的很多还是京昆的东西。我就想为什么我们淮剧不搞一个有自己淮剧特色的风格出来呢?有了这个指导思想,我就开始根据自己对淮剧的理解开始进行丰富和创造。

1960年的时候,我考虑淮剧的锣鼓要怎么改,既要和京昆有所不同,又要有淮剧自己的特点。当时我在《断桥》《探寒窑》《女审》这三个戏上面下功夫,根据秦腔鼓来改编,把开场锣、出场锣、下场锣全都做了统一。

1962年的时候,筱文艳演的《无盐娘娘》,我对这个戏的锣鼓点子做了大改革。包括无盐娘娘出场时候的导板,我运用了小时候去乡下看到的那些大锣大鼓。我吸收了很多东西在自己的脑子里,把这些和我们淮剧原本的锣鼓相融合,动了很多脑筋。那时候文化部的领导人夏衍等人,他们都是懂行的,看了以后也很满意。

过去我的堂兄也尝试过对锣鼓点子进行改革,但不是那

上海市京昆淮剧青年演出团出入证

上海市京昆淮剧青年演出团演出入场券

么成功。问题在哪里呢？他的意图是好的，但是他改出来的东西不适合演员，不好唱。所以我其实也是受到他的影响，在锣鼓改革方面做了更进一步的尝试，最终应该说还是取得了成功。

采访人：前面讲到一出戏的节奏很大程度上都掌握在鼓师的手上。那与不同的演员合作的时候，鼓师是不是要在节奏上作出不同的调整来配合演员的演唱习惯？

李泰祥：一个鼓师的好坏就体现在他对每个演员性格的掌握上。每个演员的性格都不同，比如说筱文艳她唱得好，表演也好，整体比较稳；马秀英呢唱得比较奔放，节奏要冲一点，比较有劲儿；武筱凤是演花旦的，要慢一点柔一点……作为鼓师你就要能够掌握每个人不同的特点，配合好他们自己的节奏。为什么很多演员都希望我来给他们司鼓呢？因为我了解他们需要什么样的节奏，我给他们司鼓他们唱起来更来劲。特别是有的武戏的演员，耍枪或者翻跟头，你鼓点打在他的节奏上了，他演起来就更舒服、更带劲，下面观众感觉也更好。这种互相之间的了解都是要长期磨合的。

比如说马秀英过去就很喜欢我跟她合作，她说她唱的淮北调现在没人这样唱了，没有人能超过她，我的鼓点的敲法也没有人能超过我，所以只有我跟她合作才能达到最好的效果。有一次是在潘凤岭的专场，马秀英演《骂灯记》，清唱，只有我用板鼓点子给她敲过门，那个过门敲下来满堂彩，这种情况不多见的，说明底下观众都很喜欢。

还有一点呢，我是文戏武打、武戏文打。文戏武打不是说用武戏的节奏，而是在文戏当中也要用鼓点打出感情，不管是喜怒哀乐什么样的情绪，都透过我的鼓点体现出来，这样一来整个戏的精神面貌就不同了。武戏文打呢，就是说要稳，每一个鼓点、节奏都要交代得清清楚楚。武戏当中我的《金钱豹》就是广受好评的，锣鼓点子和武打动作、演员的情绪都结合起来，而且还有不断的变化。同一出戏，虽然节奏是一样的，但是每个鼓师的处理方式不同，出来的效果就不一样。我讲究要为

左：上海淮剧团工作证，右：中国戏剧家协会上海分会会员、上海淮剧团副团长证

戏服务，时刻关注舞台上的变化，自己手上的节奏要作出相应的调整，而且你的鼓点一定要有情绪的体现。

采访人："文革"期间淮剧团又是处于怎样的一个状态呢？

李泰祥："文革"刚开始的时候，演出什么的都停下来了，整个淮剧团都停演了，甚至当时说要划清界限，好多古装戏的服装都烧掉了。还有就是到"五七干校"去学习、接受锻炼。

后来淮剧团开始搞样板戏，像是《海港》《杜鹃山》这些戏。那时候讲究要中西结合，我当时是乐队的负责人，淮剧团的领导要求我们也要中西结合。怎么弄呢？当时上海交响乐团有很多人都被划到了我们淮剧团，我们有一个拉小提琴的同志，水平很好，还有一个原来是交响乐团的支部书记，拉中提琴的，也到了我们这儿。那就把这些西洋音乐都融入进来做乐队伴奏。

排《杜鹃山》的时候还碰到一个问题，西洋音乐还不行，要改成民乐，这就产生了一个指挥的难题。当时我也动了很多脑筋，最后采取了有声指挥和无声指挥相结合的方式。有声指挥就是我们戏曲原本司鼓的锣鼓点子，无声指挥就是用手势，采取这两种方法的结合，没想到效果很好。后来我们的戏乐队都采用了这种指挥方式。

"文革"当中很多剧团都停演了，但是我们淮剧团还是排了不少戏，除了样板戏之外，还有像《拣煤渣》之类的现代戏。1973年，我们到北京去录像，就是《拣煤渣》这个戏。当时的录像不像现在技术先进

1974年参加全国调演时与筱文艳同志留影

了,随时可以停下来,还可以剪接。那时候一旦出错了就要从头再来,大家都很紧张,我是司鼓,上场的节奏、亮相的点,演员都反复跟我沟通确认,还好最终我们的录像一次就完成了。戏曲界第一个录像的就是我们淮剧,蛮不容易的。

1974年的时候,还搞了一个全国调演,各个地方的剧团都有拔尖的剧目到北京去参加调演,然后从里面选出优秀的节目留下来,被淘汰的隔天就回家了。那时候我看到很多节目真的都不错的,甚至有些我感觉比我们淮剧团的节目更好,但最终还是被淘汰了。所以最后我们淮剧团的节目被留下来,大家都非常高兴。那次选出来的节目本来是要为总理演出的,我们在北京待了四个月,后来好像是因为总理时间排不开,最终我们也没有演出就回上海了。那四个月的时间里,我们把北京都玩遍了,还去天安门广场看国庆表演,有烟火、足球比赛、歌舞表演,在这之前真是没有想过自己一辈子还能有这样的经历。我出生于1933年,经历过抗日战争的年代,经历过民国政府,最后解放了迎来了我们劳动人民最好的时代,人民当家做主,人人都有饭吃。所以当时看

退休后在家练琴

国庆表演的时候大家都很激动,那时候看到毛主席像都激动得掉眼泪,印象非常深。

采访人: 能不能总结一下您在演奏方面的特点或者优势?

李泰祥: 我两个手敲法不一样,轻重快慢变化很大,很多人讲"李老师的鼓蛮难学的"。其实基本功主要是自己练出来的,勤学苦练,基本功要扎实。另外我善于学习,也吸收了很多戏种的东西,包括西洋音乐我也学习,退休以后我还买了一台钢琴回来弹着玩。

采访人: 对于淮剧传承发展,您有什么想法或者建议吗?

李泰祥: 过去我们淮剧大班、二班在招学生的时候,都有专门从事乐队的生源,但是后来三班、四班就没有了。这样一来就给淮剧团的乐队带来了难题,从外面招来的乐师对淮剧不够了解,演奏出来的作品就缺少一些淮剧的特点或者味道。所以在淮剧的发展问题上,主要看我们现在怎么培养青年人才。

另外对于现在的青年淮剧演员,我希望他们要善待观众,要跟观众打成一片。过去我们淮剧团的一大特点就是跟工人打成一片,群众基础很好。

还有呢,希望我们的青年演员一定要刻苦,好好学习传统戏。现在好多老演员都不在了,很多传统老戏像《鸳鸯湖》这些都没有人演了,所以传统戏的传承确实蛮伤脑筋的。我们现在都讲求创新,但是创新是要在熟悉传统的基础上去做的,如果丢了传统,出来的作品都不像淮剧了,那还哪来的创新?

过去人家问我对淮剧的发展有什么担心吗,我说淮剧有那么多的观众群体,不用担心的,一定能够在上海一直发展下去。现在看来,淮剧甚至整个传统戏曲都处在发展的低潮,但是我相信将来还是会往上走的。

(采访:裘一婧　整理:陈家彦)

从创作到管理：我和淮剧的那些年
——陈忠国口述

陈忠国，1949年出生于上海，毕业于上海戏剧学院戏文系编剧专业，国家一级编剧。上海市戏剧家协会理事，上海淮剧团原团长、书记，《上海淮剧志》主编，上海市国家非遗项目丛书《淮剧》卷主编。

创作或参与创作的主要作品有：《窦娥冤》《李毓昌之死》《借妻》《灰阑记》《血冤》《樊梨花》《琵琶记》《十五贯》《家里家外》《南北和》《鸳鸯湖》《半边月》《大动迁》《八女投江》等。在团长任期内，先后参与策划决策投排了《西楚霸王》《大路朝天》《千古韩非》《汉魂歌》等具有全国影响的剧目并荣获众多奖项。

陈忠国：我叫陈忠国，1949年8月在上海出生，是新中国的同龄人。我的家庭没什么背景，父亲是一个普通工厂的中层干部，母亲是家庭主妇。我对我母亲是很敬重的，尽管她只是一个家庭主妇，但她是一个很注重传统道德观念的人，经常向我们灌输做人的基本道理，对我的成长影响很大。

采访人：您是怎么会从事编剧工作的？

陈忠国：我其实从小喜欢美术，1966年初中将要毕业的时候，美术学校提前招生，我就报名了。当时通过考试，已经收到体检通知，体检通过就录取了，就在这个时候，"文革"开始了，所有的学校工作都停下来了。然后一直等到1968年才正式毕业分配，我就被分配到闵行的上海汽轮机厂。我们进了工厂，实际上是住在工厂里的，一个礼拜回来一次，平时空余时间就很多。当时工厂里要组织工人记者队伍，车间就让我参加了工人记者，搞一些宣传工作。后来工厂里面成立了小分队，就让我们这些会写的，为小分队写一些表演唱、相声、小节目。

1974年，正好上海戏剧学院到厂里来招生，当时是学院的老院长苏堃老师来招生的。苏老师先和我们报名的这些人见了面，进行了面试，通过以后再到戏剧学院去进行笔试，这样一来通过了考试，我就被录取了。我在1974年进了上海戏剧学院，读的是戏文系编剧专业。实际上我最早是喜欢写诗的，我1971年曾在《解放日报》发表过自己的第一首诗，后来渐渐地就从简单的写作开始往戏剧方面感兴趣了。实际上和工厂的经历也是有关系的，因为在工厂里参加文艺小分队，给他们写节目，和戏剧有点相关，但是并不正规，很想能够在这方面进行专业的学习，所以选了编剧专业。

1977年毕业于上海戏剧学院时留影

进了上海戏剧学院，我们这些新进来的学生，对戏剧还是一窍不通的，什么都要重新学习。好在当时的学习氛围非常好，学校的图书馆有那么多专业书籍,我们每天有空都泡在图书馆,看很多很多的书。专业课方面,学习了戏剧概论、美学知识、戏剧的写作等。学校给我们安排了很好的老师,我们的班主任是荣广润老师,后来担任了戏剧学院的院长,另外还有周端木老师、袁能贤老师、徐文莺老师,都是很有名望的一些老师,他们对我们的教育、对我们今后所从事的专业起到了很大的作用。

采访人:您毕业后就直接进入了上海淮剧团吗?

陈忠国:对,在戏剧学院经过了三年的学习,1977年毕业,我被分配到上海淮剧团。当时分配到上海淮剧团,我本人其实不太愿意去,因为我们学的是话剧,现在叫我去搞戏曲,差距还是很大的,我觉得到淮剧团可能不一定对口。我们班主任就开导我,说现在到淮剧团是专业最对口的,其他同学有些分到文化馆,有些分到报社、电台、电视台,都不搞戏剧,和专业没有直接关系了,你还是幸运的,当时只有淮剧团要编剧。于是我和另一位同班同学到了淮剧团。

进了淮剧团以后,从一开始心里不愿意,到后来慢慢喜欢上这个剧团,这当中也有一个过程。进剧团的第一天,我记得是筱文艳接待了我们。筱文艳那时候已经是名气很响的淮剧表演艺术家了,但是看上去非常随和。她和我们讲,你们这些大学生,我们剧团很需要,希望你们能够发挥作用,为我们淮剧多写好的剧目。当时她的这几句话,我印象很深,这么随和的一个老艺术家,这样恳切地希望我们能够在这儿发挥作用,这也成为我今后安心创作、安心为淮剧团作贡献的一个很重要的原因。

说起来,我们在学校学习的时候,正好有一天组织去看过一个淮剧,叫《五星红旗下》,是写台湾渔船因为大风漂流到大陆,得到大陆民众的关心这么一个故事。当时是第一次看淮剧,也不知道自己以后会分到淮剧团,就觉得这个戏搞得蛮好,蛮有特色的。

采访人:您真正接触淮剧是进入淮剧团以后,您是如何开始淮剧的学习以及创作的呢？

陈忠国：刚分到淮剧团确实要重新熟悉，所以就不断地去看演出，剧团每场演出都去看。不断地看戏以后，就感觉到这个剧种可塑性很强，搞戏没有条条框框，什么题材都可以，古装的、现代的、文的、武的，什么都可以。淮剧团当时还是以传统戏为主，我第一次接触这么多传统的剧目，就感受到在淮剧团搞创作是大有可为的。当时淮剧团的创作力量很强，有十多个编剧，而且都是大家、名家，我们两个刚进去的编剧，很难马上投入创作，所以必须非常虚心地去学习。我们进团以后，剧团并没有很刻意地安排谁当你的老师，大家是一种私底下的交流，私下你觉得这个老师哪方面很好，你就不断地向他学。

当时剧团的李晓民老师对我的影响是比较大的。李晓民老师是淮剧《海港的早晨》的编剧，也参加了样板戏《海港》的创作。当时我们两个接受了一个创作任务，是现代题材，写一个里弄干部，专门在里弄负责处理一些家庭矛盾，是调解委员这样一个干部形象。因为当时非常强调下生活，我们两个人就扎根到街道去下生活，和那些调解委员一起到人家家里去调解纠纷。当年上海人住房拥挤，几家合用一个厨房，为此灶间有矛盾了，我们就要去了解情况，然后帮他们和解。有时候还吃力不讨好，矛盾很激烈，你去帮忙调解，他还要对你不满，有时候甚至要骂你。虽然都是一些很琐碎的工作，但是又非常重要，也非常辛苦。有时候连吃饭的时间都没有，往往晚上到了吃饭时间，人家家里闹矛盾了，你就要去调解。通过一段时间下生活体验之后，我们创作了现代戏《家里家外》，这是1983年创作的。当时这个戏演出以后反响非常好，参加了上海戏剧节的演出，那些里弄干部看了以后就觉得我们这个戏反映的故事很真实，确实像他们工作当中遇到的状况、人物。通过这部戏的创作，我感受到了创作的全过程，从下生活体验，到文字创作、排成一部戏，然后和观众一起看戏，这整个过程都是很幸福的一件事。特别是和观众一起看戏，感受观众对你的作品的反应，这个时候是最开心的。也是通过这部戏的创作，我和李晓民老师渐渐地成了既是师徒又是朋友的关系，我经常到他家里去，他烧饭给我吃，我们的关系很融洽，他对我的影响还是蛮大的。很遗憾，他前几年去世了。

后来我就重点接触了传统戏。当时我接触了剧团的韩刚老师，他是一位老演员、老导演，是旧社会过来的，旧社会在戏班子里滚的，肚子里全是戏，对传统戏很熟。我们有空了，就到他家里去，听他讲一些传统戏的故事，后来根据他讲的故事，我和另外一个作者创作了两个戏，一个叫《鸳鸯湖》，一个叫《南北和》。这两个传统戏的创作让我对传统的东西熟悉了很多，特别是《南北和》。《南北和》讲的是杨家将的故事，最终的结局是宋朝和番邦两面讲和，我们的寓意是希望台湾和大陆统一。这部戏出来以后非常受欢迎，当时演出了五百多场，在苏北巡回演出的时候，有时候一天就要演两三场。至今，这出戏还是剧团的保留剧目。

通过这个戏的改编，我感到传统戏的宝库很丰富，有很多东西可挖。这些传统戏在今天，怎样适应淮剧新的观众，实际上是需要创新、改编，重新引发一些让人思考的东西，这就是我从传统戏的创作上面悟到的。

在这里，我特别想谈一下现代戏的创作。现代戏的创作对一个剧团来说也很重要，它反映的是现实生活。淮剧这个剧种，可塑性很强，能文能武，能古装能现代。上海淮剧团在现代戏的创作上，曾经有过很多优秀剧目，特别是我刚才提到的《海港的早晨》，写码头工人的，很有影响。另外还有解放初期排演的《走上新路》《王贵与李香香》等，这些都是得奖剧目，所以淮剧团创作现代戏也是有传统的。

1991年的时候，我和几位同事创作了现代戏《半边月》，这实际上是一个农村题材的戏，写一个农村姑娘，面临婚姻上面的一些封建的束缚，怎么样去冲破传统观念，寻求自己真正的爱情。这个题材当时反响非常好，因为这是一个农村戏，当时反映这方面的戏比较少，题材又很新鲜,在当时对社会上的一些婚姻观、爱情观也都有影响,所以一出来就受到了欢迎。1991年这部戏参加了上海市庆祝"七一"现代戏会演,获得了演出奖。

接下来我们又创作了现代戏《大动迁》,是写为了成都路高架的建设,需要沿途居民舍小家、为大家,迁出市中心,这当中有商店,有工厂,有居民。这在当时是一件大事,不断地有报道,有一些故事发生。当时的很多市民,觉悟还是很高的,因为动迁牵涉一些个人的房产之类的利益,有些个体户刚刚开张,有些居民在这个房子里住了一辈子,祖传下来的房子,又是在上海那么中心的地区,面临着种种矛盾。为了更加真实地反映动迁过程中的一些故事,我们就深入高架工地,去了解街道干部是怎么样做动迁工作的,也看到市民是怎样互相理解的。然后就创作了《大动迁》这个戏,把发生的矛盾和故事表现出来,也体现了在市政建设当中,市民们所表现出来的理解与配合。这部戏也受到了市政府一些部门的表扬,认为这是一个很有教育意义的戏,观众反响也很好。

1995年正好是抗战胜利50周年,需要一些抗战题材的戏,我就和另外一个编剧一起,创作了《八女投江》。《八女投江》是家喻户晓的一个故事,但是要搞成戏,还是比较困难的。因为这个故事线条比较单一,我们创作的时候就碰到一些难点,比如怎样组织戏剧矛盾,怎样安排人物,如果没有矛盾冲突,没有一些情节,这个戏就很难取得效果。我们一方面通过下生活寻找素材,另一方面通过挖掘历史资料来熟悉这些当年的人物和思想情感,使人物更真实。在创作当中,我们安排了一些细节来展现她们情感中的一些东西。如有一场戏是表现八位女战士被包围了,在投江之前,她们最后整理自己的戎装,和战友告别。在这场戏中,我们就安排了一个梳头舞,通过这个梳头的动作来抒发自己即将为国捐躯,要离开这个世界了的那种细腻的情感。这出戏邀请了话剧导演雷国华担任导演,她在抓情感这些方面处理得很好。这场戏

与《八女投江》导演雷国华合影

当时演得很动人,曲调安排得也很好。排戏过程中,因为我们的女演员都没有这方面的生活经历,为了让她们更好地体会人物的情感,我们组织她们看了电影《八女投江》,还安排这些演员到部队去军训。在部队很辛苦的,她们和战士们一起出早操,半夜里紧急集合,还要接受射击的训练,学习怎么拿枪,动作要标准,她们的收获都很大。这出戏演出后,获得了很好的社会反响。

我投入这几个戏的创作之后,对现代戏的创作有了更深层次的理解,也对我今后的创作有很大的启发作用。所以从我的创作来说,有两个阶段。一开始,我参与一些传统戏的整理改编,能够熟悉传统、理解传统,接下来创作了一批现代戏,这些现代戏都很贴近生活,具有很好的教育意义。在创作中我们也对艺术性进行了一些探索,比如《八女投江》,很诗画,很壮美,这些都是对现代戏的可看性起到很大帮助的。

采访人: 您创作的素材一般来源于哪里?

陈忠国: 素材来源有几点。一个就是传统戏的整理改编。传统戏在剧团也叫吃饭戏,是要靠它吃饭的。这些戏都是那么多年传承下来的经典，是得到广大观众欢迎的，他们喜欢看传统戏。另外一个是对小说的改编、对故事的改编，这也是很重要的一个方面。你需要不断地去看一些资料和小说，并且判断它们能不能改成一部好的戏。第三个方面就是新的创作。你要有创作的冲动，想要搞某个方面的题材，然后去下生活，去了解人物，然后通过人物来结构故事，这也是一个方面。

在这三者之中，我比较偏重于传统戏的改编创作，这实际上也是剧团的命脉。我们有好多剧目都是新中国成立以前演的，但是后来就失传了，不演了。为什么呢？以前演的都是幕表戏，那时候的演员本事很大的，只要给他讲一下大致是怎么个故事，演员上台就自己编唱词了。剧本只有一些大致的很简单的唱词，有的甚至没有剧本的，完全靠口述来教学、传承。比如我前面提到过的《鸳鸯湖》和《南北和》，都是通过老演员口述以后，把它整理改编、保留下来的。我就感觉到这些剧目，怎么把它保留、传承下来，是很重要的。我担任团长以后，在传统戏的整理方面做了很多探讨，也参与了一些传统戏剧本的整理改编。

比方说传统戏《琵琶记》。因为有《书房会》这么一个经典折子戏，淮剧团没演过大戏，但是老的故事都是知道的。我就和另外一个编剧一起写了个连台本戏《琵琶记》，把原来一直流传的《书房会》基本保留在里面，作为一个折子。虽然在各个剧种当中都有这么一个剧目，但是淮剧有淮剧的特点，淮剧更注重情感，注重故事的情节，注重悲欢离合的表现。这个剧目演出以后反响非常好，因为连台本戏淮剧几十年没演了，到苏北、绍兴去演出，都很受欢迎。这就是传统戏的魅力，因为是观众熟悉的故事，所以都愿意看，也喜欢看。

另外呢，我觉得作为一个编剧，要经常和演员去聊，了解演员希望搞什么戏。实际上剧团最重要的一点就是为演员写戏，因为你的剧目是给观众看的，而且是通过演员去表现给观众的。实际上剧本是基础，而演员是展示剧本的一个载体，通过演员的精彩演出，让观众得到美的享受。所以我感悟最大的一点，就是编剧要围绕演员写戏，什么样的演员适合演什么样的戏，你就为他写什么样的戏。我在淮剧团的创作中一直都是这样坚持的，包括当领导以后抓剧目也是这样的，特别是一些优秀的演员，一定要为他们写戏。就像梁伟平，为什么要给他写戏？因为他的表现能达到很好的艺术效果，演员就是角色，通过角色让观众熟悉你的戏，了解这个剧种，然后才会喜欢上这个剧种。

比如说前两年，我和一个编剧把《十五贯》进行了移植改编，并且请了昆剧团的沈斌来担任导演。为什么搞这个戏？就是针对我们的演员。我们有一个须生演员叫张华，嗓子很好，唱也很好，但是就是没有剧本，纯须生的剧本很少，他提出能不能给他搞一个戏。我就说《十五贯》这个戏你可以演，演况钟这个人物。我们淮剧的移植改编并不是纯粹照搬，而是要结合淮剧的特点，昆剧唱少，我们要增加大量的唱段，挖掘他内心的一些情感，通过唱来展示人物的内心，使这个人物更可信，更可爱，更有情感。

采访人：淮剧的有些戏是从其他戏曲移植过来的，那么淮剧的剧本创作和其他戏曲有什么不同之处吗？

陈忠国：淮剧从剧本创作上来讲确实力量是很强的，特别是新中国成立以后，淮剧在剧目的创作上一直都不断地出好戏，这是一个传统。这几年我也总结了一些，淮剧能不断地出戏的原因是什么呢？

淮剧团对剧目创作一向是很重视的，不单单是我担任领导以后，在这之前，淮剧团的历任领导都非常重视剧目创作，从解放初期的《三女抢板》《女审》《走上新路》《王贵与李香香》，到后来的《爱情的审判》《海港的早晨》《母与子》等一大批剧目，再到后来的《金龙与蜉蝣》《西楚霸王》《千古韩非》《汉魂歌》《大路朝天》等，都是很有影响力的。

其实当年我也是有机会从淮剧团调走的，但是我没走，因为我在深入接触了淮剧以后已经喜欢上了这个剧团，我感觉在这儿我的创作能得到更多的施展。为什么这样想呢？最主要的一点是我看到了淮剧这个剧种的可塑性。它不像有些剧种，程式很多，有很多的限制不能突破，像京剧、昆剧都是程式很多的剧种，他们的唱词就是根据曲牌来的，你要突破是很难的。但是有时候，为了把人物刻画得更丰满，你必须要不断地用新的手段和方法去表现，而淮剧它既能古装，也能现代，能文戏能武戏，给创作人员提供了很大的空间。

另外呢，淮剧这个剧种是以唱为特色的。演员要唱，编剧就需要写出好的唱词。这就要求编剧要对古典诗词非常熟悉，因为淮剧的唱词一直都是很美、很有文学性的，但也不能太文学，要做到贴近生活的同时又有艺术性，这是非常考验编剧的功力的。我们有几个编剧老师的唱词写得非常优美，比如王健民老师，他的唱词是一句一句斟酌的，非常文学。有的编剧老师写的词就非常朗朗上口，很容易唱，这又是一种特色。这方面我就觉得淮剧的土壤比较好，适合于出好的剧目。

采访人：您在淮剧团创作了许许多多的剧目，在创作过程中有没有遇到过什么难点，或是让您印象深刻的经历？

陈忠国：创作确实是一个非常艰苦的过程，这当中有苦也有乐，苦呢就是有时候写不下去，乐呢就是完成了一个剧本就很高兴。

比如说我们搞传统戏的时候，有时候只有一个简单的故事框架，你要想办法去丰富它，去细化很多的情节，很难，有时候就搞不下去了。这种时候我会采取和演员聊天沟通的方式，演员会提出这个剧情到这儿应该怎么样发展下去。因为演员都是有着丰富的舞台经验的，他们不一定有写剧本的功夫，但是他们的很多感悟是可以让编剧获得启发的。通过和演员的交流，演员可以凭借他的舞台经验来告诉你，他觉得人物到了这里应该怎么做是自然的、舒服的，剧情发展到这里人物的情感应该有怎么样的变化，这样一来就把我的创作瓶颈打通了。

另外我觉得编剧要学会和导演合作，因为导演会在剧本上出很多主意，给你一些好的结构，这些都是能够使你的剧本得到很大提高的。比如说写《窦娥冤》的时候，我就与何双林导演有很好的合作，我在创作的过程中就不断地听他的意见，听他说戏、谈他的想法，然后在我的创作中把这些东西都体现出来。编剧和导演的沟通一定要趁早,你不要等剧本写好了再去听导演的意见,然后又要回过头来去做修改。没写的时候就可以开始和导演沟通了,把导演想象的东西都吸收进去,这样对编剧的剧本创作是一种很好的启发,创作的时候可以更加得心应手。

采访人: 您的创作特点是什么?

陈忠国: 谈不上什么特点,我就感到在创作当中呢,一个是要讲究故事的情节,另外要抒发人物的情感。你的情节丰富了,你的人物情感能够打动观众了,那么观众才会坐得下、看得进你这个戏。

所以我在传统戏的创作上也好,现代戏的创作上也好,包括我审看别人的剧本,我都是从情节和情感这两方面去理解和要求的。我记得我当初进团没多久,大概是20世纪八九十年代的时候,当时巡回演出缺少剧目,我们就通过老演员的口述写了《南北和》。写的是杨八郎流落到番邦,在那里结婚生子,现在又回来了。他想见母亲,但是母亲不认他了,说他没良心,像对待叛国者一样对待他。我们的设计就是通过杨八郎求母亲,来让他抒发自己的内心,让母亲知道他这些年的苦衷,这就体现了这个戏的情节和情感了。所以这个戏能够演五百多场也是这个道理,观众愿意看,当然那个时候传统戏也比较受欢迎。

采访人: 您是从2001年开始担任上海淮剧团的团长的?

陈忠国: 实际上我是从1990年开始走上领导岗位的。1990年我担任了团长助理,两年以后担任副团长、副书记,在这期间也抓了一些剧目创作。后来到1998年我开始主持剧团工作,当时是担任常务副团长。到2001年正式担任团长、书记,两个职务一肩挑。

1998年的时候,当时我刚上任主持工作,整个剧团在创作上还面临比较大的困难,缺少剧目。那么既然你主持工作了,你管理剧团的思路是什么呢?因为我原本是搞创作的,我肯定是把创作放在第一位的,所以我当时的管理思路就是出戏出人,以创作为龙头,把创作放在最重要的位置。实际上对一个剧团来说,创作就是粮食。没有粮食你就要饿肚子,什么都干不了。没有剧目,剧团就排不了戏,演不了戏,你又靠什么吃饭?所以我就认识到,抓剧目、出人,这个是非常重要的。我就在想,第一炮怎么打,怎么搞出一个好的剧目来?当时马上组织也来不及,正好我手上在写一个《窦娥冤》的本子,是根据关汉卿的剧本改编的,我就把自己的这个剧目拿出来了。

这个剧目是由我们剧团的导演何双林来担任导演,我们两个人一谈,就感到比较合拍。尽管这是一个经典的剧目,但是我们今天搞这个戏,也要有可看性,要适应现代的观众,让他们喜欢。原本窦娥是自己托梦给父亲,让父亲为她申冤,现在我们改为窦娥的冤魂下到人间鸣冤,当面和父亲说自己被冤枉了。实际上这也是受传统戏的启发,我就觉得这样一来,观众能感到更加解恨。这么大的冤屈,六月天下雪了这么大的冤,她自己来鸣冤更贴切。

另外在音乐上我们也希望能够出点新。1993年我们排演《金龙与蜉蝣》的时候,剧团添了合成器,当时我们还是第一家用合成器的剧团。我们就在《窦娥冤》这部戏中用了合成器,窦娥的冤魂下凡的那些音乐,都用合成器来制作背景,用音乐把氛围都表现出来了,这是一般的民乐弄不出来的。通过合成器,这场戏的音乐效果,我们的作曲老师俞福保自己也说感到很满意。唱腔是我们团的程少樑老师写的,他是根据每个演员不同的特点来设计唱腔的。主演是由我们剧团当时挑大梁的演员施燕萍担任,老旦是由很著名的一个老旦何长秀演的。好的演员,再加上导演和我们创作人员之间的一些新的想法,在这个戏里都达到了预期的效果,使这个戏获得了很大的成功。当时这个戏到苏北淮安去演出,淮安是窦娥的故乡,元朝时叫楚州,这个故事就发生在淮安。我们带着这个戏到淮安演出,场场爆满,当地的文化局领导说:"我们这个地方演过不少窦娥的戏,但是你们这个戏演得最成功。"这个戏在上海电视台播放了以后,很多观众打电话来,包括一些专家也觉得这个戏改编得非常好。

通过《窦娥冤》这部戏，我更加感觉到创作的重要性。2001年的时候，正好是建党80周年，需要各个剧团拿出好的剧目。因为是庆祝建党，所以我们想要搞现代戏，但是题材很难选，怎么办呢？就在这个时候，我看到了苏北作者的一个剧目，叫《路魂》，感到基础相当不错，我就把这个剧目要过来了，改名叫《大路朝天》。这个戏我们请了戏剧学院的卢昂担任导演，也是搞得非常成功的一部戏。工人题材的戏要搞得好看，就必须要以小见大。这个戏是写筑路工人的，通过一个家庭的两代筑路工人的悲欢离合、辛酸苦辣，来表现筑路工人的生活，可看性很强。筑路工人是非常辛苦的，长年累月在外面，顾不到家庭，他们前仆后继，修大路，为市政建设，为我们的经济发展作贡献。这个戏演出以后也非常受欢迎，获得了当时上海市纪念建党80周年献礼剧目展演的"宝钢艺术奖"剧目创作奖。

采访人：您刚才提到了《金龙与蜉蝣》，能不能详细给我们介绍一下这部戏的诞生过程？

陈忠国：《金龙与蜉蝣》是1993年创作的剧目，当时我担任副团长，并且参与了剧目的整个创作过程。

在20世纪80年代末、90年代初的时候，淮剧在上海面临很大的困境，当时整个戏曲都不景气，淮剧首当其冲，因为观众在减少，它的市场在缩小。上海还需要不需要淮剧，变成一个很大的问号。那么淮剧怎么办？因为已经没有退路了，就必须要背水一战，要创新，走出一条路来。正好这个时候，罗怀臻调到了剧团，他是一个年轻的、很有想法的编剧，创作了《金龙与蜉蝣》的剧本。

在组织、创排这个戏的过程中，他在理念上发挥了很大的推动作用。他提出要找一些年轻的导演、舞美设计、二度创作人员，因为年轻人有闯劲，能够出新。所以这个戏就请了郭小男做导演，当时郭小男还没什么名气，刚从日本留学回来；舞美设计请了韩生，现在是戏剧学院的院长；灯光设计是尹天夫，当时也是戏剧学院刚毕业的研究生，现在是灯光系的主任；服装设计是歌剧院的莫小敏。这些人当时名气都不是很响的，但都是年纪很轻、有闯劲的、有想法的青年力量。他们到了剧团以后也不计报酬，那个时候根本不谈条件的，大家志同道合，觉得要搞一个好戏，就这样不断地从初稿、二稿、三稿，一直到最后搞成功。

也是通过这个剧目，产生了一个"都市新淮剧"的理念，这实际上是罗怀臻最先提出来的想法。他说我们这个剧目就是要创新，要适合大都市，能够把新的观众争取进来，多看淮剧，就这样打出了都市新淮剧《金龙与蜉蝣》这么一个旗号。

当时搞这个戏的时候还是很艰苦的，面临着经费等各方面的困难，所以在排练场上我们提出了一个口号，叫"人争一口气、团争一台戏"，就是一定要把这台戏搞成功。当年这部戏参加了成都全国地方戏曲交流演出，一炮打响。当时专家看了很激动，说这个戏实际上是一个整体的成功，是各个部门，编、导、音、舞、美全面出新。那些专家在座谈会上

1993年《金龙与蜉蝣》进京演出发布会

1993年《金龙与蜉蝣》在成都交流演出公告

都很激动,说这是新世纪戏曲的一个曙光,新时代的戏曲要朝这个方向去走,去努力。这个评价是非常高的。然后就是不断地得奖,这个戏参加了多次全国、全市的会演、演出,当年得了四十多个奖项,全国所有的奖几乎都拿了。并且它争取了好多原本不看淮剧的人也来看淮剧了。因为它并不是传统的淮剧,而是一种新颖的表现形式,但是它的唱腔是淮剧的,音乐是淮剧的,这个不能丢。很多年轻观众看了以后也很喜欢,我记得在北京演出的时候,很多大学生、青年人散戏以后拥到台上找演员签名、和演员合影。

这个戏对我们来说,当时是背水一战必须成功,也最终成功了。

在《金龙与蜉蝣》取得成功之后,到了1999年,是我主持工作的第二年。当时考虑的是都市新淮剧还要不要搞,因为如果只有一个《金龙与蜉蝣》,人家会说你是碰到了,只有一枪。当时我就想,必须要继续搞。1999年正好是新中国成立50周年,需要各个剧团拿出自己的剧目来,当时非常苦恼,没有好的剧本。实际上我早就在想剧本了,从我

1998年一开始主持工作,我就考虑到1999年是个大庆,必须要有好戏,但是当时组织了几个剧本都没达到预期的效果。

偶然一个机会,我在《上海戏剧》上看到了罗怀臻为京剧写的《西楚霸王》。他当时是为尚长荣写的《西楚霸王》,但是因为各种原因,京剧院没有排练,这个剧本就搁下来了,罗怀臻在《上海戏剧》上发表了。我看了以后很激动,我觉得这个戏我们淮剧能搞,而且能搞好。我马上和罗怀臻打了电话,说我们再合作一下,再搞一个剧目。他说行。

但是这个剧目原本是京剧院委托罗怀臻写的,要用人家的剧本,必须要和人家打招呼。当时我就和文化局的领导马博敏局长提出来,把这个剧本给我们。马局长也很支持,她说行,你们淮剧团行。

在排这个戏以前我听了一些专家的意见,关于怎么把这个戏排成都市新淮剧。好多专家给我出主意,他们说演员首先要选好。当时我们淮剧团最好的演员就是梁伟平,但是他是生角,《西楚霸王》的项羽是大花脸,合不合适?这实际上是前人传下来的传统戏里面的关于行当的一种设定,项羽在京剧里面就是花脸行当,哪怕西楚霸王自刎的时候只有三十岁出头,完全是一个年轻人,也是花脸演。那我们在和专家的讨论中就提出来,我们用武生演霸王行不行?那些专家都说行,完全可以。我的担心是观众能接受吗?戏曲界能接受吗?有的专家很支持,认为只要演得好就能接受。于是我们就下决心用梁伟平来演,因为他刚演过《金龙与蜉蝣》,正在风头上,再演《西楚霸王》,从影响力来说也是具备的。

然后就是创作人员怎么请。当时我们请了戏剧学院的一个教授担任导演,又请了上海滩非常有名的舞蹈演员胡嘉禄担任编舞,同样也是由韩生担任舞美设计,尹天夫担任灯光,基本上还是《金龙与蜉蝣》的主要创作班底,就是导演换了。结果第一稿出来,反响不好,大家都感到不太满意。因为《金龙与蜉蝣》刚出来,观众以及专家等各方面的要求都提高了。那怎么办?罗怀臻和那些二度创作人员都很急,我们就开座谈会，大家一起出主意，想办法。后来是胡嘉禄谈了一些他的想法，我们感觉他的想法非常好。他虽然是这个戏的编舞，但是他也做过导演，而且他接触了很多国外的东西，是很有想法的一个人。我们又和导演交流，结果导演的想法和我们不一致，我们就想到要换导演。换导演是最难的事情，也是矛盾最大的事情。但是为了这个戏的成功，最终我还是下定决心，换。最后是我自己去和导演讲，导演发火了，感到我们怎么这样。但是我说，没办法。我们还是希望他理解，因为这个戏必须要成功，但是现在与大家的想法还有点距离。

后来就换了胡嘉禄做导演，实际上我们这一步换得很对，换了导演以后这个戏成功了。在这个过程中我的压力也很大。第一稿的时候，服装、舞美都做好了，钱都投进去了，接下来换了导演，可能全都不能用了，要重新投资，但是重新投资后你能不能保证成功呢？成功了人家不追究你，如果不成功，那你作为领导也有责任的。所以我当时压力确实很大，但是最终的成功，我们还是感到有一定把握的。

胡嘉禄很认真，他感到《西楚霸王》这个戏舞美是很要紧的，他就整天和韩生泡在电脑前面商量，两个人最终达成了一个很漂亮的、写意的、又很大气的舞美设计效果，非常有创意。这个戏的另外一个创新是在戏服上。在这个戏里面，西楚霸王身边有千军万马，这在台上是没办法表演的，是用18个靠将代表千军万马。但是这个靠将不能用传统的大靠，和整个戏的风格不一样，所以我们就做了创新，把大靠改良，变成软靠。

另外在舞蹈上，胡嘉禄的想法也得到了体现。18个靠将是贯穿全戏的，表现千军万马的时候，18个靠将就通过那种力度很大的舞蹈来表现千军万马的气势。在乌江边上，这18个靠将和西楚霸王一起突围，到最后壮烈牺牲，表演得非常壮美。所以在这个戏里，这18个靠将也是一个亮点，把戏曲传统的东西和现在的一些表演方法很好地结合起来，变成了一种新的形式，既是传统的，又是带有现代气息的。

所以这个戏最终再请专家、观众来看的时候,大家都说非常好,成功了。后来我们受邀参加了在沈阳举行的第六届中国戏剧节,在戏剧节上获得了13个奖项,反响很强烈。戏剧节上,有一天有一位观众打电话来,说自己是香港戏曲艺术协会的会长卜啸龙,他说看了《西楚霸王》这个戏以后太激动了,觉得这个戏排得太好了,很想把《西楚霸王》推到香港去演出,而且他积极在促成这件事。但是后来由于艺术节是香港政府投资的,经费比较有限,而我们这个戏人比较多,舞台要求也比较高,从预算上无法达成,他感到有一点遗憾。但是他还是希望能把淮剧推到香港去,所以后来就邀请我们传统戏到香港参加"中国传奇"艺术节的演出。

这也是我们的传统戏第一次到香港演出。当时演的是《琵琶记》里面的《书房会》,那是一个经过几代人磨合的经典折子戏,是一个纯粹的文戏。它的唱非常多,朗朗上口,很口语化,就像在和你讲事情一样。这个戏当时也是梁伟平演的,配有字幕,没想到香港观众看了演出以后非常喜欢,很受欢迎。他们觉得淮剧音乐太好听了,唱腔也很优美,所以香港的演出也取得了成功。

回到《西楚霸王》这个戏。在取得了各种奖项之后,这个戏也参加了上海市庆祝建国50周年献礼演出,后来又到北京演出。这个戏成功了以后,实际上标志着都市新淮剧站住脚了,当时文化局局长马博敏来剧团开座谈会,她就说,都市新淮剧这条路你们走对了。

都市新淮剧是什么概念?其实就是以我们淮剧最传统的东西为基础进行创新,顺应新的观众,争取新的观众。如果你纯粹演传统戏,可能新观众不一定来看,还是以老的淮剧观众为主。但是通过全方位的创新之后,这样的剧目就能够适应新的观众,让新的观众来看淮剧。当然争取观众的工作是长期的,也不是说靠你一两个剧目就能争取大量观众来看淮剧。所以后来我就提出来,我们在剧目创作上要两条腿走路,一条就是传统戏的演出、改编、创新,一条是新剧目的创作、创新。

新剧目实际上就是要以都市新淮剧为理念，要有创新的意识，这样的观点一直影响着我们后面的创作。所以到了2005年，又一个六年过去了，我们创作排演了《千古韩非》。

这个戏的编剧是《上海戏剧》原来的主编赵莱静和青年编剧罗周，《千古韩非》这个剧本他们推荐给我看的时候我就非常喜欢，剧本的文学性很强，能够创新。但是在讨论这个剧本的时候，有一种声音是说淮剧观众知道韩非吗？熟悉这个人吗？他要看吗？这种疑问是对的，韩非虽然是一个历史性的人物，但是淮剧观众不一定熟悉。后来经过各方面的论证和思考，我觉得这个戏还是要排。只要你把它排出新意来，同样能够让观众觉得好看，就像《金龙与蜉蝣》一样，新观众也认可，老观众也认可。那么怎么样才能做到这一点呢？就要抓住淮剧的根，它的表演、它的唱腔，淮剧的特色你必须要抓住。还是我们原来的理念，要抓住传统和现代的结合。

2005年我们排《千古韩非》的时候面临着更大的困难。因为以前我们搞《金龙与蜉蝣》的时候，大家还没想到往这个路上发展，但是现在大家在舞台上都很讲究，都在不断地创新。而且现在排的剧目投入也比较大，大家都喜欢请大导演，但是请大导演稿酬就上去了。我觉得投入过高对剧团来说承受的压力太大是不行的。后来我们下定决心，不一定要请大导演，但是要请熟悉淮剧的导演，所以我们就请了昆剧团的沈斌。他给我们导过很多传统戏，在全国也排过不少戏，得过不少奖，而且他和我们关系也很好，在各方面也不计较，希望和我们合作搞一台好戏，基于这个基础我们达成了合作。

在这个剧目上他的一些想法是很好的。你没有新的东西不行，人家怎么认可你？每台戏都要是不同的。所以他在舞美和服装上都动了很多脑筋，尽可能使其符合这个人物。

另外我们请沈斌担任这部戏的导演最主要的一点，是希望在表演上能够给梁伟平提供更多的东西。这个戏是比较冷的，而昆曲是比较讲究表演的，沈斌在昆剧团待了一辈子，对昆曲表演的一些优势都很熟悉，那我们就希望能够将这些优势为我们所用，所以他就在梁伟平的身段上、在他的表演上都花了很大的工夫。这个戏实际上主要靠演员在舞台上表演的魅力，以及唱腔的魅力来出新，吸引观众。梁伟平通过几个戏的排练，已经在表演上有了很多的感悟。

这个戏到最终也成功了，后来参加了第九届中国戏剧节，成为优秀入选剧目。梁伟平非常不容易，全国四十几台剧目，只有六个优秀表演奖，他得到了优秀表演奖。这就说明这部戏在表演上是成功的，也说明我们对这个剧目的一些设想是成功的。

后来这部戏也被列为都市新淮剧，我们希望能够继续把都市新淮剧这条路走下去，它对淮剧的提高、发展还是很有帮助的。《千古韩非》到苏北去演出，那是淮剧的老家了，也同样受到欢迎。老观众能够认可的同时，也争取到了一些新的观众，包括在上海，有不少大学生、青年观众都要看，而且我们也到大学去演出过。我们的唱腔都是非常好听的，演员的表演也都是淮剧很有特色的东西，所以还是成功的。当然这条路也是比较艰辛的，因为搞一个剧目是很难的，搞一个成功的剧目更难。这就是都市新淮剧大致的一个回顾。

2005年以后我们也继续搞了一些新的剧目，尽管没有达到都市新淮剧的要求，但还是体现出了我们的一些想法。比如《汉魂歌》，是写苏武的；现代戏《华蓥山传奇》，是写《红岩》里双枪老太婆的；接下来又排了《家有长子》《小裁缝》等剧目，这些新剧目对剧团的发展都起到了很大的推动作用。

采访人：除了都市新淮剧，您在担任淮剧团团长期间，还着重抓了很多小戏，是出于什么样的考虑？

陈忠国：实际上我担任团长主持工作以后，新创作的大戏总共有十多个，改编移植、整理传承的戏有二十几个，总共四十几个大戏，另外还排了一百多个小戏。我为什么要抓小戏呢？因为小戏、折子戏是非常锻炼演员的,而且可以给演员提供更多的机会。因为剧团上一个大戏,主角只有一个,那么多演员,只有一个人能当一号人物,其他演员就没事情干了。所以我就提出,能不能鼓励大家排折子戏、排小戏,鼓励演员自己喜欢什么戏就提出来,剧团给你组织编剧,组织力量排。通过这种形式,我们很多演员,特别是青年演员,有了演出的机会,得到了锻炼。

这当中我也参与了一些小戏的创作,因为我们花旦戏很少,小生戏也很少,但是又要根据演员的特点去为他们打造剧本,所以我们就改编了一些兄弟剧种的剧目。当时我和另一位编剧移植改编了三个很精彩的、可以说是家喻户晓的其他剧种的剧目,其中就有京剧的《贵妃醉酒》。这出戏毕竟是梅兰芳的经典,淮剧的移植改编怎么样把它搞得好看,又能适合淮剧的特点,这是很难的。淮剧的特点就是唱功,我们以唱来抒发杨贵妃的内心,还要利用一些人物来增加这出戏的喜剧色彩,让这个戏在表演上不会显得冷。这个改编完全是在经典的基础上结合淮剧的特点去创作的,演出以后效果很好,观众完全把它当成淮剧来看了,不再是京剧的《贵妃醉酒》了,这就达到了效果。

还有改编越剧《十八相送》,也是结合了淮剧唱的特点,把人物的内心抒发得更加淋漓尽致。而且淮剧有些唱腔很优美,小调也很好听,我们把淮剧最好的小调和唱腔都用到了《十八相送》这个戏里面,就区别于越剧了。越剧的《三盖衣》也是很经典的,通过移植改编,我们把它变成了一个体现淮剧特色的小戏。这三个戏都是为青年演员邢娜排的,尽管都是移植改编,但是由于都抓住了淮剧的特点,所以还是得到淮剧观众认可的。这些传统剧目也是剧团很重要的组成部分,是培养青年演员的一个重要方面。

采访人: 您在淮剧团的管理岗位上一干就是十多年,从管理者的角度,您有什么心得体会吗?

陈忠国: 实际上我从主持工作到退休,一共是12年,2010年卸任团长,此后继续担任了两年书记,到2012年退休的。这12年工作下来,我感觉剧团一定要紧紧抓住剧目创作这个重要环节,不断地出戏、出人,不断地培养青年。如果没有好的、有影响力的剧目,剧团就不能得到发展,不能得到观众的认可,也不能得到社会的认可。另外,我们传统戏要搞,新编历史剧也要搞,因为淮剧观众喜欢看这一类型的戏,但是同样我们也有社会责任,也要注重现代戏的创作,要反映我们火热的现实生活,这一点很重要。

另外,这几年我在剧团管理上做了几件比较重大的事情,对淮剧的发展影响都是很大的。

第一件大事是在2006年,淮剧进上海一百周年的时候,我们借助这个契机举行了隆重的纪念演出,淮剧第一次走进上海大剧院,举行了淮剧交响演唱会。

一百年的时间,淮剧从江苏的一个地方剧种,融入大上海,成为上海的一个主要地方剧种,这也体现了上海的海纳百川,是很值得庆幸的。淮剧发源在苏北,但是实际上发展是在上海,这个剧种之所以能

"纪念淮剧进上海100周年"大剧院淮剧交响演唱会演出前受到殷一璀、王仲伟接见

《新报》2006年11月13日刊文报道淮剧走进上海大剧院

够在上海立根、发展，主要得益于上海这座大都市的度量，它容纳了淮剧。当然淮剧自己也很争气，在艺术上不断地追求、不断地去适应时代的要求。

刚解放的时候，上海的苏北观众比较多，当时号称有三百多万苏北人，淮剧这个家乡的剧种很受欢迎，而且淮剧很贴近老百姓，周恩来总理曾经说过淮剧是劳动人民的剧种。因为它能够经常到工厂、码头，以及一些服务性行业去为观众演出，和这些普通的劳动者结亲家。淮剧在上海能够生存发展一百年，这是值得总结的，所以我们就举办了一个淮剧交响演唱会，用交响乐为我们的唱腔伴奏，使淮剧音乐进一步得到发扬，吸纳更多的观众。这个交响演唱会在淮剧观众中反响很强烈，淮剧走进了大剧院，他们感到很自豪。

在大剧院演出这天，当时的市委领导殷一璀、王仲伟接见了我们的一些主要演职员，筱文艳老师也出席了。当然淮剧也没有忘记我们的亲人，我们把全市的一些劳动模范，包括杨富珍、裔式娟、杨怀远、蔡祖泉，这些都是很有名的劳动模范，都受邀来看我们的演出。

同时我们也召开了座谈会，探讨淮剧未来的发展，新的一百年，淮剧要怎么走向未来。

第二件大事就是2008年，淮剧申报国家级非物质文化遗产成功。这个申报工作实际上是很艰苦的，但是我就觉得这个工作非常重要，所以申报的积极性很高，迫切性也很高。因为淮剧属于弱势剧种，比较困难，非常需要得到保护，让它能够传承下去。当时我亲自组织成立了申遗领导小组，但是写申报材料的工作量是很大的，需要把淮剧的整个谱系都整理出来，从第一代淮剧演员一直到现在。这项工作光靠几个年轻人是没办法完成的，我们就组织四处走访，也请了一些老演员，从他们的口述当中去了解，终于把这个大的工程完成了，也就是把我们淮剧的家谱整理出来了。除了淮剧的谱系，我们的申报材料也是写了好几稿，最终获得了通过。国务院把淮剧列入第二批国家非物质文化遗产项目，这是很重要的一个大事情。

正是因为有了国家级非遗的申报成功，淮剧团在2011年成为全额拨款单位，划归上海戏曲中心管理，得到国家的政策扶持了。

再一个就是淮剧演员班在2008年恢复招生了，这对淮剧来说也是非常大的一件事情，因为这是在为淮剧培养接班人。

淮剧团上一批招生还是在1974年，这当中实际上隔了有三十多年了。这么长的时间里并不是说我们不愿意招生，淮剧团每年都在呼吁招生，但是这其中牵涉各种各样的原因。当时上海文化局几次没批，认为苏北有这么大的一个基地，到苏北去引进就可以了，又简单又方便。但是淮剧演员不是这样培养出来的，淮剧有文有武，要练功的，必须要从小培养，从小开始练，有一批演员才能成气候，这里引进几个那里引进几个，不成气候是不行的。

但是自己招生，从小培养一批学生是需要经费的，而且数目不小。我们2008年得以恢复招生主要还是得到了上海演艺集团和上海文广集团的支持，再加上宣传部的人才基金，这样招收了33个学员，委托上海戏校培养。戏校在师资方面力量比较强，所以这批学员在武功方面

2009年3月赴美演出集体照

还是比较好的,但是在文戏方面,在淮剧的唱腔表演上还需要进团以后再进一步加强。他们身段都很好,武功的基础打得很好,有两个获得过全国"小梅花奖",这批学员将成为淮剧今后发展的一个很重要的基础。

第四件大事,是2009年淮剧团出访美国。这次访美是上海文广演艺集团和上海演出公司为我们牵线搭桥,通过美国格林斯伯勒大学音乐学院进行的一次文化交流演出。我们淮剧团到美国去演出,他们音乐学院的合唱团也到上海来参加上海国际艺术节的演出,实际上是一种文化交流。

我们赴美演出是2009年3月25日到4月4日,总共11天,先后去了美国格林斯伯勒、罗利和威明顿三个城市。因为考虑到美国观众的接受能力,我们带去了五个折子戏,有文有武。武戏有《挡马》《金钱豹》、孙悟空的戏,都是美国观众相对熟悉的;文戏是《断桥》《卖油郎》,这些尽量在表演上有特色的。剧目的选择也是蛮讲究的,因为淮剧是第一次去,要选对路的、比较能够吸引观众的剧目。

我们出访的第一站是在格林斯伯勒市的音乐学院,在他们的剧场里演出。在这之前我们也做了一些前期的铺垫工作,和当地的大学生举行了几天的交流会,用讲座的形式,为他们讲解中国的戏曲,介绍淮剧。我们的演员上台表演,告诉他们什么是水袖等,介绍淮剧的一些特色,也请一些大学生上台穿上简单的戏服体验淮剧的表演。活动的反响非常强烈,来的大学生也很多,他们都很投入。因为我们出访的城市都是当地的一些小城市,相对比较偏,中国的传统戏曲很少去到这些地方,所以我们去了以后他们兴趣非常大,觉得中国的戏曲很了不起。

另外他们音乐学院正好有一个音乐论坛,一些专家在那里开研讨会。他们特地把我们的民乐队请去了,对我们的民乐非常感兴趣。我们去给他们做讲座,介绍中国的一些民俗乐器给他们,比如琵琶、唢呐、笙,让他们吹一吹试一试。

通过这些交流,他们对我们的戏就产生了很大的期待,所以第一天演出底下就坐满了观众。我们纯粹就是传统的演法,很简单的背景,也

与格林斯伯勒音乐学院院长合影

没有什么大的道具,完全就是依靠表演。但是反响非常强烈,连他们的市长都来看戏了。散了戏以后我们的演员们也很礼貌地在出口排成队送观众,那些观众就把他们包围了,又是合影又是签名,场面非常热烈。第二场演出的时候,来的人更多了。在这里演了两场,都取得了非常大的成功。

后来就到了罗利,在罗利大学又演了两场。那个地方华人很少,所以观众都是当地的美国人,有大学生也有当地的居民。有一位观众是华人,是苏北淮安的,他陪着八十几岁的老母亲来看戏,他说几十年没有看到淮剧了,很激动。

前面两站都是在大学的剧场里演出,反响都很强烈,但是最后一站到威明顿,是在当地的一个公共剧场进行演出,我们一开始都很担心能不能有观众,邀请方心里也没底。为了能够适应公共剧场的演出,我们还把节目进行了调整,增加了民乐的演奏,演奏像《茉莉花》等这些大家都比较熟悉的曲子,武戏也尽量安排在前面,比较能吸引观众。结果没想到观众也很多,都看得津津有味,而且一散场就把我们的乐队和演员都围住了。观众有的对乐器感兴趣,有的对演员感兴趣,特别是孙悟空,拉住扮演孙悟空、猪八戒的演员拍照,因为都是他们熟悉的人物形象。

出访美国的五场戏,都非常成功,应该说是把淮剧送给了美国的观众,让他们熟悉了淮剧,熟悉了中国的戏曲,达到了文化交流的目的。这也从另一个角度证明了中国戏曲的魅力,证明了淮剧的魅力。

采访人:前面也讲到了淮剧传承的问题,您对淮剧的现状有什么看法吗?

陈忠国:我现在最担心的,就是我们的老演员全部退休了,现在挑大梁的就是1980年毕业的那批,也都五十几岁了,等到他们退休以后,淮剧的传承就比较艰难了。

现在剧团里从演员到编导,都是年纪较轻的,他们对传统不太熟悉，包括编剧也是，对传统一点不熟悉。那么今后淮剧要怎么发展和传承下去？特别是现在淮剧作为非遗，要把一些传统的好的东西传承下去，就面临着人才的问题。所以我觉得这方面可能需要抓紧，要发挥好传承人的作用，每年定期让传承人多排几个戏，现在这个工作没有做好。传承人不是单单一个荣誉、一个称号，是要干事的，要发挥他的作用，这一点我觉得真的要加强，否则将来传承方面会碰到很大的困难。

采访人：现在老一代的江苏人，他们的后代可能已经渐渐融入上海这座城市了，您觉得淮剧接下来如何发展，才能继续在上海生根呢？

陈忠国：这个问题是很要紧的。虽然说现在淮剧是国家级非物质文化遗产，得到国家保护了，但是要在上海能够继续生存下去，如果在艺术上没有确保高质量，拿不出好的戏，那是无法交代的。作为一个有生命力的剧种，一定要不断地提高艺术质量，不断地出好的剧目，特别是在传承方面，要把淮剧的特色保留、传承下来，那你才能不断地发展，不能把根丢掉，这是最主要的。

另外就是在剧目的建设上，还是要坚持两条腿走路：传统剧目要不断地传承、排练、演出，新剧目也不能停，要不断地争取新的观众，这是一个长期的工作。既不能忘了我们的老观众，也要不断争取新的观众走进剧场，这些工作是很重要的，要一代一代做下去，不是说三五年就能做好的。

采访人：您觉得淮剧的传统和创新这两方面应该要怎么样来平衡？

陈忠国：这个平衡，确实是很难的一个课题。淮剧那些最本质的东西，千万不能丢掉，你的根不能丢，比如淮剧的唱腔，这是它的特色，不能乱动，但是你可以结合人物的表现，结合演员自身的特点来进行一些创新。另外，舞美、灯光，在这些方面都是可以创新的，要让它更适合现在观众的需求，不能说我就守住传统不放，这也是不行的。这种传统和创新的结合需要不断地探讨、摸索，也不是说有一个定义放在那里。但是就一句话，千万不能把根丢掉，丢掉就不是创新，就离开淮剧，失去保护传统的意义了。

采访人：您在淮剧团这么多年，从前辈那里学习或是继承了什么宝贵经验吗？

陈忠国：学到很多东西，老一辈他们对事业的追求，对淮剧的热爱，是非常值得我们后辈学习的。有些老前辈，他们一生都是扑在了淮剧事业上，就是勤勤恳恳地演好戏，做好自己的本分。我们有一些老演员很朴实的，他就是要唱好戏做好人，这种精神非常值得我们学习。

第二点就是淮剧的一些老演员，包括演职员，他们的那种创新意识，他们对创新的追求，是一种很好的精神。他们把自己同这个剧种的命运联系到一起，为了这个剧种不要落伍，自己必须要创新，要做得更好、更完美，这种自我要求是非常让人敬佩的。

另外一点，我们的老艺术家，他们贴近观众的精神，非常让我们感动，也值得学习。他们和观众就像亲人一样的，很贴近，观众都是他们的朋友，观众有什么要求他们都会尽力去满足。像筱文艳老师，她就把观众当成自己家里人，观众可以到她家里去吃饭，观众要她唱一段她就唱一段，看到工人在劳动，她会主动去唱给工人听，鼓舞士气。完全把观众当作自己的朋友、亲人，为观众服务。当年他们到苏北去巡回演出，一出去就是三四个月，就是为了让观众看戏；在上海，他们到纺织厂，到海港，到企业去为工人们演出，这些都是老一辈淮剧人的精神。所以说淮剧是劳动人民的剧种，我们确实是把劳动人民当作自己的观众，全心全意地为他们服务。

采访人：您对现在的青年演员有什么希望或者建议吗？

陈忠国：我们团的青年演员还是蛮可爱的，他们都想演戏，都希望能够有机会表现，所以我们当时就每年都搞一个青年专场，还有"东方戏剧之星""文广演艺之星"这些专场，我们都鼓励青年演员参加，希望通过这些活动让青年演员得到锻炼的机会。另外我们在剧团搞的小剧目也是尽量给青年多排戏，让青年有更多的演出机会。剧团也会创造一些培训机会,让老演员来上课。通过这些措施,确实有不少青年演员脱颖而出,像邢娜、陈丽娟、邱海东,这些演员都是1998年进团的,现在基本上都挑大梁了。邢娜最近连演了三台大戏,而且得到广泛好评,当然在这之前她也是通过不断地积累,在许多大戏中扮演二、三号的角色,在锻炼中得到提高。陈丽娟也是一样的,通过排《牙痕记》这些大戏,也得到了很好的锻炼。包括有两个武戏青年演员,剧团也是给他们不断地排一些小武戏。这次《挡马》到美国演出,主演也都是青年演员。这些青年演员通过这几年的培养已经能够站出来独当一面了。

我们的学馆今年(2013年)有一批学员毕业,当时我走的时候就和剧团的一些领导说了,不要把他们放走,集中起来再培训三年,这样才能出成绩。因为在戏校,淮剧学的还是太少,这样子毕业了直接散掉了,让他们去跑龙套,就太可惜了,没有办法提高了。所以我临走的时候特地关照了,一定要把这批青年培养好,三十多年才招了这么一批学生,不容易啊。而且现在学戏曲的很少,好的苗子也少,家长都不愿意让孩子学戏,很苦。所以说一定要把这批学生培养好,因为他们就是淮剧今后的接班人。

采访人: 从1977年毕业进入上海淮剧团,到2012年从淮剧团退休,您为淮剧团奉献了许多,这当中有什么快乐或遗憾吗?

陈忠国: 应该说快乐还是很多的,创作的快乐,工作上取得成绩时的快乐,等等。从进入淮剧团,到和淮剧产生深厚的感情,我觉得能在这儿干一辈子,是很高兴的一件事。尽管担任领导期间碰到了很多的矛盾和困难,但是克服了以后也还是感到很快乐的,所以没有什么大的遗憾。如果一定要说遗憾的,那就是很希望能够再为剧团多做一点事情。

(采访:裘一婧　整理:陈家彦)

表演是一件自然而然的事
——周云芳口述

周云芳，1937年生，10岁到上海，随父亲、姐姐、哥哥参加戏班并上台演出。1952年加入上海静安志成淮剧团，1954年被招入上海市人民淮剧团，1957年正式拜筱文艳为师。1968年"文革"中离开上海市人民淮剧团，后转行上海元件五厂。代表剧目有《红楼双玉》《芙蓉梦》《打金枝》《劈山救母》《柜台》《游园惊梦》《小姑贤》《荆钗记》《三女抢板》《万户更新》《郭华买胭脂》等。

周云芳：我叫周云芳，我父亲叫周廷福，我哥哥叫周筱芳，我大姐姐叫周艳芳，姐夫叫张古山，我大姐后来随丈夫姓叫张艳芳。我们一家都是搞淮剧的。

我外公原来是徽班出生。我爸爸出身很苦，那个时候因为家乡很穷，日子过不下去了，他就去讨饭。讨饭讨到我舅舅家里，我外公看到了，觉得我爸爸是个人才，就让我爸爸留下了，开始学艺。我爸爸很勤奋的，扮相也好，文武都行，后来逐步就有点名气了，人家说他是苏北的梅兰芳。

采访人： 那您是出生于梨园世家，您是从什么时候开始接触淮剧的？

周云芳： 我小时候成长在江苏，到我10岁的时候，因为我哥哥的孩子要出生了，我爸爸要找人帮我哥哥带孩子，就把我带到了上海。来上海以前我也没有学过淮剧，小时候只是跟在爸爸和哥哥后头看，好像很稀奇的，可能也是遗传吧，有这方面的爱好。

10岁跟着父亲到了上海以后，就开始慢慢跟着家里的长辈、哥哥姐姐他们一起演戏，我淮剧好多表演的东西就是向父亲学习的。我父亲他功夫好，60岁还能翻跟头，真是文武双全，父亲演花旦，化起妆来很漂亮的。

采访人： 您第一次登台是什么时候还记得么？

周云芳： 那个时候十几岁吧，我演了《水浒传》里面的一个小角色，叫一丈青。那个时候也还小嘛，什么都不懂，轮到我讲话的时候，我说"我是一丈八"，那真是个笑话了。后来也是慢慢跟着我哥哥、姐姐他们，受到他们的影响。

采访人： 您是什么时候加入上海淮剧团的？

周云芳： 是1954年的时候，何叫天到志成淮剧团来选人才，就把我招到淮剧团去了。

在这之前，我跟着家人在很多戏班子都待过，包括马麟童的马家班，那也是很有名的了。后来因为我哥哥离开了马麟童班子，和我姐夫一起搞了志成淮剧团，我姐夫是团长，我哥哥是副团长，那我们就都去了志成。在志成淮剧团的时候我其实也还小，就只是在舞台上跟着跑跑龙套，演演丫头。

我真正的淮剧人生应该是从1954年进上海市人民淮剧团开始的。那时候何叫天来选人，选了我，团里和我同辈的三四个都很羡慕我的，因为上海淮剧团是国家单位了嘛。但是我心里是觉得有点不踏实的，因为要离开哥哥，离开爸爸了，当然最终我还是去了上海淮剧团。

在《打金枝》中饰演公主

采访人：当时何叫天为什么会选您，是看了您的表演觉得您比较有天赋吗？

周云芳：他应该是觉得我有天赋吧，到底我们家里几辈人都是搞文艺的，而且我的形象也比较好，人家就选中我了。

进了剧团以后剧团也安排了一些老师来教我们，比如京剧的一个姓张的老师，主要还是平时看一些前辈的演出，自己默默地学习。1957年的时候，团里领导安排我和施月娥两个人，拜筱文艳为师。当时拜师仪式很正规的，跪下来，还拿40块钱给老师，这个钱还不是我们自己拿，是上面领导拿的。那时候我们还有点茫然，但是很高兴的，因为拜师以后就能够作为她的继承人了。

采访人：您进入淮剧团以后演了哪些戏能给我们介绍一下吗？

周云芳：一进剧团我就出演了《郭华买胭脂》，这是我哥哥参加会演得奖的一个戏。接下来演的戏就很多了，像什么《芙蓉梦》《劈山救母》，还有像《荆钗记》《三女抢板》都是老师演的，然后我照着她的样子学习了以后来演，当然老师也会指导我。很可惜我的戏路子跟老师不太一样，老师的有些戏我不能演，比如《女审》我就不适合。但是老师演戏我都要去看她的表演的，学习她表演中的人物塑造、内心表现等方面，她对我们也是很关心的。

《红楼双玉》剧照。右一筱文艳演宝玉,右二周云芳演黛玉,右三武筱凤演薛宝钗

我和老师一起合作的第一个戏是《红楼双玉》。这个戏本来是写给我和我哥哥一起演的。但是我哥哥考虑到他如果离开志成淮剧团的话,团里其他人怎么办?所以我哥哥就还是留在志成淮剧团没有来,那么这个《红楼双玉》的戏就成为我和筱文艳老师合作的第一个戏了,老师演贾宝玉,我演林黛玉。我演林黛玉从形象上来说还是很好的,人也瘦,排练的时候我就斜靠在那里,人家说我不上台就像林黛玉。

《荆钗记》是筱文艳老师先演,她演完之后我们青年队来,那时候我们成立青年队,是由我独自挂牌的。还有和杨占魁一起演的《独占花魁》,杨占魁也是淮剧的老艺术家,这个戏我演的也不错的。再后面还有《王定保借当》《游园惊梦》等。演《游园惊梦》之前我去看了言慧珠和俞振飞老师的演出,这都是艺术家啊,然后我在自己的表演当中就有一些模仿他们的东西。后来人家说我是淮剧界的言慧珠,当然那是笑话啦,我的艺术还没有达到那个程度。

采访人:《红楼梦》中林黛玉的形象已经是深入人心了,包括电视剧、戏曲大家都看过,您在塑造林黛玉的时候有什么独特的想法吗?

周云芳: 林黛玉呢就是一种病态的感觉,她一直心里比较郁闷,特别是贾宝玉后来跟薛宝钗结婚了,林黛玉的精神就逐步地削弱了吧。这个戏从人员来讲也是配合得很好的,薛宝钗是武筱凤演的。唱腔方面都是有音乐老师设计、上谱的,舞台形象方面也都有导演负责,所以我们老师在这方面好像没有过多的操心。

人物塑造方面呢,我自己觉得可能是来自家庭的那种遗传影响了我。比如说我第一场有一个绣荷包的戏,一边绣荷包一边等贾宝玉来。然后我旁边正好有一个窗子嘛,我就给自己设计了一个扶在窗子上的形象,因为这个荷包是绣了送给贾宝玉的,又是在等他,那当时的心情

《红楼双玉》剧照(筱文艳和周云芳)

肯定是不一样的,要显得很温柔,对吧?导演也承认我的,他说那你就这样,就照你的表演。

　　当时这个戏很红火的,那时候在三个地方同时演《红楼梦》,我们是在黄浦剧场,另外还有我哥哥他们的志成淮剧团是由武丽娟演的林黛玉,还有王文娟演的林黛玉。三个地方同时演,也是各有千秋。我哥哥演的贾宝玉是第一流的,王文娟是前辈,我也去看过她的演出,也吸收了一些她的艺术,我们的呢就是最年轻的了,当然三家效果都很好。我们在黄浦剧场是连演了40场客满,粉丝们都是很欣赏的,这也是对我们的一种鼓励。当时我们的副团长高桦说:"小周,你再跨一步就赶上你老师了。"我心里觉得自己经验还是不够,但也可能是因为遗传吧,因为家里一辈子都是演戏的,表演对我来说就是一件自然而然的事情,我在舞台上一点都不做作。

周云芳早期剧照

采访人： 您还有哪些戏里有一些自己的设计可以和我们分享的吗？

周云芳：《无盐娘娘》也是我和筱文艳老师合作的一个戏。筱文艳演的是正宫娘娘，我是西宫娘娘，这个西宫娘娘的角色用现在的话说就是一个间谍，也是很有心机的。我在出场的时候肯定就不是嗲妹妹的那种出场方式了，而是大步向前。她下场的时候和何叫天演的老生有一个交错，我心里想着"你要跟我斗啊？"，就来了一个"哼！哼！哼哼哼！"，何叫天看我这样他也"哼"了，这就说明两个人所处的一种对立。我觉得我的这个设计蛮聪明的，何叫天老师跟我的配合也是非常好的。

采访人： 您1960年的时候代表京昆淮尖子去北京演出了对吗？

周云芳： 那时候很兴旺的，我们都是属于红尖子，梁谷音、张洵澎等都去了，周总理还有其他中央领导都接见了我们。淮剧团那个时候是去演出的，一个是《探寒窑》，一个是《女审》，是施月娥演的。我那时候没有戏，只是在《女审》里面演演小兵，其实就是挂个名。因为都是一些武旦的戏，跟我的路子不一样，我就是作为尖子一起去的。我哥哥1961年也去了，他是去开"文代会"的。

采访人： 那您后来怎么会离开淮剧团的？

周云芳： 后来"文革"开始了，"文革"期间都演工农兵，不演才子佳人了，那时候是有一点影响的，因为我这个形象只能演才子佳人，怎么办呢？我们团长丁瑶就来找我谈话，说现在我们不演才子佳人了，意思就是叫我离开吧。那么我就去做工人了，就这样离开淮剧团了。

后来有一次我正好坐在文化广场，碰到我们团长，她跟我说："可惜啊云芳，像你这样的材料淮剧团没有了。"反正这都是命运的安排吧，大家都有各自的苦衷。

那时候叫我离开我心里当然也是不舒服的，但是我这个人从小就比较单纯吧，别人讲什么，我"噢噢"，别人做什么，我也是"噢噢"。好

1961年,《新民晚报》关于淮剧演出的报道

像不怎么聪明,也许是因为没读过书吧,小时候家里苦嘛,从小就在家里拾草、挑菜。

采访人:您能把您家兄妹几人的排行再给我们捋一下吗?

周云芳:我大姐周艳芳,二哥周筱芳,三哥周为涛是搞音乐的,拉胡琴的,我妹妹周桂芳是跟我哥哥一起的,也是唱花旦。还有一个弟弟就不讲了,他很苦的,后来到新疆去了。

我侄子周芝祥,就是我二哥的儿子,也是很不错的。应该就是天赋吧,他虽然没有学过淮剧,因为是家里的独养儿子,父母很宝贝的,就没有让他学淮剧。但是后来他到上海来,为了纪念我哥哥,饰演我哥哥的《河塘搬兵》里的杨六郎,真的像啊,他一出场我眼泪都出来了,太像我哥哥了。后来他也演了不少戏,在淮剧团也待过,也是一个人才啊。

采访人:您的哥哥周筱芳是淮剧界盛赞的"四少一芳"之一,谈谈您记忆中的周筱芳老师吧。

周云芳:我哥哥是很有天赋的,他学东西比较快,模仿能力又很强,什么都能演,而且演什么像什么。他过去演过小花脸,后来演小生,人家说他是王牌小生,因为他形象好,表演也好,很自然一点都不做作的。他吸取了豫剧常香玉的唱腔,当然别人看不出来的,因为他能够灵活运用他吸取来的这些东西,然后形成他自己的艺术风格。他上了舞台就不是周筱芳了,完全就是把他自己变成了他演的那个人物。他对艺术是很认真的,而且他也很会表达自己的艺术才能。

我哥哥的为人也很好,在我心中他永远是清清白白做人,而且样样为人家考虑。他戏迷很多的,因为他形象好,戏又演得好,所以老有戏迷盯着他,他也一直很善意地对待人家。

有一次我哥哥坐在窗子边上,一个老板娘拿了一个金戒指丢进来,说是给我哥哥的。我那时候还小啊,不懂事,就捡起来拿给我哥哥,说:"二哥,人家给你的。"我哥哥赶快拿过来去还给人家。还有的戏迷给他钱,我哥哥从来都不拿的,所以在我心目中他永远是一个善良的人,不贪图什么利益,清清白白做人,在艺术上是一流的,在生活上也是一流的。

  我家里现在还有他的照片,每次看了心里就很酸。尽管三十多年了,我们感情还是很深的,因为他为人好,不管是对待艺术还是对待身边的人。所以很可惜啊,他的早逝让我们心里很伤心的,永远怀念他。

(采访:裘一婧　整理:陈家彦)

父亲是我们家的一棵大树
——周芝祥口述

周芝祥，1951年出生，淮剧名家周筱芳之子。1969年参加上山下乡，去黑龙江的花园农场，后转至大兴安岭松岭文艺宣传队；1981年自行回沪，参加江苏省滨海淮剧团，同江苏省淮剧名家徐彩魁、颜美琴、裔小平、梁锦忠同台；1983年回沪，参加闸北区工人文化宫举行的周筱芳纪念演出。1984年加盟上海淮剧团，受到前辈导演顾少春、韩刚指导，复排周派名剧《白虎堂》《珍珠塔》《节振国》，和淮剧名家筱文艳、马秀英、何长秀、徐佩华、朱金霞、周雅一合演《南北和》《换凤记》《唐僧认母》；1989年离开上海淮剧团，参加普陀区文化馆淮剧团，演出《虎符》《血泪姻缘》《梁祝》。

其父周筱芳，淮剧小生。原名周为干，祖籍江苏阜宁，生于上海。淮剧早期剧团志成淮剧团当家小生，淮剧八大派之一周派创始人，杰出的创腔大师，淮剧界盛赞的"四少一芳"之一。

采访人：能不能从您的家庭和您的父亲讲起？

周芝祥：我的家庭是一个梨园世家，我算了一下，从我的祖父辈到我这一辈，家里从事文艺工作的一共有15人。我爷爷周廷福被誉为淮剧界的梅兰芳，也是当时四大名旦之一。我大伯父周为翰，据老艺人告诉我，如果我大伯父在的话我父亲可能达不到后来的成就。为什么呢？大伯父在十几岁的时候已经文武老生样样都来，而且红遍江北。遗憾的是他很早就过世了。接下来是我父亲周筱芳，他因为排行第二，所以人家都习惯叫他二爷。再往下是我三伯父周为涛，他是乐队里拉主胡的。然后是我大姑姑周艳芳，她对淮剧最大的贡献就是给上海带来了她自己创作的淮蹦子，也就是老淮调，马秀英老师也曾经向她学习过。我大姑父张古山是一个文武老生，过去先是担任志成淮剧团的团长，后来又担任浦光淮剧团的团长。再往后，我四姑姑周云芳、五姑姑周桂芳，我母亲张云霞，都是从事淮剧工作的。

下面我详细谈谈我的父亲。我父亲的影响相当大，不仅仅在淮剧界，就当时整个上海文艺界来说，熟悉他的人对他都是赞不绝口的。有一次我到文化局去谈事情，文化局的领导曾对我说："周芝祥，你和你爸爸差远了。别看观众这么喜欢你，你的艺术水平和你爸爸是比不过的。"我听了也笑，确实是这样，也说明我父亲在行内行外都是非常被认可的。

我父亲大概是12岁左右开始学艺的，起初是演小花脸，到15岁改演小生。那时候他已经崭露头角了，在观众中很受欢迎。过了没多久，因为闹水灾，好多苏北人都逃难到了上海，在上海形成了一个很大的团体，所以好多演员也在那

周筱芳早期剧照

时候纷纷来到了上海，我父亲也是其中之一。来到上海以后，我父亲就一直在昌平大戏院演出，没多久就在上海的淮剧观众当中唱出了名堂，天天客满，一票难求。

当时马麟童所在的马家班是上海的淮剧班子中最大的一个，马麟童也是资格最老的演员，有人就把周筱芳的情况告诉了他。马老听说苏北来了这么一个小生，扮相、身材、唱腔样样都好，他不太相信，觉得是人家夸张了，就决定自己去看看。第二天他戴着个帽子就去了，看了以后当时他就很惊讶，回来以后说："我们淮剧界出了一个人才啊，将来他的前途不可估量。你们想办法把他招到我们团里来。"所以很快我父亲就进入了麟童剧团。

马爷爷对我父亲非常器重，也很用心栽培他。因为那时候我还小，也是听老人告诉我的，那时候我父亲可能是演《珍珠塔》吧，一般主演出场都是配四个宫娥，多一点的八个，我父亲那时候出场有12个丫鬟。而且当时给他演丫鬟的后来都是主要演员，像马秀英、武筱凤都曾经是12个丫鬟之一。这说明当时马麟童非常器重我父亲，有意捧他。

再之后，大概是新中国成立前后，当时上海有十多个淮剧班子，观众群体也非常庞大。后来由于观众需求比较高，就吸引了江苏的好多剧团都到上海来演出，在这种情况下，优胜劣汰，有些生意不好的剧团就离开了。那时候的剧团不像现在，没戏唱、没观众就没有收入，没有收入怎么养家糊口啊？在这样的情况下，我父亲权衡考虑之后，决定离开麟童剧团，自己组织了一个班子，在上海各个剧场演出，名气也是越来越响。不夸张地讲，当时整个剧团都需要靠我父亲去养活，他不上场票子就卖不掉，他一上场票价就要翻倍。

采访人：您父亲有一部代表作《白虎堂》，能详细给我们介绍一下吗？

周芝祥：我记得大概是1960年前后吧，江苏和上海搞了一个会演，

20世纪80年代《白虎堂》全体演员合影

各路名家都汇聚到了上海。在会演的最后，想要弄一个压台戏，把所有的角儿都集中在这个戏里。想来想去，最后决定用《白虎堂》的最后一折《辕门斩子》作为会演的压台戏，穆桂英是筱文艳，八贤王是何叫天，佘老太君是徐桂芳，杨宗保是江苏省淮剧团团长刘少峰，一台人都相当厉害。

这出戏当时非常轰动，但是也出现了一些矛盾。当时有三个演员演杨六郎，一个是马麟童的学生臧道纯，一个是江苏省淮剧团的张云良，还有一个就是我父亲周筱芳。在排戏的时候就出现了一个情况，我父亲是第二个出场，前后两个人出场戴的都是宗纱，而我父亲戴的是帅盔。有人就提出异议了：前后两个都戴的是宗纱，你为什么非要戴帅盔？

这里就要说到我父亲的一个改革，关于戏曲的改革，他有自己的想法。《辕门斩子》这出戏各个剧种都有，它是全本《白虎堂》中的一折，前面还有《八贤王吊孝》《河塘搬兵》《穆柯寨招亲》等折子戏。我父亲的想法是，在《辕门斩子》这一折中，杨六郎是刚从战场上回来，作为一个元帅在大堂上，戴帅盔很正常，为什么不可以呢？人家说麒麟童就是带的宗纱。我父亲说，麒麟童戴宗纱不假，但他演的是折子戏《辕门斩子》，而我演的这个戏是全本《白虎堂》中的一折，我的扮相要照顾到前面的故事情节。就为了这个事还闹到文化局，文化局表态，说这个事情各个流派有各自的想法，你们演，演完了看观众认可哪个。最后这个戏演出之后，我父亲一出场观众就沸腾了，这个戏取得了很大的成功，他的改革也得到了观众的认可。

除了《辕门斩子》这一折之外，我父亲的《河塘搬兵》也是脍炙人口，无人不知无人不晓。过去大家的娱乐生活比较贫乏，老百姓就喜欢听戏、看戏，也喜欢跟着唱，品味曲调当中的韵味。我父亲又是天生一副好嗓子，嗓音非常醇厚，所以他的唱非常受到戏迷的喜爱。

《河塘搬兵》当中有一段，杨六郎在金沙滩"双龙会"中幸存回国，却遭到奸臣潘仁美的陷害，皇帝要杀他，幸亏任堂惠把他救下来，藏在了后花园的地窖里。不巧有一天，八贤王和寇准来吊孝，发现了端倪，最终发现了藏在地窖里的杨六郎。由此引发了一段非常凄惨的唱段："千岁啊！八千岁你不提搬兵我绝不讲，提起搬兵好似箭穿胸膛。千岁啊，请坐石凳听我言讲，我今天要诉一诉杨家的冤枉……"

这段唱一共有一百零八句，讲述了金沙滩"双龙会"的经过，讲述了杨家儿郎是怎么一个个遭人陷害，或战死，或被人害死的，凄凄惨惨，听得人眼泪直淌。这段的唱腔叫作马派自由调，也叫三节调，三个字一节，是马麟童创作的。后来我父亲在演出中就不断地琢磨，把这个戏越演越精，先后诞生了四个版本，最后成为一个家喻户晓的唱段。

《河塘搬兵》这个戏是我父亲自编自导自演的，凡是这个戏上演，没有不客满的。哪怕是在淡季，只要我父亲这个戏一挂出来，肯定客满。

采访人：您的父亲还是"文代会"代表吧？

周芝祥：我父亲是戏剧家协会理事、静安区人大代表和区政协委员，第三届"文代会"的时候，上海淮剧界派出了三个代表——顾少春、筱文艳还有我父亲周筱芳。当时接见他们的有毛主席、刘少奇、朱德、邓小平、陈云等领导人，我父亲跟这些领导人一一都握了手，然后他的这个手就七天没有洗。而且这七

《荆钗记》中的周筱芳、筱文艳

天里面，凡是有认识的人看到我父亲就要跟他握握手，就好像也和领导人握过手了一样。

从"文代会"回来不久，解放军总参谋长罗瑞卿到江苏视察，到了晚间他说想看看江苏省的地方戏，让人给他推荐一下。人家就说不用推荐了，现在最好的就是上海志成淮剧团的周筱芳，就把我父亲调到了盐城的胜利剧场演出。后来我到胜利剧场演出的时候，那边的一个老经理还跟我提过："你爸爸当时在这里演出的时候轰动的不得了。"当时演的就是《节振国》，演出结束以后我父亲受到了罗总参谋长的接见，被连夸了三声"不错"，我父亲也感到非常开心。

《节振国》这个戏原本是唐山京剧团的一个代表戏，还拍成了电影。我父亲的版本是改编的，在唱腔上他也做了大胆的改革，原本是从马派自由调衍生过来的，后来都叫它周派唱腔了。

比如说《节振国》中有一段唱："并非我不让你去杀夏连凤，提起他

《节振国》中的周筱芳、何小山

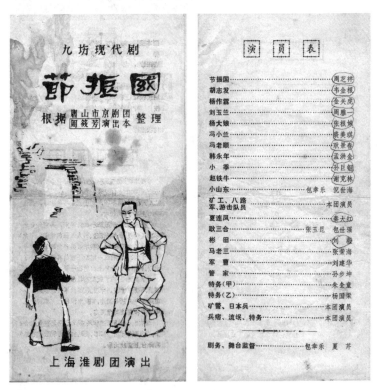

《节振国》演出目录

我更是悔恨无穷……"这段唱的故事背景是什么样的呢？节振国结拜兄弟三个，老三当了叛徒，出卖了他们，把老二的母亲抓走了，老二要去救母亲，节振国劝说他不要莽撞，要听党指挥统一行动。节振国这个人物和杨六郎是两种情况，一个是古代的元帅，一个是现代的抗日英雄，在唱腔的感觉上要更加豪放、更硬一点。《河塘搬兵》虽然也是从马派自由调的基础上发展而来，但是它比较温和，而节振国的唱就要相当有劲，我父亲当初唱得几乎要吐血。我后来在上海淮剧团，花了14天复排这个戏，唱到后面就感觉到唱不动，很难唱，很辛苦。我父亲在最后还采用了梆子戏里的一个过门，这个处理也得到了观众的认可，演出的时候掌声雷动。

采访人：可以再多介绍几部您父亲的代表作以及创作相关的故事吗？

周芝祥：我父亲还有一个有代表性的作品，就是《宝玉哭灵》，也就是全本《红楼梦》。我父亲的这个戏包括徐玉兰老师都来看过好多次，上海文艺界各个团体的演员都来看过，也非常认可我父亲演的贾宝玉。贾宝玉这个角色和前面提到的杨六郎、节振国差别就更大了，他是偏向娃娃生的小生，需要带着几分稚气的一个角色，我父亲把他塑造得也是惟妙惟肖。

特别是《宝玉哭灵》这一段，当时电台还给他灌制了唱片。这一段《宝玉哭灵》真是唱得凄凄惨惨，凡是唱淮剧的没有一个人不会这段唱

《东进序曲》剧照（周筱芳、何益山、张国梁等）

的，专业的也好，业余票友也好，传唱度非常高。我记得2007年的时候在美琪大戏院有一个纪念我父亲去世30周年的纪念演出，由于我的声音不适合唱贾宝玉，当时邀请了越剧演员的萧雅来唱这一段。结果萧雅唱一句就是满堂好，唱完了观众不让他下台，反响特别好。

我父亲也演过很多现代戏，那时候根据国家形势的需要，除了刚才介绍过的《节振国》，还演过《东进序曲》《东海最前线》《赤道战鼓》《艺坛血泪》等。其中，《艺坛血泪》纯粹就是我父亲为自己量身打造的，把自己的一生，自编自导自演，浓缩在了这部戏当中。

采访人：您能不能给我们总结一下您父亲在唱腔、表演方面的特点？

周芝祥：首先，我父亲吐字非常清楚。不单单是我们苏北人能听得懂，好多其他省份的，像广东、宁波等地方的人也成为我父亲的戏迷，喜欢看他的戏。当年华东会演的时候，云集了各个地方的剧种，来的都是角儿啊，比如说黄梅戏的严凤英，沪剧的王盘声、杨飞飞，锡剧的王彬彬，越剧的戚雅仙、袁雪芬等，我父亲当时得了二等奖。这说明大家没有受到地域限制、语言限制的影响，都喜欢他的表演，这个要靠真本事的啊。

另外，我父亲在唱腔方面很有改革精神。除了淮剧常见的自由调、老拉调等，我父亲进行了很多创作和改革，据说他掌握了200多种曲调。

周筱芳的梁山伯扮相

再有一点,我父亲在表演上风格非常潇洒。从剧照你们可能就能看出来,我父亲给人的感觉就是非常的儒雅,即使在小生演员当中,像他这样漂亮、风流倜傥的可能也不是太多。不止扮相漂亮,而且他戏路很宽,演什么人物像什么人物。在这一点上我就比我父亲差得远了,我演杨六郎还比较合适,挺像我父亲的那个感觉,但是演小生我和父亲就是差之千里了,那真是不好比。

一个演员能做到多面手,正派、反派、小花脸、英雄、老生什么角色都能演,这真的是不容易的。我父亲还演过旦角,在《万花船》里面他男扮女装,观众的评价是:那就是一个女的,美得不得了。

而且他还很会运用自己的嗓子,用人物性格去塑造他的唱腔。虽然他文化水平不高,但是他好学,也肯钻研,全靠自己琢磨。

我印象很深的,有一阵子我父亲要演现代戏《千万不要忘记》的丁少纯,那个阶段我开心啊,他天天带我到政协礼堂去吃饭,还带着我

现代戏《千万不要忘记》剧照
(周筱芳、张小亭、何长秀、曹志忠、徐小芳、武小香)

到处玩。后来我就觉得奇怪了,父亲平时忙得不得了,怎么最近对我这么好? 到了演出的那天,父亲才告诉我:"你晚上来看戏,看我演的像不像你。"丁少纯作为一个十七八岁的青年,不好好工作,一天到晚背着猎枪出去打猎。我父亲为了演好这么一个人物,就天天带着我在外面吃喝、玩,然后观察我,因为当时我就是丁少纯差不多的岁数,他就通过我观察这个年龄段的青年人是什么样的,平时都想些什么做些什么。最后出来的这个人物确实很成功,那段唱也是脍炙人口,相当漂亮。

采访人:在生活中,关于父亲有什么难忘的回忆吗?

周芝祥:我父亲喜欢钓鱼,在钓鱼这件事上简直是有瘾的,基本上一两天就要去一次。而且他们几个钓友有暗号的,一大早在楼下拍两声,吹个口哨,我父亲就下去了。去的太勤了呢,我妈妈有时候要生气,怎么天天要钓鱼的?

实际上他不是单纯去钓鱼,而是用心良苦。我从小在家里从来没听过他吊嗓子,一个好演员哪有不天天吊嗓子的呢? 他的练功场其实就是河边。利用这么一个清静的地方,他可以静下心来琢磨自己的唱腔、台词,他的好多创作、改革,都是在河边钓鱼的时候琢磨出来的。

有时候我跟人家开玩笑说,如果我父亲还在世的话,上海市钓鱼协会的会长应该就是他。因为有一大批人,特别是票友,都是被他带着喜欢上了钓鱼。

而且我父亲钓鱼一般都是吃过中午饭就回来了。他吃的也不讲究,出门的时候买个大饼,弄根油条一夹,纸袋装了往兜里一塞。中午回来以后,把鱼往家里一放,他就上澡堂子洗澡去了。热水一泡,他嗓子也开了,晚上唱戏状态就比较好。

我父亲在群众当中的口碑非常好,很多观众对他印象都非常深。

比如说我跟着淮剧团送戏下乡到苏北巡回演出,就碰到过两件事。

周筱芳（前排左四）和淮剧界名家在人民公园合影

一次是在淮安，晚上我演出的间隙，来了一个解放军。他是一个老红军的警卫员，来转达说首长让我散戏以后去一次，还告诉我："我们首长很喜欢你父亲，你父亲每次来演出都会去看望他。"后来散戏以后我就到了这位老红军的家里，他看到我也是相当开心，还跟我说："我对你父亲欣赏得不得了。"我当时听了也很感动，能被观众这样记在心里，对演员来说是无上的荣誉啊。

还有一次我在阜宁演《南北和》，来了一个老头儿，在台下喊："周芝祥这个小子呢？叫他出来。"我们剧团的人也都觉得很奇怪，这个人要干嘛？后来我去了，他开口就问我："你为什么不送票给我？"后来才知道，这位老人和我父亲是铁哥们儿，我父亲以前每次到阜宁演出，一定会先把票子给他送去。我了解了情况以后赶紧送了四张票子给老人家，他就很开心，当天晚上还请我们大家吃饭。他要这个赠票不是说买不起，而是看中这份心意。

周筱芳（右一）和陆少林、王少春、张筱亭、程少楠、何小山

采访人：当初上海淮剧团也邀请过您的父亲，但是出于种种原因最后他并没有加入上海淮剧团，这其中的故事您了解吗？

周芝祥：关于这个事情有很多我也是听老人说的。对于一个剧团来说，顶梁柱要是走了的话，整个剧团基本上就垮掉了，大家都没饭吃了。我父亲也想到上海淮剧团去，可是他走不开，那么大个志成剧团要靠他来养活的啊。据说当时都有人跪下，跟我父亲说你不能走。

我父亲心地很好，当时他团里除了演员，还养了一些残疾的人，让他们能够生活。"三年困难时期"，大家都吃不饱饭，我父亲还把钱都分给大家，把别人都照顾好了再考虑自己。

所以当时出于很多方面的考量，而且上海淮剧团毕竟是国家剧团，可能各方面约束比较多，我父亲自由惯了，一下子也怕不适应，总之最后他也没有加入上海淮剧团。

采访人：您是在您父亲去世以后才开始学习淮剧的？

周芝祥：这是一件很奇怪的事情，小时候我父亲不让我学戏。我记得我小时候在家没事喜欢学学他的唱腔，我父亲演《节振国》的时候，我有一天在后台玩，就学他的样子唱了几句，大家听了都拍手，只有我父亲说："行了行了，别唱了。你这个我一听就烦。"从小就是这样，他不让我唱戏，就希望我能够好好念书，将来考上大学。

1961年,周筱芳参加演员进修班时的结业合影(第四排左四)

我一直到将近三十岁才开始学戏,也是学戏以后才对我父亲的艺术有了更深的理解,才明白我父亲确实很了不起。像我儿子也是一样,原本不怎么接触淮剧的,一点都不懂。2007年为了给我父亲搞纪念演出,我儿子天天开车接送我们,听很多老人谈起他的爷爷周筱芳,才真正认识到原来爷爷这么了不起。

采访人:您父亲在上海淮剧观众的心中有着特殊的地位,他去世的时候听说好多观众都去为他送行?

周芝祥:那真的是人山人海,南京路大概堵了两个小时。我家那时候住在平安电影院斜对面,家门口很长的一条弄堂里摆满了花篮、花圈。送灵的时候,好多戏迷自己组织了纠察队来维持秩序。

那天我捧着父亲的遗像到殡仪馆,那个场面也吓了我一跳——很大的一个广场挤满了来送别的人,大概足足有四五千人。当时上海许多著名的演员基本都到齐了,还有很多很多的观众来给我父亲送行,一片哭声。我记得有人跟我说:"周芝祥,你们家的一棵大树倒掉了。"

1977年父亲周筱芳去世前拍摄的合家欢

我父亲从12岁开始学戏,一共37年的演艺生涯,给淮剧观众留下了大量的经典唱段,这些唱段对于淮剧这个剧种以及我父亲的戏迷而言,都是非常宝贵的一笔财富。

(采访:裘一婧 整理:陈家彦)

一生为了淮剧
——武丽娟口述

武丽娟,原名尹年宝,1932年出生于上海,2015年去世,江苏阜宁人。幼年喜欢淮剧,15岁进武家班学艺,取艺名武丽娟,16岁师从武云凤,攻刀马旦、武旦、青衣花旦。

1953年担任日升淮剧团团长,1954年以《郭华买胭脂》参加上海市春节戏曲演唱竞赛获演员三等奖。1958年参加志成淮剧团,1960年担任上海市静安区戏曲学校老师,1979年出席全国"文代会",1994年应邀赴台湾传艺指导。

代表作有《红楼梦》《金殿认子》《赵五娘》《唐伯虎点秋香》《梁山伯与祝英台》《白虎堂》《蝴蝶杯》《珍珠塔》《虎符》《情探》等。

采访人:武老师,请您先介绍一下您童年的经历,怎么会进入到淮剧这一行的?

武丽娟:我小时候家里很苦,5岁的时候就没了爸爸,14岁的时候又没了妈妈,但我的继父对我很好。我从小就很爱戏,总是趴在台口看戏,想着自己也能上台唱戏。我在家里头调皮得很,妈妈叫我帮她买点东西，我说"得令了"，就这样一天到晚泡在戏里头。大概是我15岁的时候，当时我们很困难，只有两条路，一条路是给我找个人家去做童养媳，还有就是到纺织厂去当童工。但是这都不是我想干的，有一天我就离家出走了，跑到我的一个姑妈家里。姑妈她喜欢看淮剧，整天就泡在武家班里头，什么戏都看。她知道我想要唱戏，就说送我去武家班学戏。

采访人：您从小对戏曲那么着迷，是受到家人的影响吗？

武丽娟：我的名字武丽娟是拜入武家班以后改的，我本名叫尹年宝。我的叔叔叫尹麒麟，他是顾汉章的徒弟，是淮剧界有名的文武小生，扮相很漂亮的。我小的时候就常常到他那儿去看戏，就在胶州路上的沪西大戏院。

采访人：那时候在武家班入门拜师的事情您还记得吗？

武丽娟：过去拜师学艺是要交钱的。我妈妈临死的时候把她的一点积蓄都留给我了，我拿着这笔钱，十个大洋吧，就去武家班拜师了。我那个时候把钱交给他是有条件的，我说我是来学艺的，钱都给你不要紧，但是你不能叫我去跑丫鬟。好像我从小就有一种自信，就是我一定能成为一个角儿。当时老师也答应我这个条件的，所以一般人家唱戏都是从跑丫鬟开始的，我从艺几十年没有跑过一天丫鬟。

采访人：您在武家班是拜了谁为师？

武丽娟：最早是我姑妈带着我，在沪北大戏院办了酒席，点了香烛，武旭东老师坐在上面，我磕头，很隆重的。但是下来我只能叫他爷爷、师公，因为班辈不同。我是拜在武云凤名下，但是我们的吃住、管理、教戏，都是武旭东老师负责的。

我是第三代，武家"丽字辈"里最大的一个。武旭东老师收我，给我取了名字叫武丽娟。其实原本是叫"武鹂鹃"，他把我比喻成杜鹃鸟，美丽、声音洪亮。但是我没文化，看这个字难写，就把它改掉了，变成"丽娟"。那天我说笑话，我把师父给我的两个翅膀给剪掉了。

进到武家门里，好多老艺人像王九林等，看见我都很喜欢。我那时候一个大辫子一直拖到脚后跟，穿一件紫红色黑点子的旗袍，后台看到我各个都喜欢，说"这个丫头好"。

我学艺只有一个星期，就学会了《赵五娘》和《骂灯记》的《陈凤英盘门》，跟我的师姐武筱凤一起去唱堂会了。唱堂会得来的钱全都给师傅，我们自己是不拿的。

师爷武旭东

唱过了堂会，我就可以上台了。刚开始演一些小角色，比如说监狱里的监子婆，或者一些丑角。接着又学了《双槐树》的《朱顺登哭灵》，第一次登台就是唱的这个戏。那个时候我连妆都不会化，是朱桂芬给我化的妆。我演的赵锦棠是被沈妈陷害，在外面讨饭，所以化了一个穷装。武家班的那些老艺人看了都笑，说"我们家里怎么收到这么丑的一个丫头"。

采访人：您学戏七天就登台，那时候会不会紧张？

武丽娟：不紧张，那时候也不晓得怕，反正我学了什么上台就唱。我的老师也都笑，说我怎么这么胆大。

而且我记性好，上台也不太出错，不止这样，我还要逮住别人的错。著名的反串老旦裴少华，他有一次在台上说"一见我儿，眼泪往上"，我就跟他开玩笑了："眼泪往上，你似乎头仰起来哭的？"他哈哈大笑。还有一次武筱凤在台上，演的角色是丈夫变了心，又被另一个人骗了生了孩子，后来知道自己被骗，心里恨啊，就要把这个小孩子摔死。她在台上说："我把小孩摔得粉粉碎。"我说你这个小孩是泥塑的？怎么还能摔碎了？我小时候好调皮的，他们都叫我滑头。

采访人：请您回忆一下当时在武家班的学艺经历。

武丽娟：那时候在南市的民乐剧场演出，晚戏散场以后，人家睡觉休息了，我不睡的，跑到马路上去练功、跑圆场、耍火球、耍剑。每天早上也是五六点钟就起来练功了，那时候我们的唱都是武旭东老爹爹教，但是练功老师都是京班的武行，所以我的武功全是京剧的。

那时候老师教唱是怎么教的？晚上，老师坐在躺椅上，我们大家都拿个小板凳围一圈坐在那里，老师唱一遍，然后就叫我们唱。我记忆力好，师傅唱一遍我就能会，他唱第二遍的时候我还能找出错来，"这一句你刚才不是这样唱的"。

练功的时候我也肯吃苦，有时候练得不好了师傅说打，我马上就趴在凳子上给他打屁股。

我还会偷戏。为什么叫偷戏呢？老师们都好忙的，哪里有空教你啊？老艺人们唱的时候，我就扒着门帘看，把他的唱、动作都记住了，然后自己琢磨，晚上就练。我们剧团里有很多老艺人，他们肚子里都是戏啊，我就会拿自己的零用钱去买东西给他们吃，然后他一边吃，我就坐在他边上让他教我戏。我会的那些老戏好多都是这么学来的。

我们那时候学艺好苦，早上没有早饭吃的，只有中午一顿、晚上一顿。我那时候就饿出胃病来了，经常一上台就胃疼。有的家属来看我们，就给一点零用钱，我姑妈、姑父有时候也会送一点零用钱给我，但是这个钱我不舍得吃，我要漂亮，都拿去买好看的鞋子什么的。还有一部分省下来干什么呢？谁跟我配戏，我就拿这个钱买东西给他们吃，这样他们在台上也会尽量给我配合好。我那时候小小年纪就晓得"贿赂"了，当然咯都是为了艺术。

采访人： 您和武筱凤老师合作了很多剧目？

武丽娟： 我从学徒的时候就跟她在一起了，那时候她已经挂牌，是剧团里的角儿了。我们一直合作到她进淮光淮剧团。

我这个人比较要强，和武筱凤在台前幕后也有好多小插曲。有一次我们两个演《杀子报》，有一场戏是我演的妈妈在说晚上要一刀杀掉自己的儿子，然后女儿在后面悄悄听到了这句话，要去把她兄弟放走。

那天正好两个人在后台斗气了,我在场上就故意没等她。回来以后师傅就讲我不对,怎么不等她呢? 我说是她在后面讲话,耽误了,是她的错。后来被师傅罚跪在台上,我虽然认罚,但是不承认错。我就是脾气比较犟,到现在也是这样子。

采访人:您后来担任了日升淮剧团的团长?

武丽娟:新中国成立以后不能叫"班"了,我们武旭东老师就给它改了名字,叫日升淮剧团,取自"旭日东升"。这个时候武筱凤身体已经不太好了,没有太多的精力来管这些,正好淮光淮剧团到各个剧团来抽调演员,所以武老师就让她去了淮光淮剧团,让才21岁的我担任了日升淮剧团的团长。

武旭东老师收我做学徒的时候已经六十多岁了,把剧团交到我手上的时候,他已经年纪很大,卧病在床上了。虽然说我前面还有好多"凤字辈"的,但他们大都离开上海,去了江苏一带,留在上海的也都老了,能当家、能挑起团长这个担子的只有我。

我们在沪西剧场演出,马路对面就是国棉十三厂,里面好多老工人,一到时间就要跑来看我的戏。听说有几个我的戏迷为了来看戏,班都不去上,最后把工作都搞丢了。

在沪西胶州路的剧场演了整整两年,两年的时间里都是客满,《赵五娘》《秦香莲》《牙痕记》好多老戏。还有后来演的《孟丽君》《郑巧娇》这些连台本戏,一个戏就要唱上半个多月。这两年里我带领我们剧团赚了好多钱,晚上散了戏,我就拿衣服把当天赚的钱一兜,也不知道有多少,就拿回来给我爱人清点,然后大家分账。

那时候剧团里除了演员,演员的家属、孙子孙女都跟在团里的,所以我手底下有近百个人要吃饭呐。那时候我虽然才21岁,但我能把这个剧团很好地运营、维持住,每天演什么戏都掌握得很好。我很为大家着想的,对老艺人特别关心,团里大家也都很拥护我、信任我,大家都一条心。

采访人：谈谈您跟周筱芳老师的合作吧。您跟他的第一次合作是在第三届上海市戏曲研究班？

武丽娟：当时在戏曲研究班，有好多大师来给我们讲课，梅兰芳先生、周信芳先生等大师都来给我们讲艺术课，还教我们唱啊什么的。好多剧种都凑在一起，大家互相交流、学习。我和周筱芳的第一次合作也是在这个时候，当时大家都很好胜，也没有剧本，互相交流比谁的肚子大、会的戏多，就随口唱了《金殿认子》。《金殿认子》后来到人民电台的录音房去唱的，还有方素珍等人。现在这批老艺人都不在了，周筱芳也没了，就剩了我这一个活宝。

后来参加华东会演，我又跟周筱芳演了《郭华买胭脂》。这个戏是戏曲学院的一个教授给我们做导演的，也得了奖。得了奖以后，当时上海市文化局的冯少白处长就看中了我们。冯少白原来是刘少奇的秘书，解放初期分到上海，他本人也是一个文学家，写过三个剧本——《红楼梦》《虎符》《岳飞》，他有一点私心，就想让我和周筱芳合作演这三个本子。

在《虎符》中饰茹姬

那时候周筱芳的姐夫张古山也来动员我，希望我能够和周筱芳合作。我当时也是为了艺术，为了周筱芳这样一个好搭档，还有《红楼梦》《虎符》这几出好戏，我就放弃了团长的身份，离开了我的剧团，加入精诚淮剧团，从此开始和周筱芳搭档演出。我离开日升淮剧团的时候，那些团员都吊着我的车哭啊，舍不得我走。《红楼梦》的林黛玉、《虎符》的如姬、《岳飞》的夫人，为了这几个角色，我离开了我多少年的战友们，好

《红楼梦》剧照(周筱芳和武丽娟)

在这三个剧本全都成功了。

这之后我们又合作了好多剧目,《赤道战鼓》《碧玉簪》《梁祝》《野火春风斗古城》《棉花姑娘》等,此后好多剧本都是根据当时的形势,什么形势我们就演什么戏,就是为党宣传。

采访人:您给我们详细介绍一下您的《红楼梦》和林黛玉吧。

武丽娟:《红楼梦》对于淮剧来说,可以说是把淮剧往上推了一层。首先,这个戏的作曲是音乐学院的,导演是戏剧学院的,艺术指导是昆剧"传字辈"的,这就把我们的淮剧在艺术上面推进了一步。另外,在化妆方面,我们这个戏不是用戏曲的化妆方式了,而是采用接近古代美人的那种淡妆,像画中人一样,这个全是戏剧学院的老师来给我们化的。

当然在唱腔上我们自己也动了好多脑子,比方说《黛玉焚稿》。黛玉在病榻上,她已经是快死的人了,应该说很绝望,但是听到宝玉那边要结婚的喜庆的声音,她还是关心那边的情况:"紫鹃,已经到什么时候了?"紫鹃说:"黄昏之时,姑娘该吃药了。""我乃一身病骨,无药可治了。"这段唱要怎么体现？我就要考虑到黛玉的个性，还有她的病况，她应该是气接不上来的那种感觉，但我同时还要把我的唱腔唱词清楚地送到观众耳朵里，每一个吐字应该要怎么样把握，哪个字要用劲哪个字不用劲，都很有讲究。我采取了淮剧唱腔中优美的部分，也有淮剧的小调在里头，但不全是传统的淮剧腔调，而是我武丽娟自己的武派唱腔。

这个戏演出的时候很轰动的，我们到江苏去演出，到处都是满座，轰动得不得了。

采访人：您和周筱芳老师还排演过《梁山伯与祝英台》？

武丽娟：因为这是个老戏，我们自己都很熟悉，都知道应该是怎么样的，所以这个戏的排练是很简单的，也没有用什么导演，就是大家商量、研究一下，再走几遍台，就差不多了。

我唱的《送兄》这一段，虽然说淮剧里本来就有"送兄调"，但我的送兄调是用我自己的唱法来表现的，和别人都不同。这个不同体现在哪里？就是我的吐字方式，我的吐字没有那么土，但还是能听出来是江淮戏。

我的唱法有一点不同，一般别人唱都是音在前，音裹字，但是在我的唱法中是以字为重，音在后面。我先把字送给你听，在这之后才是腔，这就是我的武派特点。为什么我要以字为重呢？如果是音裹字，观众先听到的是你的腔，听不清你唱的是什么东西，你唱了人家听不懂，那你就不是一个好演员。

采访人：刚才您提到了《红楼梦》《梁祝》里很多唱腔都是您自己琢磨的，能给我们讲讲您的创作过程吗？

武丽娟：我的创作过程很艰苦。我也没文化，也不会记谱，那怎么弄呢？就是反复琢磨，经常为了一句唱词，晚上睡觉前在研究，睡醒了又接着研究，哪怕几十遍，这一句唱腔我没满意，那都要重来。我真的整个心都沉迷在这个戏里，所以乘车也在唱，骑车也在唱，就自己不停地在琢磨。哪句唱腔我觉得满意了，就弄个小的录音机把这个唱腔录下来，再听，不满意再擦掉，就这样翻来覆去地改，改到自己满意了，我就把这个录音留下来。

比如说我15岁进门就学的《赵五娘》，这是一个淮剧传统戏，我演得多了以后呢，也会自己去研究，在我们武老师教给我的基础上去做一些变化。赵五娘上京寻夫的时候，怀抱琵琶一路卖唱，在庙里头碰到了牛桂香，这里有一段道情调，我的这个道情调没有脱离淮剧，但是和别人的都有所不同。再比如第二段，赵五娘的丈夫已经得中状元，招赘牛小姐了，赵五娘又和牛桂香结拜被她带进府来了，牛小姐叫赵五娘去书房里认人，看那个是不是她丈夫。我在这里就把淮剧优美的大红花调和老拉调放在了一起，底下数清板，李玉花他们都不是这样唱的。我会研究，这个角色在什么环境下，是什么样的心情，然后再去研究她的词、她的唱腔。艺术是个了不起的东西，好像无底洞，就看演员怎么研究。

采访人： 您还演过《白毛女》，那大概是什么时候？

武丽娟： 那时候我大概三十岁左右吧。白毛女就是新中国成立前受到地主压迫，反抗然后被害的一个小姑娘，逃到山里，后来变成一个白毛女从庙里头出来。戏里有很多武功的表演，我那时候翻啊、打呀，从山上滚下来，都有的。唱呢主要是她爸爸杨白劳去世的时候，我加了一段唱，把淮剧、歌剧的一些唱腔结合起来，这段唱弄得不错的，那个声音就像小姑娘一样的。

采访人： 您总结一下您的特点是什么？

武丽娟： 我最重点的角色是青衣花旦，这是我最在行的，其他其实不管什么角色我都能演，武旦、老旦、娃娃旦，包括扮男装，我都能演。

饰演阿庆嫂

唱腔方面,我的唱腔很优美,吐字清楚,有海派的风格。因为我生在上海,长在上海,我唱出来的口音没有阜宁、盐城、淮安的那种腔调,我的吐字虽然也是苏北话,但是带一些普通话的音,听起来没那么土。

武派的特点就是吐字清楚、唱腔优美,研究刻画剧中人物的共性,在什么环境唱什么东西。我继承了我们师父的特点,同时又再向前推进了一步。

采访人: 您在静安区戏曲学校做过老师?

武丽娟: 不是我去做老师,是我们每个剧团要收学员,收来了以后就在静安区那边借了一处房子。那时候我们是在志成淮剧团,还有戚雅仙剧团、评弹,有四家剧团收来的学员并在一起,借了这么个地方就把它当作戏校。

我们演什么戏就教他们什么戏,我记得我拿《乔老爷上轿》这个戏给他们上过课,还教他们小花脸,教他们演丫头。何益山教得比较多,我跟周筱芳是轮流去的,因为我们演出比较多。没办法,我们要赚钱养他们啊,这个戏校的学生都是我们这些老师唱戏赚来的钱养他们。

那时候我们苦啊,"三年自然灾害",我们自己都没饭吃,还要培养学生。没钱,周筱芳拿衣裳去典当,自己怕难为情,叫别人去当。

采访人: 接下来就是"文革"时期了,这期间的遭遇似乎和您后来没能进入上海淮剧团也有关?

武丽娟: 那时候"文艺黑线"的帽子已经戴上头了,志成淮剧团也没有了,我被分配到清管站看门房,一直待到1979年全国"文代会"。"文代会"回来要进淮剧团,后来也没进成,区里也不敢把我一直放在清管站,就调到了图书馆暂放,一放就放到现在。

为了进淮剧团的事,我还去北京上访呢。"文代会"的时候陈沂部长问哪个是武丽娟,然后跟我讲:"不要急啊,你回来就进淮剧团。"后来在上海开会,他也说:"不要急,马上给你落实。"但是再后来就没有音信了。

1979年参加北京全国"文代会"人员留影

去北京上访时,那时候我一个月工资才拿80块,从上海到北京火车票36块,我哪有钱啊,家里子女就有四个,都要吃饭的呀。那时候刚开完"文代会"回来,我带着我的代表证,买了5分钱的月台票就上了火车。还好也没有人查票,我就花5分钱乘到北京了。那时候火车站是军管的,一下火车全是解放军站在那,出站收票的也是解放军,那我只有5分钱的月台票,怎么出去啊?我又返回到月台上,东看西看,看到一个扳道夫背个包朝一个方向走,我就猜那边有路。反正我也没有行李,就随身一个小包,就跟着那个扳道夫后面慢悠悠地沿着铁路走,兜兜转转就走到小胡同然后上马路,就出来了。

到了外面就一路问,我说我要到中央文化部,乘什么车?人家给我指了路,我就一路找过去。到了中央文化部门口,也是解放军站岗,你要进去找谁,都要填单子的。我一看好像进不去,怎么办呢?正好下午一点半,人家吃好午饭来上班了,我就看到几个三四十岁的人,走走谈谈,走到门口跟门卫招招手,就进去了。我看这是一个机会啊!不久又来了第二拨人,我就夹在他们当中,招招手我也进去了。

进到里面,楼梯间碰到一个人,我问他冯少白老人家在哪里?他告诉我在八楼,我就找上去了。找到八楼,我把门一推,冯少白可能也午休刚起来,看到我就说:"哎呀,武丽娟你怎么来了?"我说我来是因为之前说好的事情没有落实,他叫我不要急,跟我约好第二天,有宣传部、文化部的领导来接待我,又问我北京有没有亲戚朋友。我说没有,他就给我开了一张介绍信,让我到国务院的招待所住一晚。我这个人很老实也很爽快,到招待所,服务员把我带到一个房间,我问住这里要多少钱。我没带什么钱。服务员说不用你给钱,哪个签名哪个给钱。那我想是冯少白给我签的名,他这么帮我忙,我怎么还能用他的钱呢?我就说我不住了,就走了。

上访专门有一个接待站的,我记得很清楚在北京崇文区,我就背着包去了崇文区的那个招待所。那里都是接待来上访的人的,条件很差,就一个炕。我就在那个炕上一晚上没睡,抱着我的包,怕被人偷。

第二天中午又到文化部,接待我的人说这个事情你反映了,领导都知道了,明天全国的局长正好都到北京来开会,我们会把这个情况跟你们上海的局长提一下。你在北京也没人认识,你就先回家。他就给了我一张火车票,让我回上海等消息。

最终这个事因为各种原因,也还是没能落实。你说我甘心吗?当然不甘心。但是我真的一生为了淮剧,生为淮剧人,死为淮剧鬼,哪怕再困难,我还是在研究唱,还是搞了这么多戏,为什么?我想在艺术上尽力,我要为淮剧留下点东西。

采访人: 您还去盐城排演过《沉香扇》?

武丽娟: 这是开完"文代会"之后,1980年。那时候"文化大革命"刚刚结束,盐城没有剧团,他们专程派人来邀请我,我就带着《沉香扇》去帮他们排,又要做导演,自己又要演,还跟他们一起研究一些唱腔。这个戏演出了以后,盐城县淮剧团马上就批下来了。

我上一次到盐城,他们淮剧团的团长说"我们一直想请你来"。我这么大年纪了,也不想离开上海,我的儿女也都很好,不希望我再劳累了。

采访人:您的华丽淮剧团是什么时候成立的?

武丽娟:应该是1993年吧,当时我就一心想把大家都召集起来,上海市文化局批准成立了华丽淮剧团。我们在美琪大戏院演出《赵五娘》,当时很轰动,《新民晚报》等媒体都来报道的。

在《沉香扇》中饰何玉英

后来我们还在中国剧场有一场向党献礼的演出,我演了黛玉,还有一些独角戏。其实周筱芳去世之后,我演的大多是独角戏,或者配戏的戏份很少的,才找人配一下。周筱芳的去世对我来说,也是艺术上的一大转折点。

采访人:华丽淮剧团成立不久,你就受邀到台湾去交流?

武丽娟:那时台湾和大陆的交通往来刚刚开始,来了好多台湾的老人来看我们华丽淮剧团的演出,这些老人都对武家班很熟,是我们武老先生的朋友。台湾有一个扬剧团,他们就想和我开展交流合作,邀请我到扬剧团去给他们讲课。

采访人:在淮剧的传承上,您也下了不少功夫。

武丽娟:我退休以后,也到大学里去给大学生们讲课,给他们介绍淮剧是怎么来到上海的,让他们更好地认识淮剧、理解淮剧。

淮剧传统有"九莲十三英",这里面有多少宝贝啊。

我们全部的心血都是为党付出,新中国成立的时候我才十六七岁,那时候我们的文艺就都是为党宣传,演过《白毛女》《刘胡兰》等好多戏,真的一生都是为了艺术。

我喜欢淮剧,喜欢唱,喜欢研究,脑子里全都是戏,在家里没事也唱唱。我把我收藏的与淮剧相关的好多东西都刻碟、出书。不只是我自己的,还有那些跟我同台演出的已故的老艺人们的资料,我全都收集、整理出来,瞒着子女自己花钱在弄这些东西,我觉得这就是一个人的信仰。

人总归都要走的,遗憾的就是艺术。现在我给自己尽可能留点东西,希望在淮剧以后的发展中,后人还能记得我们。

(采访:裘一婧　整理:陈家彦)

甘当绿叶扶红花
——郑贤峰口述

郑贤峰,1947年出生,国家一级演奏员。1960年进入上海市戏曲学校,1970年进入上海淮剧团工作。从事淮剧事业四十余年,先后参与了《海港》《杜鹃山》《桃林堡》《小刀会》《三女抢板》《牙痕记》《爱情的审判》《吴汉三杀》《血冤》《关公斩子》《李翠莲》《玉蜻蜓》《孔雀东南飞》《杨乃武与小白菜》《腊月雷》《血染白绫》《半边月》《双太子》《大动迁》《灰阑记》《八女投江》《马陵道》《十二寡妇征西》《西楚霸王》《千古韩非》等几十部剧目的创排、司鼓和指挥工作。

采访人:郑老师,请先给我们介绍一下您小时候的成长环境吧。您是如何与音乐结缘的?

郑贤峰:我生长在一个工人家庭,既不是什么书香门第,也不是什么梨园世家,我父亲是机床厂的八级钳工,母亲是纺织工人。我父亲那时候工资还算多的,但是家里小孩也多,兄弟姐妹七个,所以家庭环境也不算好,勉强能够达到温饱。

可能是因为我父亲比较喜欢看京剧、评弹、宁波滩簧等，在父亲的影响下，耳濡目染的，我小时候具备了一些音乐方面的天赋和特长。我记得大概是四年级左右，因为我家离学校比较近，有的同学去上课之前会到我家里来等我。有一次我还在吃饭，同学就拿了个笛子出来，一边吹笛子一边等我。我记得我妈妈就说我了："你只知道皮，看人家吹得多好，你怎么不会吹？"我说："我又没钱买笛子，你给我买一个笛子我照样能吹啊。"就在这样的激将法下，妈妈给了我五毛钱，我利用星期日到中百公司，花了几毛钱买了一根笛子，又花了一毛多买了一个笛膜。买了笛子以后自己回去摸索，三个月以后我就超过他们了。

采访人：您是自学的吗？

郑贤峰：知道Do、Re、Mi、Fa以后就自己摸索，三个月以后就吹了个全校第一名。后来大概是1960年的上半年，一起吹笛子的其中一个同学说："郑贤峰你知道吗，现在报纸上登了，上海市戏曲学校在招生。考取以后管吃管住，甚至还有零用钱，我们一起去考好吗？"我当时听了也蛮心动的，后来有一天我们四个人结伴，一起去考戏校了。我们四个人一起去考的，最后就录取了我一个。

采访人：当时考场的一些情况、考试的内容您还记得吗？

郑贤峰：考试的过程我到现在还印象很深。我本来认为我是考不取的，因为报名的考生人山人海，那真的是百里挑一、千里挑一。而且有些人在考场里拉二胡，或者吹笛子，都已经水平很好了。我前面说了，我吹笛子基本上是无师自通，只是涉及一点皮毛，并没有人教过，所以我以为我是考不取的。但是后来我倒录取了，开学以后，那些原本考试的时候我看到的拉得好的、弹得好的、吹得好的，反而都没有看到。我就觉得戏校的老师在选择学生的时候，不一定是看你现在掌握得有多好，可能更看重你在这方面有没有天赋。

采访人：当时主要考了些什么内容？

郑贤峰：考试的时候问你会什么乐器吗，我就吹了一段笛子。然后有一个老师拿一个棒子打节奏,他打一段然后让你学一下。还有一个就是考你的记忆力,一个桌子上放了几十样东西吧,用布遮住,老师打开让你看一眼,再蒙上,让你背,看你记得多少。我记得我还可以的,记住了一大半吧。

因为我们考的是音乐班,考试也不看你的嗓音条件,也不看你个人的形体怎么样,主要还是看你的音准和节奏。搞音乐的人最重要的就是这两点,具备了这两样,再加上脑子还可以的话,就具备了搞音乐的基本条件。演员的条件可能苛刻一点,要看长相怎么样,腿长有多少,特别是舞蹈演员,都是要用尺子量的,我们搞音乐的话就不需要这些。

说起来还有一个笑话。我是浙江宁波人,我考的那一年戏校只招淮剧音乐班,我势必只有这华山一条路,那就是考淮剧了。我还有一个邻居他是苏北人,我们那时候一起去考戏校的,但是他没考上,后来考取了越剧学馆。那就有意思了,我一个宁波人学了淮剧,他苏北人去学了越剧。更有意思的是我们双方的父母,大家都住在一个里弄里,我爸爸因为儿子学了淮剧,所以他就讲淮剧好,那个同学的妈妈呢也是因为儿子学的是越剧,所以就说越剧好。有一次他妈妈去看了越剧回来,在里弄里吹嘘:"我昨天看我儿子了,越剧唱得很好看。(苏北话)"我爸爸听了以后,要帮自己儿子说话,就说了:"什么东西啊,绍兴戏最难看了,咿呀咿呀的,江淮戏好看多了。(宁波话)"然后两个人就争起来了,他们之所以争呢都是为了儿子争,都忘了自己的祖宗了,这就闹了笑话。

刚进戏校的时候,家里的亲眷因为都是宁波人,多少有点想法,觉得我怎么去学淮剧了,怎么不学越剧或者京剧?但是真的学了以后,就觉得淮剧的音乐很优美,它的曲调是由淮调、拉调、自由调这三大调组成的,是整个戏里面的骨架,但是除此之外还有几百首小调,都挺好听的,所以真的接触了以后我觉得我挺爱淮剧的。

采访人: 进入戏校以后,当时的学习、生活是怎样的呢?

郑贤峰: 我记得是五年级念完去的戏校,小学还没有毕业,在戏校学了六年,也就是虚岁14岁进去,一直读到20岁。学艺的过程应该说是比较枯燥的,甚至是单调,也蛮苦的。特别是我记得那个时候受到社会条件的影响,1960年进学校的第一年还可以,到第二年也就是1961年由于"三年自然灾害"的影响,我们戏校也受到波及。那个时候我们这些学生都是长身体的时候,伙食都是定量的,我的定量是一个月35斤,还算比较高的。因为我那时候练打击乐、吹管乐,二胡也学了一年了,有些搞弦乐的同学一个月才32斤。菜呢一顿荤一顿素,所谓的一顿荤就比如说中午菜里面加两块带鱼就是一顿荤了。

我记得我们排戏的时候,戏曲乐器里面有一个乐器叫特大锣,很大的一个,挂起来的。我们有时候开玩笑说这个大锣如果是个饼的话,一天吃得掉吗?有的人说这个太大了吃不下的,有的人说自己分几顿能把它吃掉。这就说明当时大家都饿。

我有的时候,比如早晨有两个馒头,我吃一个,省下来一个馒头给谁呢?给那些演员。演员要练功的,饭量更大。我每天省一个馒头给他,然后到星期天放假回家的时候,学校会给你一斤粮票带回去的,他们吃了我的馒头那就这个时候给我一斤粮票,所以我相当于每个星期都能多带一斤粮票回去补贴家用。我家里兄弟姊妹七个嘛,我排行老二,下面还有五个,家里负担也蛮大的。

还有一点印象,当时三个班,我们淮剧班可能工人家庭出身的人比较多,相对来说生活条件差得多。而京剧班、昆曲班的学生他们相对条件好一些,好多人的父母都是吃戏曲这碗饭的,也有一些父母是票友,把孩子送来学戏,家境一般比较好。我们淮剧班的学生蛮可怜的,有些人大冬天睡觉,下面垫的褥子都没有的,就一双鞋子、一条被子,而且这样情况的人还不少。

当然了,那时候生活上比较苦,练功也很苦。我们流行一句话,叫作"夏练三伏,冬练三九",大冬天腊月里也要练。那时候也谈不上有什么出人头地的思想,就觉得既然要干就要把它干好,大家对自己都是有些要求的。

学校的师资方面,现在戏校的各方面条件都很好了,我们那个时候就稍微差一点。教我打鼓的是王士广老师,来学校教学的时候已经将近六十岁了。这些老师都是旧社会的老艺人,文化水平比较差,识字不多,系统的、理论的教学比较困难,所以主要是通过口传心授的方式。音乐理论知识方面,我们有两个音乐老师,一个叫吴明远,是我们的班主任,他当时好像是音乐家协会的成员,还有一个叫陈勇的女老师,是副班主任。这两个老师负责教了我们一年,我们刚进戏校的时候,第一年就一个音乐班,昆音组、京音组、淮音组都是合在一起的,一年以后才分开,我们原来淮音组的就进入淮剧班。

采访人: 当时戏校的课程设置是什么样的?

郑贤峰: 一般来说上午都是业务课。乐队里面分吹、拉、弹、打,第一年是大家一起的,我们当时一共15个人,打击乐每个人都要学,基本功从小锣开始。一年以后,老师也通过观察,根据每个人的情况、素质,再细分,挑了三个学生学打司鼓,我也是其中之一。学了打鼓的话以后就是要承担主要责任了。

上午有时候也给一个小时练功。练什么呢?很简单,当时条件也差,比如打鼓,不是每个人都有一个班鼓的,我们就用木头凳子,上面弄一块皮,放一点棉花,钉子一钉,就可以练鼓了。敲大锣的呢?就拿一块板,其实就是打木头啦。就这样练功,全部都是敲敲打打的声音,吵得不得了。俗话说的"夏练三伏,冬练三九",

1965年于上海市戏曲学校宿舍花园中

这个倒是不要人教的,有些更加自觉一点的,而且精神力强一点的同学,天还没亮他就偷偷爬起来去练功了。

下午一般就是文化课了,语文、数学、政治、地理、历史这些都是要学的。蛮好笑的,我到现在还在想,当时戏校为什么不设外语课。我觉得凭我在方言方面的能力,如果学外语的话我肯定可以的。除此之外,还有植物课、生理卫生课,数学课也有的。但是应该承认,进了戏校以后,文化课是副课,业务课才是我们的主课,大家主要的精力都放在业务课上面了。

当然这也看人,像我的话从小就喜欢看书,把眼睛都看坏了,十几岁就戴眼镜了。我自认为在文学方面还稍微有点积累,其他比如数学我可能连小学生都不如,但是文学方面我可以达到大家的水平,这个应该说和我从小喜欢看书有关。

采访人:在戏校学习的六年里,应该也排了不少戏吧?

郑贤峰:我们可能是命运多舛,才学了三年,学了一些基本功、皮毛的东西,就开始批判所谓的"十七年文艺资反路线",批判帝王将相、才子佳人。从1964年开始就一刀切了,任何古装戏都不排了,这也导致我们传统的东西相对来说看的少了,学的也少了。因为我们是六年制的学制,还有三年要学,就开始排现代戏。但是原来那些老师哪演过什么现代戏?所以他们也没有什么可以教的了。

我记得有一度青黄不接的时候,我们排什么戏呢?去学昆曲。昆曲有一个当时很红的戏——《琼花》,就是《红色娘子军》,那是很好的一个戏。我们实在没戏排了,就去学了昆曲的《琼花》。还有一个《师生之间》,是讲老师怎么教育学生的,当时还上北京调演的。从某种意义上来说,在戏校的后面几年有一点荒废。

我们搞乐器的还好,还可以练功。比如我,我承认我有一个缺点是学东西比较杂,除了打板鼓司鼓之外,笛子是之前自学的,还学了一年二胡、唢呐。而且后来搞现代戏,乐队要更加丰富了,要吹笙,也没有人教,就自己 Do、Re、Mi、Fa、So 知道以后慢慢摸索。

在戏校那么多年下来,自己也觉得党和人民是花了大量的精力来培养我们的。听说当时国家在我们身上的开支,一个人一学期要将近一千块钱了,要知道我爸爸八级钳工当时工资也只有一百多块一个月。我们在学校里吃是国家管的,演员还有练功服,我们乐队就没有了。社会上那个时候正值"三年困难时期",生活都很苦的,上海人连猪吃的豆腐渣还要凭豆制品票去买的,但是我们在学校里条件比起外面要好得多了,每个月三十几斤粮,每天一顿荤一顿素,早晨两个馒头一碗粥。

采访人: 从戏校毕业以后您直接就进入上海淮剧团了吗?

郑贤峰: 我们是1966年6月毕业,8月"文化大革命"就在全国铺天盖地地开始了,学校领导也没有了,都乱了。我记得大概是1967年,以后来的文化局局长马博敏为首,带了一支毛泽东思想宣传队,就是京剧班、昆剧班、淮剧班的这些人,搞了好多舞蹈、歌曲,包括样板戏的片段,比如《沙家浜》里面的《智斗》、《红灯记》里面的《饯别》等片段,到河南去慰问演出,主要对象是中国人民解放军第20军。去了整整一个月,跑了大概五个城市,受到热烈欢迎,我到现在印象还很深。

再后来呢,那个时候讲究成分,因为我爸爸妈妈都是工人,在当时算成分很好的,所以工宣队、军宣队进驻以后,像我们这些人就调出来去全国各地搞外调,这个工作我大概搞了一年多。天地良心,我从来不是以把某个人查出是反革命为荣,都是实事求是地来。

后来到1970年之后,开始略微走向正轨了,上海淮剧团也开始演出了。由于之前荒废了五六年的时间,所以恢复演出以后演员也不够、乐队也不够,需要大量的人员补充进去,1970年7月,我就进入了淮剧团。

采访人: 进入淮剧团以后,起初还是搞样板戏吗?

郑贤峰: 我记得刚到淮剧团就移植了革命样板戏《海港》,整个戏的形式、框架都是和样板戏一模一样的,唯一的区别就是唱腔是用淮剧的唱腔，另外念白的部分，我们是用苏北话。除此之外还搞了一些如《一副保险带》《六月红》《拣煤渣》这样的小戏，当时基本上一两年就要到北京去搞调研、会演。

一直到大概1973年、1974年，样板戏《杜鹃山》出来了。这个戏当时红遍了大江南北，抱着客观的态度应该承认，这个戏从艺术角度确实是不错的，到现在有时候还在演，属于千锤百炼的精品。

那时候全国各地的剧团都涌到北京，我也有幸跟着淮剧团的一部分人到北京去学习《杜鹃山》，我记得当时是副团长吕君樵带队，在北京学了大概十天不到。紧接着就接到了一个紧急任务，上海急需要搞一批戏到北京会演，临时把我和几个主要演员从北京调回上海。这也是我生平第一次坐飞机，那时候坐飞机还要到文化部去打证明，很激动。赶回上海排节目，差不多半个月以后节目排好了，又再回到北京去参加会演。《杜鹃山》这个戏我们淮剧团演出很成功，演得很好，也很轰动。这个戏里面有好多武功的东西，淮剧因为能文能武，所以能够很好地承担下来。

采访人：淮剧的《杜鹃山》，它的鼓点和京剧也是一样的吗？

郑贤峰：淮剧和京剧在新中国成立前有一段叫作京淮不分家，它们是同台演出的。比如说今天晚上五个戏，其中三个是淮剧，两个是京剧，有时候可能ศ场还放在一起。京剧的点子，特别是武戏方面的点子，淮剧和它是一样的。像我们平时打一个武戏，那就完全是京剧的点子，在这个基础上，在淮剧的文戏里再融入一些有淮剧特色的锣鼓点子。

采访人：您进入淮剧团以后，有没有在团内担任什么职务？

郑贤峰：承蒙领导器重，在乐队里我担任过乐队长；后来搞演出的时候出去五六十个人，我担任过艺委会艺员、演出队长；在支部里我是组织委员，基本上就担任这些职务。

我们有一个老团长曾经想培养我接他的班，我说我不行，第一个是学历不行，第二个是能力不行，第三个呢身体也不行，我生过大毛病的，而且我主要还是想在业务上多发展。

我这一生其他还蛮顺的,但是1981年我生了一场大病,差点要了我的命。其实1979年的时候,我们去苏北巡回演出,那时候在苏北我就被检查出来白血球两万多,一查是阑尾炎,当时在苏北开的刀。可能当时医疗条件比较差或是其他什么原因,反正开的时候就说我这个盲肠拿下来又黑又大,其实从后来的情况来看,当时的手术如果做得彻底一点,可能也就没有后来的事了。但是当时的手术只是照一般情况处理的,结果两年以后,还是这个部位,生了很大一个瘤子出来。

我记得那时候还不像现在可以自己选医院,那时候是有对口的医院的,我们对口的那个医院在大世界附近,很小的,叫红光医院。当时有一个老医生,他一看我的情况,马上要开住院单叫我住院。我说:"不行啊,我单位里还有工作,还有演出任务的啊。"他说:"管你咯,现在就算是市领导来我也要叫你住院的,你这个毛病一定要查的。"但是我没有听他的,当时我身上有什么任务呢?我们排了一个新戏叫《爱情的审判》,这个戏排得很成功,中央文化部也知道的,要把这个戏进行录像然后拿到北京去审查。录像那天是在上钢三厂,演出是我太太陪着我去的。那时候我感觉阑尾的这个地方已经越来越胀,走路也有点困难了。而且我记得那天还正好是倾盆大雨,录像结束,我等于是站好最后一班岗,第二天就进医院了。

讲到这里要感谢我们领导了,可能当时单位里领导也比较器重我,知道我的情况后领导就说了,"红光医院可能不行,你自己选一个医院吧,涉及医药费报销的问题我会给你解决的"。因为当时我家住在华山路长乐路这里,我就选了华山医院,比较近。真是亏了华山医院救了我一命啊,不然恐怕今天我也不会坐在这里了,那真的是致命的毛病,叫盲肠溃疡型未分化腺癌。我切除了11个淋巴,开刀的时候肚子里腹水有500毫升。这种症状在这个毛病里起码是中晚期了,分界线就是看淋巴有没有转移,我有两个淋巴已经转移了。所以当时有些医生,说我还能活三个月的也有，说我还能活半年的也有，说能活过一年的就很少了。所以后来有一次蛮有意思的，我记得是差不多一年以后，我们乐队以前的老队长在单位里看到我，说："郑贤峰啊，那个医生胡说八道嘛，说你一年里面就要走掉的，现在一年多了你还是那么神气。"

这一关被我闯过了以后，后来也吃中药、练气功，每天到公园里去跑步。练气功是跟着北京来的一个老师，他也是干我们这一行的，是个舞蹈演员，他和我说的话我到现在还记得："我们这些人，马克思如果让我们活三年，我们就开开心心、痛痛快快地活三年，不要愁眉苦脸地活三年。"这个话说得很对，如果你思想上想不开，成天把这个包袱堵在心里排解不了的话，那会恶性循环的。所以不要多想，该怎么样就怎么样，每天到公园里嘻嘻哈哈的，精神状态好了，整个人感觉都很好。

组织上当时很关心我的，生了这个毛病家里经济上的困难肯定有，那时候工资又不高，肯定有压力的，单位里给过我一次补助。领导的关心、同志们的关心，也是对我很大的一个鼓励。我个人是这样想，国家培养我也不容易，在戏校学了整整六年，我这个人也蛮努力的，在生这一场大病以前我在工作上真是干得不错，领导评价我的工作成绩是很大的。我参与的好多戏，比如《爱情的审判》《牙痕记》《三女抢板》《吴汉三杀》，都是我们剧团里面的重点戏。所以突然一下子生病，对我个人来说是一个极大的损失，对单位来说也是受到影响的。毕竟那时候我正好三十多岁，已经开始成熟了，是正当用的时候，不像刚刚毕业的人，还需要有一个学习、磨合的过程。

采访人：那您康复以后，很快又投入到淮剧团的工作中了吗？

郑贤峰：承蒙领导的关心，承蒙同志们的爱护，也亏得我太太对我无微不至的照顾，我安心养病，脱离工作整整两年。两年以后，1983年吧，那时候社会上兴起搞承包，农村、工厂企业里面都搞承包，淮剧团觉得不妨试试吧，先搞了一个小承包，然后又开始搞大承包。

我有一个要好的师兄弟，他是演员出身，后来因为个子长得太高,一米八几,在台上没有女旦角和他配戏了,所以他后来也学过导演,到戏剧学院进修过。他几次邀请我和几个志同道合的人一起搞承包队伍,我那时候身体已经养得蛮好了,自己也觉得再这么躺下去,可能没病也要弄出点什么毛病来了,所以就复出开始搞承包队伍。当时淮剧团搞了三个队伍,互相之间也有竞争的,最后是我们这个队搞得最好。

那时候苦啊,你要想有一定的经济效益,就要有足够的演出,还要有足够的观众。在苏北那个地方,县城又不大,为了吸引更多的观众,只能跑到乡里面、镇里面去演出。有些乡、镇没有自来水,或者没电,演出的时候常常演到一半断电了,大家就等着,电来了再继续演。苏北的观众有一点好,也可能是那个时候大家的文艺生活实在太贫乏了,那些农村里的人可以跑十几里地过来看戏,演到一半断电了他们也不吵,也不嚷,大家就安安静静地等,过十几分钟、半个小时电来了就继续。有时候等半天电也不来,没办法,就到处去借汽油灯,八盏汽油灯往台口一放,把一场戏对付着演完。

1979年摄于盐城某乡镇慰问演出

除了演出条件差,有些地方连自来水都没有,怎么办呢?就喝井水。这个井水不知道你们喝过没有,喝一次两次、一天两天,你觉得井水蛮好喝的,还有点甘甜。但是喝十天半个月以后就不行了,因为井水里面有碱的成分,矿物质太多,喝得多了以后你吃东西就不消化了,胃口也变差了。有时候就到大运河里去拎一桶水,弄点明矾掺进去净化一下,再喝。虽然日子很艰苦,但是看到那些来看戏的农民围着你,买不到票就站在那里看,心里也挺感动的。

我们最厉害的时候一天要演三场,以前一场戏都是三个小时出头啊,上午九点一场,演到十二点多吃饭,稍微休息一下两点钟开始第二场,演到五点多吃晚饭,然后晚上七点马上就是第三场,一直要演到晚上十点多,像放电影一样。那时候一方面是冲着经济效益好,另一方面也是冲着那些来看戏的农民,他们这么欢迎我们,心里就觉得哪怕再苦再累,还是值得的。

采访人:郑老师,我们接下来具体聊聊您的作品。您个人最满意的是哪一部作品,和我们分享一下吧。

郑贤峰:从打击乐方面,我想着重谈谈《马陵道》这个戏。应该说在这个戏上面我动了不少心思,甚至夸张一点说可以用殚精竭虑来形容。

《马陵道》这个戏碰上了一个好导演,叫陈薪伊,她是搞戏曲出身的,大我几岁,他给我提了要求:"小郑,我们这次可不可以不要开幕曲,连幕间曲都不要?"二十几年来,我们凡是搞大戏,上来都是奏一下先开幕曲,然后每场戏结束了再有一段奏乐作为切换。导演这个要求一提,我倒是受到了启发,在这个戏里面有很多创新的设计。

首先我要强调一点,我的工作属于二度创作,起的作用就是帮助导演、编剧、作曲,以他们的一度创作为基础进行完善,使它更丰满,更符合导演的要求,甚至更好的话能让他出乎意料。一个好的鼓师不只是打鼓,还要协助导演,打鼓老师经常被称为半个导演,所以如果你起不到这个作用，没有内涵、没有自己的思想，就不是一个称职的鼓师。

回到《马陵道》这个戏，我想讲两个例子。

一个是乐器。这个戏里，我们的乐队除了两个吹的，其他全部是打击乐。吹的是什么乐器呢？我们戏曲里面有一种长喇叭，管子很长，要用一个长方凳子架起来的，叫作召军，就是召集军队的。因为《马陵道》讲的是孙膑和庞涓斗智，描写的是战争，所以我用了两根召军，一个

1985年摄于剧团四楼排练厅

东一个西，除此之外全部都是打击乐。召军一吹，然后就是排鼓，代表战场上的战鼓。一通鼓的时候高音鼓先擂，二通鼓的时候低音鼓再打，然后三通鼓就是两种鼓一起来。三通鼓打完，前面的铺垫就算完成了，接下来整个乐队大的小的各种打击乐就全部都出来了。我们这个戏里的设计，使用不同的鼓点来代表正反两方，两种鼓点的交错就代表了战场上双方你来我往的打斗。

在演奏的过程中，导演想了个点子。我们的舞台是升降台，一开始吹奏的时候舞台开始上升，整个乐队都出现在舞台上，观众看不到台上的演员了，就看乐队演奏，一直看演奏到高潮，然后舞台再降下去，换演员在台面上，这样就把整个气氛烘托得很热烈。

再举一个例子，是有一场戏我设计了一段用打击乐去体现剧情的切换。这一段根据导演的要求，有将近一分钟的时间给他做舞台的切换，那我就需要用打击乐来连接这前后两场。连接的是什么呢？就是

孙膑到了魏国以后，他的师兄弟庞涓因为嫉妒他的才能，就在魏王面前讲孙膑的坏话。孙膑因为在魏国不受重视，所以有点想要离开的意思。春秋战国时候都是这样的，这个人才能够为我所用的我就用，不能为我所用的我要排除，甚至是杀掉。所以孙膑表态想要离开的时候，魏王就在考虑要不要杀孙膑。我们要进入的一场戏就是一个晚上，魏王倚在一把椅子上，在考虑这个问题。

我要怎么用打击乐来体现这个晚上，过了一更又一更这样一种时间的流逝呢？我感觉我们传统的戏曲锣鼓好像达不到这样的情绪，然后又想到以前看的川剧，川剧里面的锣鼓有点这个风格的，就想到要借用一下。所以最终的呈现是用细小的鼓点来表现时间一点一点过去，然后用风锣比较浑厚的"乓"的一声来代表一更，然后再重复，第二声风锣就表示到了二更，第三声是三更。这样三更过后，正好幕布拉开，魏王坐在那里叹了一口气，然后是他的一段唱，抒发他当时"又想用孙膑，但是孙膑又不为我所用，我该对他怎么办？"这样一种心情。

所以在《马陵道》里面我破格使用了很多的鼓点、打击乐来烘托气氛、人物的心情，当然除了上面讲到的两点，这个戏里面我还有很多其他的处理就不一一举例了。可以说我们的先生们、前辈们没有这样用过，是一种创新。

采访人：淮剧团在1993年创作了《金龙与蜉蝣》，后来又陆续创作了《西楚霸王》《千古韩非》，被合称为"都市新淮剧"三部曲。您给我们讲讲这三部戏吧。

郑贤峰：都市新淮剧是那个时候我们的团长宦子庆和编剧罗怀臻两人经商量了以后，觉得淮剧团十几二十年演下来了，时代在进步、在发展，那么淮剧团也应该要向前跨一大步了，所以就推出了都市新淮剧《金龙与蜉蝣》。

要说有一点小遗憾的话，《金龙与蜉蝣》这个戏不是我指挥和打鼓的。什么原因造成的呢？说明我的思想不够超前。那个时候我打的戏太多了，而且我们这个行当主要演员往往都要请老的、熟悉的人来打，我有点忙不过来。正好那时候有一个从戏校分过来的小青年叫马勤，他当时空着，所以来找我参加《金龙与蜉蝣》的时候我就说"马勤空在那里，让他排，让他打吧"，就这样我就没有在这个戏里面担任打鼓，后来想不到这个戏那么成功。

既然我漏掉了一，那就不能漏掉二和三了，"都市新淮剧"三部曲，后面两台我都担任了司鼓、指挥。

《西楚霸王》是1999年排的，也是罗怀臻的剧本。项羽这个人物嗜杀成性，打败秦朝的时候，活埋了秦军二十万人，从这些地方，他应该说是个反面人物，太残暴了。但是他也有妇人之爱，士兵受伤了，他会去帮他包扎，士兵生病了，他可以去喂汤喂饭。到最后和刘邦相争，他的很多举动又确实不得人心，杀人太多，又没有真正雄霸天下的大志。

罗怀臻写这个戏，一个是还原这段历史，二就是重新塑造项羽这个人物的形象。我们的印象当中，项羽是个起码五十岁左右的老头子，以前古装戏里面的项羽都是胡子很长的形象，其实项羽死的时候才三十几岁。项羽其实是一个悲剧人物，他有值得赞叹的一面，也有可恨的一面。作为历史上的一个大人物，我们后人怎么去评价他都可以，但是我们要把这个戏塑造出来，就不能按照以前的方法来了，而是要从大英雄的角度去塑造这个人物。

谈谈我自己，我这个人搞戏有一个特点，我觉得我们搞短剧也好，搞大戏也好，首先要继承传统，传统就是一棵树的根，是一个泉水的源，不继承传统的话，那你就是无根之木、无源之水，是不行的。所以我们首先要掌握传统、继承传统，在传统的基础上，随着时代的发展，随着舞台的变化，去塑造人物。现在塑造人物不是像以前那样程式化，而是人物化的，甚至带点话剧的塑造方法，把话剧、戏曲、人物内心结合在一起然后体现出来。这样如果完全用以前的打击乐来体现，就很难，完全牛头不对马嘴，所以就势必要求你在这方面要有创新、有发展，要有你自己的想法。

先举几个《西楚霸王》里的小例子。

项羽出场，第一次亮相。戏曲里面有一个叫放铙，这个以前都是用音乐，比如以前关公出场，就是在钹打的声音里出场，然后眼睛一瞪。我不这样，要再加强一下。项羽出场了，铙钹照打，然后再设计一个大镲，这个大镲两个人一起来，一下子跳出最强音，观众都被一震。

韩信在项羽那里待不下去了，来投奔刘邦。刘邦听了萧何的话以后，拜韩信为大将，让他率领二十万人马去攻打楚国。韩信出场以后有一个过门，他要上到点将台上去拜将。在这个特定的场景下，韩信从原本的不受重用到现在登台拜将，他有一种春风得意的劲儿，所以我就在这段过门音乐里加了打击乐进去，去点燃这个气氛。

项羽在遭遇十面埋伏的时候，他已经是困兽犹斗，没有法子了。但是这一天，他最心爱的虞姬跑掉了，他心里急死了，和项伯两个人在夜半的时候有一段对话，"虞姬到哪里去了？她可能会去哪里？怎么到现在还不回来？她会不会背叛我？"这场戏整个舞台上就这么几句话，又不好过分表演，两个人是悄悄地在对话，那要用什么来体现这个场景呢？我想了想，如果弄一段抒情的音乐呢，没有多大味道，也不新奇。我就想到了沙球，用沙球摇的时候"唰唰唰"的声音来表现时间一分一秒地在过去。同时这个时候台上的两个人心情是比较乱的，所以我又加了点排鼓进去，来营造这个氛围。这些手法应该说是整个戏曲界没人用过的，是我自己创新的一部分，在这个戏里面效果也很好。

再讲《千古韩非》，这个戏主要是体现韩非的哲学思想。韩非在治军、经济各方面都是个人才，他满腹经纶，但是在自己的祖国得不到施展，而秦王嬴政能够赏识他，并且花了很大的代价把他从韩国请到秦国，和他谈论治国方略。但是最后他脱离不了当时特定的历史环境，他想要自己的满腹才华可以得到施展的话，就要帮秦王去灭掉韩国，但是他又不忍心，想要忠于自己的祖国，这样一来秦王就容不下他了，既然不能为我所用，就只能除掉你。最后秦王借助韩非的师兄李斯，给韩非喝了毒酒，一代法家之集大成者就这么被毒死了，在历史上留下很大的一个遗憾。

这个戏还参加了全国的会演，也得了一些奖。我在这个戏里，在淮剧传统的大悲调里面运用了一些锣鼓点子，也是破格用的。但是可能此类的戏搞得多了，这部戏就没有像前面两个戏那么轰动。

采访人：郑老师，前面你举了很多例子介绍您在创作中的改革创新，请问是什么原因促使您不断去进行这些探索的呢？

郑贤峰：一方面呢，时代在发展，它的要求就和以前不一样了。以前一个乐队五六个人、七八个人就可以了，后来我们最辉煌的时候，就是搞样板戏的时候，乐队有四十多个人，而且中西结合，提琴就有"四三二一一"——四把一提、三把二提、两把中提、一把大提、一把贝斯，然后还有两个双管、两个喇叭……

还有一个问题就是，我们现在打鼓不仅仅是打鼓，还有一个很重要的任务，就是要做好乐队的指挥。指挥有两种，一种叫有声指挥，一种叫无声指挥。比如我从有声指挥过渡到无声指挥，也是有一个过程的，因为我们在戏校没有学过无声指挥。搞样板戏的时候乐队人多，是有专门的指挥的，到一九七几年以后，像上海民族乐团等一批剧团都要恢复了，原来从这些单位到我们淮剧团来的人就都要回去了，这样一来指挥也没有了，那就只能靠自己。刚开始是有一点手足无措的，但是以前他们在指挥的时候，我们作为有心人，也在模仿，在偷偷地学习。而且客观条件硬把你往指挥的任务上推了，那我就必须要担起这个责任。应该说我在指挥上还是可以的，很有激情。

在锣鼓点上面为什么要不断地变化呢？就是形式发展的需要。现在排戏和五十年前又不一样了，实际上每隔十年它的要求都不一样。导演也在变，他的要求不同，势必就迫使你作出相应的改变。如果全部按照传统的方式来打，那就太陈旧了。有时候为了加强语气，你可以配点大鼓什么的，音量更大、更震撼，为什么不呢？

包括锣鼓点子的改革变化，这个应该说是从样板戏开始的，样板戏在锣鼓上面的改革对我来说是很有启发的。那时候我们学样板戏，除了唱腔不一样其他都是一样的，包括动作也是一招一式学下来的。那么我们打鼓呢，从头到尾，一锤、一个音、一记锣和样板戏也是完全一样的，等于照猫画虎照搬下来，然后再消化。这样也有好处，就是帮我们打开了视角。在这个模仿的过程中，因为有了这么一个基础，先是借用，累积到一定的程度就开始有自己的想法和构思了，那就可以开始创作了。导演如果提一个要求，有时候我不可能马上有解决方案，都是回去想。我觉得有好多次，都是躺在床上睡得迷迷糊糊的时候，好像朦胧当中蛮容易想出点子来的。还有就是坐车的时候，坐车回家，在后排一坐，眼睛一闭，容易出灵感。

前面就讲到，我的工作属于二度创作，我们是绿叶，要扶持红花。导演有什么方法，或者演员有什么要求，在这个基础上，我要有创意地达到他们的要求，让他们拍手叫绝，就行了。我们的创作还带有一点被动性，锣鼓的安排都是要为戏服务、为人物服务、为剧情服务的。

采访人：您和那么多演员合作过，与不同的艺术家合作有什么不同的感受吗？

郑贤峰：每个人的风格都不一样。比如马秀英老师，她这个人唱戏和她脾气差不多的，比较冲。筱文艳老师脾气好，有点像老奶奶那样的，从来不会板着脸来批评你。筱文艳老师是我们淮剧界泰斗级的人物，她最大的贡献就是创作了淮剧的一大调——自由调，这是筱文艳老师和拉胡琴的潘凤岭老师一起创作出来的。以前淮剧没有自由调，自从有了自由调以后，可以不受很多条条框框的约束了，就可以自由地唱了。在淮剧当中，自由调的出现是一个很大的飞跃和革新。还有何叫天老师，他的老生功底那叫一个好，而且何老师这个人特别聪明。

采访人： 我知道您和马秀英老师关系特别好。

郑贤峰： 马秀英老师比我大19岁，我们两个是忘年之交，她心中有我，我心中有她。首先是艺术上，在我成熟之后，马老师唱的戏都是我打鼓，我跟她合作了很多戏。另外，我们两个性情、脾气比较相投，都是比较急性子一点的，对剧团事务观点也比较容易相同，共同语言很多。

她是大演员，还比较想得到我，特别是到外地去会演，张三李四请客不断，她每一次总是想得到我，说"小郑啊，你跟我走"，我总是沾她很多光。当然我也知道回报她，她退休以后，偶尔淮剧团请她回来，那时候我还没退休，只要她来都是我招待她；平时她有点头疼脑热我总是要去看望她的。我们两个人，母子情分谈不上，因为她也就比我大十八九岁，但是我们是真正的忘年之交，她有什么心里话都和我说，我有什么看法也都跟她谈。

马老师在淮剧观众中影响是非常大的，她的唱腔风格和她人一样，是喷口音，掷地有声的那种感觉，淮剧观众就喜欢这个。

采访人： 郑老师，您也提到每一个演员的风格不同，演唱方式也不一样，您的这个鼓是怎么配合他们不同的演唱方式的呢？

郑贤峰： 这个稍微注意一点就可以了。有一些演员节奏比较冲的，你打鼓速度可以加快一点；有些演员不喜欢温吞水的唱法的，你可以给他加得猛一点；有一些演员呢，他的唱总是比乐队要拖后一点，这些演员你就可以适当照顾一下。打鼓是乐队的总指挥，也是现场的总指挥，演员唱的节奏快慢都在打鼓手上。我们和演员排练、演出下来也会交流的："郑老师，今天快了一点，明天好慢一点吗？"或者"今天慢了，郑老师能够快一点吗？"到了台下都可以商量。

比如说梁伟平，他的戏基本上都是我打的。梁伟平唱戏绝对聪明，跟他合作，他就怕慢，有的时候要和他探讨的，"你这个太快了，不符合这个人物"。有时候，该是什么样的强弱，该是什么味道，在台下我们要探讨的，不全是以演员为主的，一起商量好以后，再到舞台上去呈现。

真正到了台上，乐队就要照顾演员，不能演员已经慢了，乐队还在那自顾自地，要去凑演员的节奏。不能忘记我们的身份是绿叶，绿叶还是要烘托红花的，我们是为戏服务、为人物服务的。

采访人： 在乐队里面，打鼓和主胡的分工合作是怎么样的？

郑贤峰： 主胡和打鼓可以说是左右手，也可以说是鱼和水。有一个比喻不知道是不是恰当，打鼓和主胡就是董事长和总经理的区别，决策权在董事长手上，一个戏的节奏快慢都掌握在我的手上，这一段要加强了，气氛要上去了，那也是在我的手上。

淮剧和其他剧种不太一样的一点，就是文戏武打。淮剧的风格是粗犷的，最怕的就是温吞水，没有亮点、没有高潮、没有起伏、强弱不分明的，观众听了要打瞌睡的。淮剧讲究强的时候要强，弱的时候要弱，抒情的时候要抒情。淮剧还有一大特点，其他剧种好像不大有的，叫作叠板，也就是连环句，一个音一个字，那必定是观众叫好的。

采访人： 您演出了这么多剧目，最满意的是哪部？

郑贤峰： 从打击乐的角度，代表作应该还是《马陵道》。这个戏花的心思最多，我刚才举了几个例子，其实还没有展开，在这个戏里面还有很多的设计和心思。我们其实还是配角，我的东西是为别人服务的，《马陵道》这个戏导演比较好，他要求高，所以最终呈现出来的就好。

我总结我自己的艺术人生，我觉得我不是故步自封的人，不是死抱成见一成不变的人，我的创作还是能够审时度势、有所改变、有所突破的，但是突破也好、改变也好，没有忘了根。

采访人： 您创作了那么多的剧目，有没有遇到过什么难点？

郑贤峰： 就是前面提到的从有声指挥过渡到无声指挥，我们毕竟没有经历过音乐学院的学习，指挥这一块也没有人教过，就是自己看人家指挥，然后跟着学。其实我挺喜欢指挥的，我有一个交响乐队的朋友，他们演出经常请我去看，各个指挥的风格都不同，像曹鹏就很有激情，黄贻钧就比较舒展。

再比如说我闯生死关的那次经历，那时候原本以为自己不能再从事淮剧事业了，这个毛病一生，哪一天走了都不知道。但其实那个阶段过了以后，对我也是一种激发，就开始了大量的创作。那时候我们搞承包队，首先剧目要选好，其中有一个戏叫《血冤》，这个戏以现在的观点来看，我们是犯了大错误的，侵犯了人家的版权。那时候我们搞承包队，两个头头自说自话，看到刊物里面登了这个本子，觉得不错，就拿回来，编剧方面有些地方稍微调整一下，唱腔方面根据淮剧的特点稍微增加一点，也没有花大的笔墨，一个戏就出来了。其实这个是人家的东西，我们拿来用是要给人家钱的，但是那时候不懂这些。好在这是个扬剧的本子，有一句话叫"淮扬不分家"，人家后来说了："老大哥，你们拿来用的就算了，否则要和你们打官司的。"这是三十多年前的事情了，现在想想，那时候版权意识还是太薄弱。

采访人： 您觉得自己更擅长创作哪一类的作品？

郑贤峰： 这个跟我自己的性格有关，我喜欢悲壮的、有深层含义的戏，不太喜欢喜剧的、滑稽的风格。比如那时候给梁伟平排的一个戏《皮五辣子》，这个戏对梁伟平有好处的，开拓了他的戏路，刚开始他表演上还会有一些紧张，但是在这个戏里面扮演玩世不恭的皮五辣子之后，把他在表演上的脉络打通了。但是像这个类型的戏，我自己是不太喜欢的。我觉得悲壮的、有历史含义的戏，或者那种能给观众一点启迪的戏，自己更能投入进去。

采访人： 您从淮剧团退休之后就没有再参与淮剧团创作、演出等活动吗？

郑贤峰： 这个呢，实事求是，我们打鼓这一行和其他乐器有点不同。其他乐器比如说二胡，我原来什么水平现在还可以拉出什么水平，但是打鼓不行，打鼓真的是要做到拳不离手、曲不离口，一段时间不打之后你的手腕就两样了。这就和演员一样的，嗓子老是不吊，偶尔来一下，要出问题的。

打鼓要讲究精气神。我的个人习惯是这样,比如今天晚上我有演出,我给了亲戚朋友票子邀请他们来看演出的话,票子都是提前给的。演出之前我是不出去接待他们的,我要坐在鼓师的位置上定定心的,自己在心里面规划今天这个戏要怎么进行,可能会碰到什么问题。有时候你工作的态度就决定了你的位置,你可以捣糨糊,但是人家对你的看法可能就不太行。说得难听一点,我们生是淮剧团的人,死是淮剧团的鬼,我在一天,总是希望我们的淮剧事业能够蓬勃发展,搞得好一点。

我们总希望一个单位能一直像以前一样那么红红火火,客观地说这不太可能,因为社会在进步,各种各样的艺术形式越来越多,电视、电影、网络、微信各种渠道,所以现在看戏的人越来越少了。但是我总觉得,百花园里那么多花,我们淮剧也是其中的一朵,我们这朵花可能没人家那么鲜艳、那么大,但是它一定是芳香的。淮剧现在也成了人类非物质文化遗产的一部分,我们感到很高兴,因为这样它能有更好的条件保留、传承下去了。

(采访:裘一婧　整理:陈家彦)

淮剧养育了我,我用一生来回报

——施月娥口述

施月娥,1940年出生,江苏阜宁人。工文武花旦、青衣、老旦。1956年入上海市戏曲学校淮剧班学习。在校期间,花衫戏、老旦戏得到筱文艳、徐桂芳传授。1959年毕业后分配至上海淮剧团。同年以主演《女审》《探寒窑》参加上海市青年会演,获青年演出奖。代表剧目有《花木兰》《洪湖赤卫队》《李双双》《海港》《杜鹃山》《吴汉三杀》《白罗衫》等。

采访人: 施老师,请您先介绍一下您是如何走上淮剧这条路的吧。

施月娥: 我父母当年由于家乡遭大灾荒,逃难到上海。我小时候就住在马当路淡水路那里。后来(1950年)上海发生"二六大轰炸",我父亲身体不好受到了惊吓,厂里的领导就让他回农村去休养。起初我还留在上海继续读书,后来因为父亲的身体状况急剧恶化,我就跟学校请了假,回到乡下。在农村里读了两年书,学了一口的苏北话。

就在我准备要回上海的时候,上海市戏曲学校的老师和淮剧团的顾鲁竹老师一起到苏北招生。那天我正好到街上去玩耍，听说在阜宁学校里面招考，就想着去玩玩。到了那里根据老师的要求唱了四句扬州戏的大陆板，又比画了几个动作，老师说可以了，我就拍拍屁股跑路，又玩去了。结果没过多少日子，上海淮剧团的录取通知单寄到了乡下，我就这么进了淮剧团的学馆，从乡下又回到了上海。后来我还和顾鲁竹老师他们谈到过，为什么会把我招进来。他们说看我很灵活，条件蛮好的，感觉可以培养一下。

其实我最早对淮剧有印象，是小时候骑在父亲的肩上跟他们去南市的四十间（民乐大戏院的旧称）看戏。印象里淮剧就是有唱有跳，蛮好听也蛮好玩的，除此之外并没有太多了解。

后来到了淮剧团，一看练功那么苦，我"哇"一下就哭起来了。我以为只要蹦蹦跳跳唱唱就可以了，哪里想到还要吃苦呢？那时候每天练功，老师还拿一个小竹片子，练得不好会稍微抽抽你，当然也不是真打，主要是吓吓你。记得那时候刚开始练功，我的老母亲来看我，发现我每天流着眼泪边练边哭，就拉着我说："我们不学戏了。我们是独生女儿，在这里苦死了。回家，回家。"筱文艳老师拉住她："亲家母啊，这话不是你说了算数的。她现在是属于国家的人啊，不能说走就走的。"后来也做了一些思想工作，最后我还是留下继续练功、学戏。

我们那一批同学都不是梨园世家出身，所以刚进学馆的时候几乎都对淮剧一无所知，因此每天练功、学习，老师们对我们要求很高。那时候小，自觉性比较差，会睡懒觉，领导就安排了几个老师分别负责几个同学，专门督促我们。那时候淮剧团还在泰兴路上，大家都住在剧团的宿舍里。每天的任务就是早上练功、吊嗓，下午排戏，晚上赶到剧场演出，每天都是如此。

我记得我第一次上台是高艳秋老师把我推上去的。上台前看到底下观众那么多双眼睛看着，我吓也吓死了。老师说："你这样不行，总归是要有第一次的。"就一把把我推了出去，上了台反而心定了。之后第二次、第三次上台，慢慢胆子也越来越大，不再怯场了。

采访人：您拜筱文艳老师为师是什么时候？

施月娥：我是1956年进学馆，1957年团里的领导丁瑶指定、艺委会班子开会讨论，决定我和周云芳拜筱文艳为师。我印象很深，也是在泰兴路，我们跪下来，恭恭敬敬地给老师磕了三个头。当时文艺界的好多人都来祝贺，包括京剧、昆曲、越剧、沪剧等各界，第二天报纸上还登出消息：周云芳、施月娥被筱文艳收为关门弟子。

正式拜师以后，老师对我们要求就更加严格了。以前可能老师说的话我当面接受了，一转身就忘了，好像反正也无所谓的。但是拜师以后，老师就像是我的父母一样，说的话要听。筱文艳老师老说我哭鼻子，怎么回事呢？她要求高了以后，我有时候一下子达不到她的要求，眼泪马上就下来了。这也不是做作，就是自然而然的，忍不住就哭了。我心里想：在家里我母亲对我也没有这样严格要求。这个东西我学也可以，不学也可以，何必这样当真？老师知道我有这种想法，马上就批评我。她说："我就见不得人哭，一哭就是'娇骄'二字。"

我以前看见筱文艳老师像看见老虎一样，绕道走。但是后来拜师了，要跟她学戏，不学怎么上台演出啊？也就这么一点点磨砺出来了，老师手把手地教，有时候也可以说是"连哄带骂"，但是她也会告诉我们："我批评你是为了你好，就怕我不关心你了，你做得不对我也笑嘻嘻的，那就坏了。"起初我不理解，人家都对我们笑嘻嘻的，有什么不好啊？你对我恶狠狠的，

筱文艳演出剧照

像"晚婆婆"一样。老师笑了:"我都是为你好!"她就把以前她学艺的时候那些艰苦的生活告诉我们,我们才慢慢理解了老师的良苦用心。

其实我还有一个师父,就是徐桂芳老师。我的青衣、刀马旦、花旦这些是跟筱文艳老师学的,而老旦是跟徐桂芳老师学的。我也很庆幸,能够拥有两位这么好的师父。

采访人: 您进入上海淮剧团是什么时候?

施月娥: 那是1959年,淮剧团把我们学馆的淮大班和戏校的淮大班合并,一起搞了一个毕业仪式。但其实我们淮剧团学馆的学员1956年入学就相当于已经开始工作了。

我记得刚进淮剧团的时候,就感觉到团里的整体风貌相当好。每个人都是淮剧团的一分子,互相尊重、尊老爱幼、水乳交融。在工作上,一台无二戏,人人都是"见困难就上,见荣誉就让"的那种味道。在这样的氛围里,人人都是为了淮剧、为了培养淮剧的下一代在努力,也没有什么你争来他争去的事情,唯一会起争执的就是为了艺术、为了剧本、为了出人才。这些在当时都给我留下了很深的印象,所以当时我就立志,哪怕吃再多的苦、流再多的眼泪,也要把淮剧事业继承下去。

那时候淮剧团经常到工厂里去演出,送戏上门,非常受广大工农兵的欢迎。我记得那时候统计过,工厂里的工人,有80%都是对淮剧非常热爱的,可以说在当时,淮剧的根扎得很深。所以我们也有信心,不让淮剧在我们

年轻时的施月娥(摄于1957年妇女节)

手上褪色。

采访人：淮剧团当时成立了青年队，您也是其中的一员，给我们讲讲这段经历吧。

施月娥：当时戏校和我们学馆两拨学生都毕业进入了剧团，淮剧团的领导就说给这批青年成立一个青年队。演员当然要在舞台上摸爬滚打，我们的队伍就到农村去磨炼，送戏上门，为工农兵服务。当时青年队"四梁八柱"都有，还配备了音乐、舞台、灯光、美术，各个工种都很齐全。

在青年队真是得到了很好的锻炼，我在舞台上的胆量、魄力都是通过在青年队的演出经历得到了很大的提升。我们主要演出的剧目有：《劈山救母》《断桥》《女审》《探寒窑》《杨八姐游春》《荆钗记》等。

我们在苏州排了《花木兰》，在苏州演出了两场，又回到上海在日晖剧场演出，也是一炮打响。我演的花木兰因为要女扮男装代父从军，所以还有很多武戏的部分。在唱腔方面，潘凤岭老师给我们做了非常好的指导，"用巧计哄元帅出了宝帐……"整个唱腔、身段的处理我感觉都做得非常到位。一唱到"为歼敌换男装奔赴沙场"，换了马派调子，底下的观众马上就发出"哇"的惊叹声；"我是个女儿家，我是个女儿家……"我马上又用了很多妩媚的细节动作来体现人物，整体来说处理得都非常到位。

《花木兰》之后我们又排了现代剧《洪湖赤卫队》，这是张石流、江平两位导演帮我们排的，《花木兰》是顾少春老师排的，我的《探寒窑》和《女审》是吕君樵老师排的。

吕君樵老师抠戏抠得

年轻时的施月娥（摄于1962年生日）

《女审》中饰演秦香莲
（1959年于中国大戏院演出）

非常细致。那时候在文化广场的大舞台上排戏，我们都年轻啊，排到很晚眼睛都要睁不开了，跟吕导说我们要睡觉了，吕导说不行，大家就啃着面包喝着水，继续排戏。那时候京、昆、淮三个剧种都集中在一起，准备上北京代表上海市去进行汇报演出，所以在戏的质量等各方面要求特别高。通过吕导给我们排戏，大家的基础都打得非常扎实，再加上老师们平时不断的督促、严厉的批评和指正，当时我就觉得，如果不好好学就是对不起老师们的付出。

后来回过头想想，我们的成长跟老师们的鞭策确实是分不开。虽然我自己也努力了，但有时候还是需要旁边有一个小鞭子抽一抽。何叫天老师就老是说："你们这些人啊，不自觉，都要靠老师拿一个小鞭子在后面抽抽。"我也开玩笑："老师啊，你不抽我就不走。你抽一下，我走一步，抽得大了我就走一大步。"老师们听了也笑。他们对我们真的是当作自己的子女看待的，你的业务水平好老师就高兴，甚至带你回家请你吃饭，当时真的是这样的。所以我觉得，我要向老师们说一声感谢，我的每一步脚印，我所获得的成就，离不开老师们的培养，当然还有领导的栽培和同事们的帮助。

采访人：您刚才提到1960年到北京参加汇报演出，能给我们详细介绍一下这段经历吗?

施月娥: 那个时候正是国家最困难的时候,物资匮乏,本来是要举办全国会演的,但因为国家实在太困难,所以改成了进京汇报演出。当时是上海市文化局的李泰成局长组织了一个领导班子,有京剧院的吴石坚老院长、京剧院的马科导演、淮剧团的高桦导演等,把我们京、昆、淮三个剧种带到北京去参加汇报演出。

我的《女审》是那天的压轴戏,周总理等领导都来了。演出之后反响非常热烈,特别是痛斥陈世美的那一段三大板,底下都拍手鼓掌,我当时演得也非常淋漓尽致,很畅快。我记得演完以后我在后台下妆,服装都已经脱掉了,这时候齐淑芳到后台来喊:"大姐,总理找你呢。"我赶快穿了个水衣就上台去了。总理拉着我的手问:"你叫什么名字?筱文艳是你的老师是吗?"又鼓励我:"好好努力,向你的老师学习,以后也大有作为。"

我还演了《探寒窑》,是在民族文化宫演出的,那天梅兰芳大师也来看戏,还上台和我们拍了合照。看完戏以后梅老师评价说:"你们的《探寒窑》比我们京剧的《探寒窑》更感人,在一些细节的处理上非常人性化。"还说:"我们京剧的《探寒窑》要和你们好好学习。"我们听了很激动,

《女审》中饰演秦香莲
(1960年在北京人民大会堂演出)

大师给出这样的评价我们实在是不敢当。那场演出谢幕大概谢了六七次，反响也是非常好。

当时的领导和老师们的教育方法和现在不太一样，我们一路演出得到了许多好评，但是他们不会让你骄傲的，怕你骄傲、瞧不起人。我们每次演出结束以后都要向老师汇报：今天哪些地方错了，哪些地方做得比较好，哪里观众叫好比较热烈，哪些地方自己觉得还不够……筱文艳老师说话比较直，没有什么华丽的辞藻，但是很有分量。她老是和我讲："月娥啊，生活要向下看，工作要向上看。生活当中不要太讲究，马马虎虎的不要紧，但是工作上要讲究。在台上，一朵花怎么戴都要按照人物性格去考虑，要为观众负责。""对己严，对人宽，要包容一切。"她还常常强调，做演员要有戏德、品德、道德，这三个德非常重要，缺了哪一个都不行。为什么要有戏德？有时候在后台产生了一下矛盾，或者大家在艺术处理方法上有一点不合拍、不一致，在后台争论归争论，到了台上还是要按规矩办；还有道德，为人处世要以诚信为主，不要吹牛、拍马、撒谎，这些行为是最被人看不起的；再一个是品德，说话要算数，错就是错，对就是对。

年轻的时候我们也是懵懵懂懂的，只是觉得老师说的都是对的，后来通过自己的实践经验，发现确实是这样。一台无二戏，红花也要绿叶衬。作为一个演员，不管你是主要角色还是次要角色，都要一视同仁，尽全力在舞台上做到最好。所以有时候台上缺少什么角色，不管是女兵也好，彩旦婆子也好，或者哪个演员生病了，我都会很积极地顶上去。

老师平时对自己也都是这样要求的。因为我演戏好多都是和她在一起，所以跟在老师身边确实学到了不少好的东西，除了业务上的，还有态度。比如老师说，不要自己的角色完成了，别人的戏就不管了，其他角色、其他行当的戏都要看，这对你自己丰富人物、塑造人物都有好处。

这话确实不错。后来我演《吴汉三杀》里的婆婆，有好多处理方式都是从别的行当看来的,然后在塑造这个角色的时候就想到了,将其融入我的人物塑造当中,效果非常好。我记得有一次到建湖演出,我哥哥是淮阴市公安局的,他们一批人一起来看戏,恨得想拿枪把我干掉,这就说明我把这个人物的可恨之处演到一定的程度了。

采访人:能再给我们介绍几部您的代表作吗?

施月娥:我从学馆毕业以后,就参加了吕君樵导演排的三个大戏——《官禁民灯》《探寒窑》《女审》,这三个戏就像淮剧的传家宝一样,是最好的保留节目,排练的时候也是精雕细琢,抠得非常精细。

在这之后淮剧团就排了《海港》,我们到码头上去深入生活,拜码头工人为师,有大概一个多月的时间跟他们同吃同睡同劳动,体会码头工人的艰苦。《海港》这个戏原本是我们淮剧的《海港的早晨》,被京剧移植过去以后成了样板戏《海港》,我们再从他们那里移植回来。所以我们当时特意到北京去观摩李丽芳老师排戏,把它学回来。演出以后口碑也很好,得到了大家的肯定。我演的方海珍就是老的《海港的早晨》里面我的老师筱文艳演的那个角色。

《海港》之后马上又排了《杜鹃山》,这是向我们京大班的杨春霞学的戏。在上海大舞台足足演出了两三个月,一直都是客满,一票难求。那时候演出还融入了上海民族乐团的伴奏,增加了整个戏的音响效果,所以最终出来的效果非常好,气势磅礴。

还有《杨八姐游春》,这个戏的老旦原本是徐桂芳老师演的。徐老师跟我说:"月娥,你可以不要形似我,你要增加一些新的东西,在表演上超过我们,我不会有意见的。"我考虑到佘太君虽然是武的,但是她平时处理家务事的时候也不一定总是要端着,只要在关键时刻,需要她拿出决断的时候,能够有那种一句话就拿定主意的气势。所以我问徐老师,是不是能融入一些衰派的味道?徐老师说完全可以。所以我就在原本徐老师的表演的基础上,又增加了一些色彩,比如水袖、台步,包括在锣鼓点子上也更丰富了一些,使这个人物更加立体化。

《海港》中饰方海珍（1970年中国剧场演出）

通过这几个戏，我就感觉到演现代戏就要有现代人物的样子，演老戏就要像老戏的样子。但是随着时代、剧情、人物各方面的变化，要能够根据实际需要增加一些新的元素，不能一成不变地照搬。

采访人：从事了一辈子淮剧，您有没有留下什么遗憾？

施月娥：最大的遗憾就是把嗓子唱坏了。我的嗓子原来很好的，声音又高又亮，还很脆。我曾经唱《女审》唱到 D 调，胡琴的弦都崩掉了。

嗓子怎么会唱坏的呢？那时候演《海港》，上半场演得好好的，中场休息的时候我在后台吃了一个馒头，这个馒头是在炉子上烤过的，又干又硬。吃完馒头，下半场上台以后，突然就没有声音了，还好那时候观众非常包容。散了戏以后我的一个同事就连夜陪我到汾阳路的五官科医院去看，医生说是声带水肿，不能继续演出了。但是后面几场的票子都卖出去了，那时候又不能退票，退票要出大问题的，所以就只是简单处理了一下,还是继续演出。

等《海港》演完之后,我的声带实在是不行了,为了今后的事业着想,我要求开刀。那时候正好是过年期间,我也没有回家,就去开了一个刀。手术以后医生说要休养三个月,结果我刚刚休息了一个月,团里有演出又把我叫回去了。医生对团里说了:"你们这样是对她不负责任的。她的嗓子条件那么好,现在不爱护,将来要毁在你们手里的。"但是当初因为情况特殊,那时候演出还要政审的,没有人可以替补,所以我只好忍着痛,继续唱高音。

之后紧接着排了《杜鹃山》,也是我一个人从头唱到底,甚至于那时候我胆囊炎发作,也只能打了阿托品继续上台演出。就这样把《海港》和《杜鹃山》都演完以后,我又开了第二刀。开完刀,医生说:"小施,你不能再这样子了。要和你们领导提出来,一定要科学安排,否则要毁掉了。"但是也没用,当时客观条件就是那样,各种因素都有,最后我又开了第三刀。

《杜鹃山》中饰柯湘(1970年人民大舞台演出)

另外我的腰椎间盘突出也是过去留下的病根。那时候我们到苏北搞小承包,一天连演四场,而且条件很艰苦,演出结束以后拆幕布、搬道具这些活所有人都要一起做,因为打包完第二天还要赶到下一个地方继续演出。

我那时候就是由于搬道具的时候正好是个下雪天,脚下一滑就摔倒了。人摔在地上道具没有摔下来,还在肩上扛着,但是腰扭了,错位了。以当时的条件,即使腰错位了,第二天的戏还是照样上台。所以我贴着伤筋膏药,在台上还是撑下来了。我那时候坐下了站都站不起来,在台上只能让一旁演丫鬟的演员悄悄地把我扶起来。

一直撑到巡演一圈结束,回到上海,我瘫掉了,躺在床上起不来了。1984年,我到瑞金医院开了刀,休养了半年又回到了舞台上。我还记得那时候我躺在床上路都不能走了,文化部要来审查我们的《吴汉三杀》,马秀英姐姐和潘凤岭老师到病床边上来找我,问:"文化部要来审查,你能不能起来继续演出?"那时候真的是身体情况不允许了。

那些年,我先是声带接连开了三刀,又是油彩中毒,腰椎间盘突出又开了一刀,为了淮剧事业,我真的是尽心尽力了。可以这样讲,淮剧养育了我,我也回报了淮剧。过去老师要求我们生活中不要提任何要求,能吃苦尽量自己吃苦,有困难尽量自己克服,小毛小病的,只要不会死,还能撑得住就要继续演出。这些都深深地烙印在了我的脑海里。

我本来是个读书娃,并不是梨园世家出身,能够接触淮剧、热爱淮剧,得以成长,我真的非常感激淮剧,感激淮剧团。几十年过去了,我在淮剧这片土地上蹦蹦跳跳、哭哭闹闹,一路走来,如果没有广大观众和老师、同事们的支持,我可能也撑不下来。

采访人: 施老师,对于淮剧目前在上海的发展现状,以及未来的发展,您有什么看法或者希望吗?

施月娥: 我们过去在学馆学习的时候,接受的已经是比较新的教学方式了。除了传统戏曲的部分，剧团也会组织我们到青年话剧团去观摩学习，汉剧到上海来的时候也组织我们去观摩，学习对象甚至还有芭蕾舞。文化局也会召开文艺座谈会，大家谈心得体会，互相交流。所以当时的艺术氛围很好，很开通。作为淮剧的学员，我们并没有被闭塞在淮剧团的小圈子里，而是能从各个剧种、各个艺术形式借鉴到很多新的东西，所以我们的舞台表现也是跟随着时代在逐步发展的。我总觉得，一个剧种要让它发扬光大，演员除了每天练功、吊嗓，还要不断地吸收一些新鲜事物。比如都市新淮剧《金龙与蜉蝣》《西楚霸王》，在保留淮剧传统的基础上做了很大的创新突破，受到的好评大家有目共睹。

淮剧团的现状确实比较不尽如人意。包括我自己的孩子，他也不懂淮剧，没有接触过。年轻人可能会觉得，这个剧种的节奏太慢了，几个小时的演出一直都是哭哭啼啼地唱半天，所以他们没兴趣。你到剧场去看，我们现在的观众都是白头发的，这也不局限于淮剧，传统戏曲基本上都面临这样的问题，黑头发的观众太少了。

一个剧种要发展，不仅要培养演员，还要培养观众，我觉得这是很重要的一个问题。过去我们到苏北去演出，非常受当地农民的欢迎。一天连演四场，到后面补妆都没法补了，有的人累了就倒在服装台底下睡一会儿。那是因为过去农村的文化生活比较枯燥，所以上海淮剧团一到当地演出，马上就会出现万人空巷的状况。那真的是我们亲身经历过的，过去送戏到田头、到公社、到学校，甚至我们在渔船上为拉纤的渔民唱戏，我们演员和观众是融为一体的。所以我总觉得，演员不能够高高在上，脱离观众，那就像鱼儿离了水，是不能够长久的。

我真心希望我们的淮剧事业能够一代代地传承下去，并且越来越好。

（采访：陈娅　整理：陈家彦）

观众喜欢的剧本就是好剧本
——洪从海口述

洪从海，1942年出生，江苏盐城人，国家二级编剧。1955年考入上海市戏曲学校淮剧班，习艺丑行兼武行，师从顾少春、朱奎童。1957年转入上海市人民淮剧团，边学习边实践。1959年毕业于上海市戏曲学校，分配至上海市人民淮剧团，2000年退休。

曾出演过《秋香送茶》中的张二相公、《刘二姐赶会》中的窦大顶、《木兰从军》中的孙思安、《雨过天晴》中的会计等角色。与顾鲁竹一起创作了大型现代剧《桃林堡》、小戏《女清洁工》等。退休后参与创作、改编的戏有《南北和》《鸳鸯湖》《英雄的遗孀》《三尺巷》、全本《王宝剑》等。

为市环卫局创作的反映青年环卫工人风采的大型现代淮剧《玉兰曲》，曾在全市业余戏曲会演中获奖。

采访人：洪老师，您是怎么开始接触淮剧的？

洪从海：我1942年出生在上海。我们家附近有一个淮剧戏院，因为我母亲是戏迷，所以我从小也跟着在那个地方看戏，觉得蛮好玩的。

我父亲是三轮车工人，1954年，他工作的地方解散了，那个时候因为我们家在苏北还有田，所以我父亲就带着我回苏北去了。到了苏北以后，学校里一个搞文艺的老师问我："你会唱淮剧吗？"让我唱了几句，听听蛮好的，就让我加入了宣传小分队，那时候经常去唱唱戏，也是唱着玩吧。

1955年，学校的老师知道上海戏校到苏北来招淮剧学生，就让我们赶快去，考得好是给老师争光，考得不好回来在小分队接着唱。我毕竟是在城市里长大的，到了农村生活不习惯，晚上电灯也没有。这不是一个到上海去的好机会吗？家长也很支持的，我就赶快去报名考试了。那时候考试内容就是表演、形体、小品这些，后来发榜我还在前十几名呢，非常高兴。

采访人：在戏校的时候就分行当学了丑行吗？

洪从海：因为我比较活泼，那时候身高也没有这么高，加上我也肯吃苦，老师说这个小孩蛮灵活的，让他学丑行吧。我没有正式拜过师，但是顾少春老师和朱奎童老师都教过我的戏。

与恩师朱奎童先生合影

与恩师顾少春先生合影

练矮子功

一般人不愿意学丑行,因为丑行决定了你永远是配角。但是戏班子里还有一句话,叫无丑不成戏。老师也说了,行当之间是没有什么分别的,主要看你自己,有的人一生当武丑还挂头牌呢。萧长华也是学丑行的,他是中国戏曲学校的校长。而且学了丑行以后,接触的面也更多了。

采访人:关于戏校,有什么特别难忘的记忆吗?

洪从海:生活上,我记得那时候我们的伙食费是20块钱一个月。伙食好,把我的身体也养好了,所以是很开心的。

老师也很好。周校长对我们讲的一句话我到现在都还记得:"你们是来自农村的,不要忘掉农家本色。"我进戏校那时候是15岁,学戏的最佳年龄是10岁到12岁,但是我们不怕吃苦。为什么呢?在农村也是吃苦啊,在戏校的苦和农村的苦不一样,这里生活条件各方面都很好。

采访人:您后来是怎么会转行做编剧的?

洪从海:那是在"文化大革命"中,当时市委宣传部有一个精神,就是要从演员当中培养一批导演和编剧。这其实是很有好处的,因为演员本身熟悉舞台、

1959年毕业于戏校后留影

熟悉观众、熟悉剧种,也熟悉其他演员,所以他创作的时候就能省去很多事。

当然我们这一代人也有一个缺陷,学问不高。那时候复旦大学中文系、华东师大中文系的大学生分到戏剧学院的戏文系,文化方面是他们的强项,但对剧种、对舞台的熟悉程度是我们的强项。他们写的唱词意思上虽然和我的一样,但是放到我们这个戏里面不一定能行得通,因为下面的观众不接受这些阳春白雪的东

在《海港》中饰演码头工人,在后台化妆时所摄

西,我们写的东西虽然直白,但是观众听得懂。后来大家就互相支持,有淮剧相关的问题大家可以来问我,我有理论上不懂的东西也会去请教他们。

采访人: 当时转行是出于自己的意愿还是剧团安排的?

洪从海: 是领导安排的,当然我也愿意。也有人不愿意的,因为那个时候从待遇上来讲,演员的粮食定量是42斤,编剧的话就是29.5斤,毕竟你不练功了。有的人就觉得不划算了,现在这样混混也蛮好的。这个时候秦德超就指点我了,他让我不要只看眼前,将来演员有翻不动的时候,但是编剧越老越值钱。老朋友的话我当然相信了,后来事实证明这个话是有一定道理的。

采访人: 当时学习编剧的过程中有什么让您印象深刻的吗?

洪从海: 先是跟着顾鲁竹先生。他的教学方法和现在不一样,他不直接教你。你有什么想法,先写个提纲给他看看。提纲出来以后,再把整个戏说给他听。他听了觉得可以了,给你半个月写初稿。什么

上海淮剧团当年的四位中青年编剧——洪从海、吴海燕、陈忠国、陈慧君于无锡太湖合影

主题思想、人物设置他一概不强调,你爱怎么弄就怎么弄。但是他有一点,现在看来是很好的,他是启发式的教学。你唱词写好了给他看,他教你几个要领。比如说一出大戏,起承转合当中,你选择三场好戏做重点戏就可以了,不用面面俱到。有的地方是交代情节的,简单点就可以了,但是展现人物矛盾、人物内心斗争的部分要写得丰富。

话剧的编剧老师也跟我们讲了,话剧和戏曲不一样,他举了个例子:就好比两个人打架,话剧是两个人打起来的时候好看,但是戏曲是打起来之前好看。戏曲的套子一套又一套,就看你会套不会套。他说:"我们不能给你们讲高深的理论,你们也不懂,也不能适用,你就多看。"所以我学到一个窍门,就是多看多学。再保守的老师,他的剧本写出来以后,我拿来一对照,他的套路我基本上就知道了。

再有一点,老演员也很重要。我一直很佩服我们的一些老艺人,虽然他们文化水平不高,但是他们的建议你要听。有的剧本,说了几句老艺人就知道这个剧本没戏。为什么?他听的戏太多、唱的戏太多,观众的反映看得太多,所以他就有这个判断能力。老演员的经验对我们编剧来说是很大的助力。

采访人：您的创作素材一般来源于哪里？

洪从海：一般就是来源于生活。比如说《玉兰曲》这个戏，它是写环卫工人的。当时《新民晚报》有一篇报道，环卫工人被打了。环卫所找到我们，希望淮剧团能出一个戏，替环卫工人发声。当时我们去了几个编剧，后来环卫所的人就说："小洪，你帮我们写一个本子。你只要写到60%的内容我们能够认可的，就可以了。"环卫工人大多都是苏北人，这个忙一定是要帮的。而且环卫工人也说了："不需要把我们写得多么高尚，只要人们能够理解我们就行了。"

这个本子怎么弄呢？先收集环卫工人的材料，有正有反，比如他们的爱情故事，谈恋爱后来分手的，里面的矛盾是什么？比如收养路边被遗弃的孤儿，关心照顾孤老……把这些材料都汇总起来，但是情感方面总觉得还欠缺一点。结果他们照顾的这个孤老的女儿从台湾回来找这个老太太了，然后对环卫工人的照顾表示感谢。这就是对这些环卫工人的善举的一种鼓励了。

当然我们的创作不能胡编乱造，除了收集材料，我们还要深入生活。我们去扫过马路，第一天扫完第二天就爬不起来了，真的很辛苦。

采访人：您在创作中和作曲之间是不是也需要沟通、合作？

洪从海：这是一个相互合作的过程。我写剧本，他要根据我的词来作曲，但是作曲有什么想法都可以和我商量，大家要互相尊重。

1976年由朱践耳带队赴大庆油田深入生活时的留影

和导演的合作也是这样的。再大的导演你也要尊重剧本,你如果要改,可以的,但是要有合理的理由。

另外,和主要演员之间也要搞好平衡。比如说《王宝钏与薛平贵》这个戏,王宝钏的戏份可能有70%,薛平贵的戏份只有30%,但两个演员都是名角儿,怎么办?在写剧本的时候就可以适当地调整一些侧重,把薛平贵的戏份提到40%。老演员他们都懂的,一看剧本就知道你调整过戏份了,那么他心里可能觉得你这个编剧是上路的。

还有兼顾文戏和武戏的平衡等,都是编剧在创作中要把握好平衡的。

采访人: 您在选择题材的时候有没有什么讲究?

洪从海: 有前辈跟我们说过,淮剧演金戈铁马的戏比不上京剧,因为人家有成熟的传统,有厚实的功底;演西装旗袍、上海的小市民生活,比不上沪剧;演才子佳人又演不过越剧,这是我们承认的。那我们淮剧这碗饭怎么吃?我们当然也有自己擅长的东西,比如以前的"九莲十三英",那些儿女情长的东西,观众今天看哭了,明天还来买票。

我们淮剧有一个比较特别的戏就是《女审》,其他剧种里面陈世美都是包公杀的,淮剧不是,《女审》里面是秦香莲杀了陈世美。当然这也是有依据的,焦循在《花部农谭》这本书里提到过这个故事。我们把这个故事拿过来改编,融入我们淮剧的三大调,又借鉴了京剧的程式化的东西,最后就形成了这么一个不太一样的《女审》。

另外《三女抢板》这个戏有个故事。当时我们淮剧的《三女抢板》出名了,湖南湘剧团把我们的剧本拿去用了,也没有打招呼,上海这边就有意见了,用现在的话说就是侵犯了我们的版权。结果也巧,毛主席到湖南家乡去,看了这个戏,当地人把这个戏的情况给主席介绍了,主席说你们去给人家打个招呼。后来他们也到上海来表示歉意,这就说明这个戏是蛮好的。"

采访人： 您觉得您创作的特点是什么？

洪从海： 实事求是地讲，我们是属于草根编剧，现炒现卖，只要是我认为有用的东西，不忌讳是哪家的，都借鉴过来用。但是借鉴的时候也要巧妙一点，不能生吞活剥，要改头换面，一般都是这样。

我们有好多戏都是剧团的老演员们出的好主意，而且他们给你出主意也不会跟你争名夺利，只要你让他把戏唱好了，他就满意了。在这一点上，我一直都很敬佩我们淮剧团的这些老艺术家们，他们给我们的创作也出了不少的力。

比如说《金龙与蜉蝣》里面有一场重头戏，就是金龙误以为蜉蝣是牛牯的儿子，最终等于是把自己的亲生儿子阉割了。这个主意也是别人提出的，这是一个金点子啊，这部戏整个的重心就在这个地方，后来的大悲调等都是以这个为出发点从而展开的。

这个戏当时的背景是什么样的呢？我们淮剧团的团长宦子庆刚从艺术研究院调到淮剧团，他本身就是淮剧团出身，出去以后又回来了，当时很想要出一番成绩。再加上市里面也很支持，当时上海就很希望

与京剧院导演李仲林先生合影

能够出一个比较出彩的戏。刚好淮剧团那时候造好了大楼，租出去几间房子，团里也有钱。各方面的因素集合到一起，导演郭小男又是刚从日本回来，也想要出成绩。于是我们就集结了全团的人力、物力、财力，打造了《金龙与蜉蝣》这么一台戏。1997年这个戏到成都去演出，然后就一炮打响了。这个戏的成功绝对不是某个人的功劳，而是大家共同努力的结果。

采访人：您在创作过程中有没有遇到过什么难点或者印象深刻的事情？

洪从海：有一次我们和苏北搞《白兔记》这个戏，有一段戏就是李三娘磨坊产子，生完以后她就休息了。这时候有一个老演员提建议了，这里应该还有一段"窦公送子"的戏，是她的一个老家院要把孩子送到京城，送给孩子的父亲刘知远。我赶紧打招呼，是我疏忽了。但是我不了解这段戏啊，怎么办呢？我去找了京剧院的李桐森，向他请教，老人家给我把这个戏一说，我就懂了。所以说写戏不但要用自己的脑子，还要会借用别人的脑子。

还有的难点就是有时候在创作的过程中写不下去了。这一般是两种情况，一种是由于韵脚。写唱词韵脚很重要，但有的时候有些韵脚本来字就很少，那要写成大段的内容就很难了，因为可以选择的余地很小，还要意思上能够贴切。另外一种情况就是遇到结构有问题，这个调整起来就蛮痛苦的，因为等于要把前面已经写好的东西全部推翻，而且这时候你还不能固执己见，必须要改。

我的老师曾经跟我说过："这碗饭不是好吃的，吃得好是

与妻子李金贵合影

戏饭,吃不好是气饭。"就是说编剧不仅仅要能够写出好的剧本,还要能够平衡好你的领导和主要演员。因为剧本是要领导审查的,也需要演员来把它最终呈现出来的。如果你平衡不好这之间的关系的话,你的剧本根本就出不来。

采访人: 您觉得如何去评判一部剧本的好坏?

洪从海: 我觉得一部剧本的好坏不能从理论上面去分析,现在很多戏好像都是在谈概念、讲理论,那是学院派的做法。我们是草根派,我觉得一个好的剧本就是要好看,受观众欢迎的,那就是好戏。

戏曲就是以故事引情景,在好看的基础上再融入主题思想。以前有很多戏就是戏文教育,比如说《秦香莲》《清风亭》,在戏曲故事里面还融入了一些惩恶扬善之类的思想,把戏曲观赏变成了一种教育方式,而且通俗易懂,容易被不同阶层的观众所接受。

采访人: 作为一个淮剧人,您怎么看淮剧的未来?

洪从海: 很久以前就有人说随着时代的进步淮剧要灭亡了,也有人提出过淮剧应该要回到苏北去,当时我就觉得这个话是不对的。而且从现状来看,淮剧在上海还是存在着,而且现在被列入国家级非物质文化遗产,得到国家的保护和扶持。淮剧之所以能够在上海发展到现在,离不开淮剧观众的支持和各级领导的关心。

从未来的发展来看,希望我们的剧团领导还是要大力抓创作,剧本是一剧之本,淮剧团要继续往前走,不抓戏肯定是不行的,这个是根本。

从我们这一代淮剧人来说,党没有亏待我们。我从一个农村出来的平凡的小青年,进入戏校,进了淮剧团,党从各个方面都对我们很关心。

对正在从事或者将要从事淮剧事业的青年人,我希望你从事这个行业就要无怨无悔。

(采访:裘一婧 整理:陈家彦)

演戏也要有创新精神
——顾少春口述

顾少春，1930年出生，江苏阜宁人。国家一级演员，上海市非物质文化遗产淮剧传承人。出身于淮剧世家，自幼随父顾汉臣从艺，曾得伯父顾汉章亲授。7岁登台；1950年与1951年获得无锡和苏州春节戏曲竞赛演员优胜奖与导演荣誉状；1952年参加淮光淮剧团，擅演现代剧小生兼传统剧丑角。

主要作品有《种大麦》《王贵与李香香》《不能走那条路》《刘二姐赶会》《东方朔偷桃》《刘海戏金蟾》《官禁民灯》等。曾参与编剧和导演《吴汉三杀》《牙痕记》《孟姜女》《郑巧娇》《骂灯记》《关公斩子》《爱情的审判》《半边月》《拣煤渣》《木匠退亲》等剧。

采访人： 顾老师，您能不能先给我们介绍一下您的伯父顾汉章和他所创建的顾家班？

顾少春： 我的伯父顾汉章在上海淮剧界来说是十分有名的。他原来是个码头工人，有时候一船东西卸完了，大家坐下休息的时候，会拿个小唱本出来唱唱。我伯父很聪明，虽然他文化水平不高，但是他思想比较开阔，脑子也活络，听了故事以后能够自己把它编成戏到舞台上去演出，所以后来慢慢地就专门从事淮剧了。

其实我们顾家班是最早到上海来开辟淮剧市场的。我们顾家的祖辈最早到上海来的时候，上海还没有淮剧团，那时候还只有三两个人的小队，搞一些小戏，我们叫作"对子戏"。后来慢慢发展就有了出头戏，比如说《访友》就是《梁山伯》中的一出戏，再往后发展，特别是受到电影的影响之后，开始搞连台本戏，我印象里早期的连台本戏有《火烧红莲寺》《荒江女侠》等。

早期的班社都是家庭班，比如顾家班里是由我们顾家的子孙、儿子媳妇、叔叔伯伯组成的。我还记得小的时候，我们每天早上起来练功，拿顶、翻虎跳、走圆场，我爷爷就帮着监督。后来我伯父就开始收徒弟了，而且收进来的徒弟也要改姓，跟我们姓顾。比较有名的比如说顾艳琴，她是唱风骚花旦的，表演非常细致，人又长得漂亮，身段各方面都比较协调，那时候有好多唱京戏的角儿看了她的戏都来跟她学。

采访人：关于早期的淮剧表演，您有哪些印象？

顾少春：淮剧在上海的发展比其他剧种快，因为我们淮剧的老艺人都很聪明，他们善于吸收。过去淮剧的底子虽然是受到老徽班的影响，在传统戏方面跟徽剧比较接近，但是上海的观众比较容易翻新，你的戏如果做不到推陈出新的话就跟不上观众的需求。于是从那个时候开始，我们的父辈从其他各个剧种或者民间故事当中吸收故事情节，再用淮剧的形式来表演，开始搞连台本戏。

过去的剧目呢，口传心授的比较多。也没有剧本，只有一个提纲，告诉你比如这出戏有30场戏，第一场是在客堂，第二场是在花园，告诉你场景是什么样的，然后有哪些人，发生了什么事……到了台上，完全就靠演员现场发挥。我们这些老先生虽然文化水平不高,但是在唱戏这方面真的有本事,上台唱个一二百句一点困难都没有,就好像我们讲话一样张口就来,而且有板有眼,还能押韵,这是真的厉害。

过去淮剧在上海最多的时候有13个剧团,互相之间竞争也是很激烈的。有的剧团不大,就十几个人,但是生、旦、净、末、丑行当都齐全的。有的条件好一些的剧团自己有衣箱,有的呢衣箱是租来的。

采访人: 当时顾家班有哪些看家戏?

顾少春: 我伯父脑子很活,他虽然识的字不多,但是他能编戏。那时候我已经读了几年书,一般的小说书都能看得懂,伯父就买好多书回来给我看,看完以后再让我把故事讲给他听,然后他根据这个故事就能搞出好多戏来。

抗日的时候,有一个剧团的领导好像是和日本人的翻译关系很好,就搞了一个戏叫《惊天动地》,有一点歌颂日本人占领中国的意思。我伯父知道以后就不买账了,出于一种义愤,他也搞了一个戏,叫《乌天黑地》。这个戏其实讲的就是孙膑和庞涓斗智的故事,主要是借《乌天黑地》这个戏名和《惊天动地》来个针锋相对。

我伯父有几个拿手戏,一个是《南天门》《北天门》,还有一个是《六部审》。过去一挂这几个戏就能引来好多观众,特别是《南天门》,当初就靠这个戏不知救济了多少穷人啊!《南天门》讲的是一个家院曹福带着自家的小姐曹玉莲,小姐家里过去是做官的,但是被奸臣陷害,家中败落,所以只好由曹福这个家院带着自家小姐去投奔未婚夫家,一路上靠要饭乞讨支撑下来。过去在旧社会,大家生活都不容易,观众看了很受感动的。有时候演到老家院去要饭,底下的观众还会丢铜板,甚至丢钞票到台上。钞票很轻不是不好丢吗?有的人就用手绢包上,甚至有的人直接把钱放在鞋子里丢到台上来。这个钱后来就被拿去救济穷人,让他们生活能好过一点。

在新中国成立前,大家生活都不容易。同样是我们梨园行当,有些戏班子生意不好的，票子卖不出去，就赚不到钱。没有钱就没饭吃啊，怎么办呢？有的人就会跑到我们顾家班来寻求接济，我伯父能帮的总会帮一把。甚至还有的电影演员，像韩兰根、殷秀岑，因为电影演员呢也不是一直都有片子拍的，那没有工作的时候他们怎么办呢？就到我们剧团来串戏。我们每场演出留一定的时间给他们表演，毕竟是电影演员，观众都很喜欢他们，也帮我们吸引到了不少观众。

采访人：您是从几岁开始学戏的呢？

顾少春：我七岁就开始学习淮剧了。我们出生在这样的家庭里，一点点大的时候就在台上翻跟头玩了，所以也谈不上自己喜不喜欢，自然而然地成了唱戏的。

我过去学戏的时候有一个特点，只要你比我好，我就要把你的东西学过来。再加上我们顾家班本身收的各种各样的徒弟都有，所以我在这样的环境里就吸收了很多东西来丰富自己。

我小时候第一次登台演的是《二堂放子》里的沉香，我伯父演的是刘彦昌。沉香喜欢打抱不平，结果在书房里错手把奸臣的儿子打死了，要被抓去抵命。这个戏是很有感情的，要演好是不容易的。我小时候有点小聪明的，在舞台上也能流得出眼泪。小孩子在台上一哭那不得了啊，台底下的大人都要跟着流眼泪的，所以我演的沉香很受观众喜爱。

采访人：您是什么时候进入上海淮剧团的？

顾少春：当时许广平、田汉、刘厚生等人掌管文艺界，也经常会来看戏。大概是1952年，文化局的一个指导员叫张艳芳，她作为审查来看我演出。看了几个戏以后就发现，我不但会唱生角，还会唱小丑，而且文的、武的都会。那个时候

年轻时的顾少春

她正好要负责组织国营剧团，觉得我蛮好的，就把我招进去了。当时我家里头也很开心啊，相当于有一个铁饭碗了。过去我们在私营剧团，碰到刮风下雨，或者冬天没有观众，卖不出票就没饭吃啊。现在能有机会进国营剧团多高兴啊，刮风下雨都不用怕，收入有保障了。刚进去的时候叫淮光淮剧团，当时还是民营公助，国家给一点补贴，后来改成上海淮剧团就是国营的了。

刚进淮剧团的时候我唱现代戏的小生。演现代戏人家演不过我，因为过去我们戏曲演员有很多程式化的基本动作，他们都学"死"了。而我年轻的时候就喜欢看电影、话剧，把电影演员、话剧演员那些很生活化的东西都吸收了，用在舞台上，所以演现代戏的时候观众就感觉我的表演更加自然。

采访人：您进团没多久就排了《种大麦》，还到北京参加了会演是吗？

顾少春：《种大麦》的故事其实很简单，主要就是一出表现一对农民夫妇在农忙的时候在田里一起劳作、互相调笑的生活戏。当初淮剧团到北京参加会演，带了两个现代戏，以及古装折子戏去，《种大麦》就是两个现代戏之一。

那时候我们在北京怀仁堂演出，这个舞台不一般啊，台下坐的都是国家领导人，我当时毕竟年纪轻，还没出场心就已经怦怦跳了。我从小学戏，登过那么多次台，从来没有怯场过，但那次感觉不一样。尽管《种大麦》这个戏我之前已经演过很多遍，早就很

1952年与筱文艳合演《种大麦》

熟悉了，但是一到了演出现场，在那样的环境之下，不自觉地就感到非常紧张。筱文艳那个时候还安慰我，叫我不要怕。我嘴上应着"不怕，不怕"，实际上心里还是"咚咚咚"地乱跳。

尽管十分紧张，但最后演出还是很成功的。周总理还为我们介绍，说这是他的家乡戏。谢幕之后首长们还到台上来和我们握手、交流。有的人太激动了，握住首长的手就不放，旁边我们的指导员看着都替我们着急。还好呢首长都非常亲切，也很爱护年轻人，有的还拍拍我们的肩膀，鼓励我们。我问："首长，我们演得怎么样？"首长说："好好好。"我听了心里开心啊，就跟小孩子一样，简直要蹦起来了。

《种大麦》这个戏因为受欢迎度很高，学起来也很简单，所以在业余剧团里面推广得比较好，当时纺织厂、码头工人等的很多业余剧团都来跟我们学这个戏。我还教劳模李素兰演《种大麦》，后来她代表中国工人到苏联去演出了这个戏，听说也非常受欢迎。

采访人：从北京回来以后您就排演了《王贵与李香香》是吗？

顾少春：《王贵与李香香》也是一个现代戏，当时排了就是准备参加会演的，所以在演员的选择上还是有所考量的。一开始王贵这个角色选的不是我，后来原定的演员不巧生了一场大病，剧团的领导在看了我演的《种大麦》之后觉得我挺合适的，就把这个角色给了我。

这个戏的故事性很好，讲的是一个穷孩子和一个女孩在斗争中萌发坚贞爱情的故事，情节很感人。王贵是一个放羊的农民，所以在舞台上要耍

1952年在《王贵与李香香》中饰演王贵

鞭子。过去我们在舞台上用的都是皮鞭子，要打响的话是要用巧劲的，很难控制。为了练好这个鞭子，那段时间我的身上、脸上不知道被自己打了多少伤出来。其实如果我不练也没关系，舞台上可以做效果的，但肯定没有我自己打响的效果来得好。现在想想，过去真是有一股傻劲，总觉得我既然做了一件事，就一定要钻进去，做到最好。所以后来演出的时候我一鞭子下去，"啪"的一声，台下的观众都一惊，然后热烈鼓掌，我自己心里也很开心，很有成就感。

这个戏后来去北京参加会演，本来说要给我一个二等奖的，后来因为很多原因，最后获得的是三等奖。为了这个事领导还特意来给我做工作，意思是让我不要有想法。其实就我自己来讲，那时候的思想非常简单，并没有把得奖这件事看得很重。能够给我这个舞台，让我到中央来给毛主席、给周总理表演，对我来说已经是很大的荣誉了，得不得奖、得什么奖其实只是一张纸而已。

采访人：您还去朝鲜参加了慰问演出是吗？

顾少春：当时的慰问团是从每个单位选派几个人，并不是所有人

1953年在朝鲜慰问演出《种大麦》（顾少春与马秀英主演）

都能去的。我记得去报名的时候还跟我们讲,到朝鲜去路上是要吃苦的,不是去享受的。但是我们在上海什么苦没吃过啊?本来就是苦出身,所以听到要吃苦一点也不担心。

到朝鲜慰问演出,条件真的很艰苦。比如说舞台,有时候志愿军还给我们搭一个简易的舞台,有时候就只是围一个圈就当作舞台了。因为条件简陋,所以我们有些很讲究的戏,特别是古装戏就不能演了,但是《种大麦》这个戏就很讨巧,服装、道具都很简单,到部队、到地下室、到巷道里,在哪里都可以演。而且这个戏非常生活化,不需要语言,看动作就能明白你在演什么,所以不但中国的志愿军能看懂,朝鲜人民军也可以看得懂,在当时就非常受欢迎。

那次参加慰问团在朝鲜跑了好多地方,大家积极性都很高,"一不怕苦,二不怕死",飞机在头顶飞,炸弹就在你面前炸,我们还是该到哪里慰问演出就去哪里。我记得有一次,演出到一半,飞机来轰炸了,大家赶紧躲到防空洞里去。这个时候真的就体现什么叫"军爱民、民拥军"了,我们把好的地方尽量让给志愿军和朝鲜人民军,朝鲜人民军因为熟悉情况,又把我们往最安全的地方领。

采访人:您还有哪些比较有代表性的作品可以跟我们介绍一下的吗?

顾少春:一个是《刘海戏金蟾》,这本来是一个民间故事,我听了故事以后觉得很有意思,就自己创新了一下,把

《刘海戏金蟾》剧本

它编成了一个小戏。

我的这个戏里面有两个绝技，就是在刘海戏弄金蟾的动作上做了一些设计。你们在画上可能看到过，刘海戏金蟾用的是一根绳子，上面挂着大大的铜钱。我们淮剧舞台上没有这种道具的，要怎么体现呢？而且还要让它可以被舞起来，体现出"戏"金蟾这个动作特点。我就想到了戏曲舞台上经常耍的枪和刀，把耍刀的动作融入"戏蟾"的表演里，在枪的两头挂上宝剑的剑穗子，两头都可以耍，就像耍双刀一样，我还请人用铁皮剪成铜钱的样子，用金纸糊上，又漂亮又显眼。

另外我还把耍火球的技巧也融入了进来。用两个铁丝网编成的球挂在两边的穗子上，演出前把碳烧好了放在铁网子里，那个碳原本只烧了一点点，等到舞台上耍起来的时候，碳就烧得更红了。特别是剧场里灯一关，就看见舞台上两个火球在空中兜圆了，非常漂亮，又很别致。

这个表演在当时非常受欢迎，就连内行人看到也傻眼，因为以前没有的。

还有一个作品是《刘二姐赶会》，这个戏是我和筱文艳合作的。筱文艳是我们的淮剧皇后，会的戏很多。虽然她年龄比我大不太多，但她是和我的父辈一个班辈的，我要喊她姑姑了。所以跟她合作戏呢，我是既高兴又害怕。高兴是因为和她搭戏你不用为对手担心了，她都可以发挥；害怕呢是因为她很懂戏，你万一有哪里演错了，她一个眼神过来你心里要抖擞的。其实她是个很耐心的人，也很愿意提拔我们青年人，她老夸我："小家伙，又聪明又滑头。"

这个戏里面我也有一个绝活"打瓦"，是从京剧《三岔口》里面"偷"来的，用老房子的那种瓦片，砸在脑门上"哼！"一下打碎。打得不好头都要打破的。戏里面我演的是一个流氓，调戏人家妇女结果被拿瓦片砸了。在舞台上三片瓦片叠着这么砸下来，观众都要吓一跳，很

1958年在大连市文化宫演《刘二姐赶会》（顾少春和筱文艳主演）

精彩的。这个瓦片都是真的瓦，但是事先做过处理的。过去老师教我们的，把瓦片放在炉子上烘一烘，烧红了以后它就酥了，再放着凉一凉，就脆了，打在头上既容易碎又不疼。当然砸的人技巧也很有讲究，要把瓦片端平了垂直往下砸，千万不能歪，一歪的话碎了的瓦片就很容易划伤头。

采访人：《刘二姐赶会》里面您演的是丑角吧？

顾少春：我最早学的是小生，但是后来逐渐感觉到唱小生不是那么适合我。一方面我鼻子大，脸型不好，扮相不是太好看，另外我的嗓子也一般，唱小生的话顶多唱二路。所以我觉得我演小生的话可能比不过人家，但是如果改行演小丑的话，可能我就是第一，别人演不过我。改成小丑行当以后果然就很适合我自己的个性，观众也很喜欢。所以演员要了解自己的情况，找准适合自己的路子，才能在这个行业里生

在《官禁民灯》中饰演州官

存、发展得更好。

  小丑戏里面我有一个绝活,就是在《官禁民灯》这个戏里,我出场的时候不是一般的正面出场,而是采取了退出场的方式,一边走一遍耍官帽翅,而且是单边的,一边动的时候另一边要控制住不动,然后再换一边。我在演戏方面喜欢动脑子,自己琢磨、研究。耍翅这个技巧一般只有生角、须生才有,团翅小花脸哪里有这个技巧?我就自己琢磨出来了。

  《白蛇传》里面饰演小和尚,我耍佛珠也是一绝。耍佛珠和耍刀、耍枪一样,在传统的戏曲技巧里面就有。我的耍佛珠为什么是一绝呢?我把这个技巧用活了,不仅在脖子上耍、在头上耍,让它飞出去以后能用脚接住,而且最终让它再回到头上。

  我觉得唱戏跟其他任何职业一样,要有创新精神,你要想做出一点成绩来,就一定要动脑子。

在《白蛇传》"说许"一折中饰演小和尚

采访人：您怎么看待淮剧未来的发展？

顾少春：现在不止是淮剧，所有的戏曲都在走下坡路。为什么呢？现在的年轻观众娱乐方式太多了，不被这些东西所吸引了。我认为，观众的缺失是戏曲走下坡路的根本原因。所以戏曲学校如果只是培养新人，淮剧团只是出新戏，可能并不能解决问题，只有把观众群体培养起来，才能让淮剧免于被时代所淘汰。

辅导淮二班演员随小宝

（采访：裘一婧　整理：陈家彦）

我的根就在戏校
——随华兵（随小宝）口述

随华兵（随小宝），1947年出生，祖籍山东，生于镇江。1966年毕业于上海市戏曲学校淮剧二班，曾受过京、昆艺术家们严格而正规的唱、念、做、打、翻的训练，武功、形体的基本功扎实。代表作有《桃林堡》《吴汉三杀》《三洞房》《关公斩子》《爱情的审判》《牙痕记》等。

随小宝： 我叫随小宝，但是身份证上的名字是随华兵，这是我在"文化大革命"的时候改的，就一直用到现在，但是众所周知的名字其实是随小宝，在外面演出的海报或者是报纸上介绍用的都是随小宝。我1947年出生，真的是时光荏苒。

采访人： 老师您介绍一下您小时候的家庭环境吧，您是怎么会接触到淮剧的？

随小宝： 我出生在一个纺织工人家庭。那时候普陀区长寿路上有很多棉纺厂，国棉一厂、国棉六厂、国棉七厂、申新九厂都集中在长寿路,那些工人也都集中在工厂周围。这些产业工人来自苏北的比较多,所以我耳濡目染,学会了很多方言,其中也包括苏北方言。

我小学是在长寿路第三小学读的,有一天老师正在教课,突然教室门一开,进来了几个人,然后点了我的名,校长就说你到我们教务处去一趟。然后就在教务处,他们看看我,眼睛大、鼻子挺,又看看我的四肢,觉得还可以,就叫我去戏曲学校参加复试。我连那个学校是学什么的都不知道,就是觉得好玩,那个时候也调皮,懵懵懂懂的,到了规定的时间我就去了。我把自己小学的毕业证书揣在怀里就到了戏校,就在现在的文化广场,七号门进去就有上海市戏曲学校的牌子挂着。到了那里我也没进学校的大门,先听到知了在叫,我就抓知了去了。这一抓知了,把揣在怀里的毕业证书也弄丢了,怎么也找不着。后来跟老师说我毕业证书弄丢了,老师也就点点头放我进去了。

进去以后跑到老文化广场的二楼,好大一个大厅,前面一排都是考官。那时候我也不认识这些考官,人家跟我说这些都是老艺术家,有老校长周玑璋、俞振飞、言慧珠,还有淮剧团的团长筱文艳。我小时候因为顽皮,会翻很多小跟头,考官说来两下,我就翻来翻去来了两下,他们

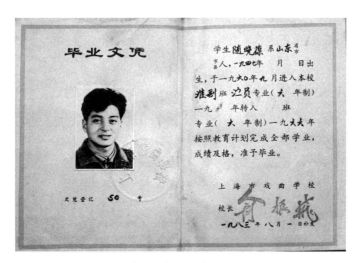

上海市戏曲学校毕业证书

底下一愣。我又唱了一段歌,那时候流行什么呢? 20世纪60年代都流行《学习雷锋好榜样》,我嗓子还挺亮的。我唱完筱文艳说了:"这小子我看是个材料,扮相又好。虽然是山东人,但是可以在淮剧上有所造诣的。"就这样呢,我就进了戏校。

到了戏校以后我分到了淮剧二班,成了科班的小学员。另外还有京剧、昆曲的大班、二班,我们全部在一块儿睡上下铺,吃饭在一块儿,练功在一块儿。老师呢,都是京剧、昆曲的老艺术家直接教我们,与京剧、昆曲班的学员一点区别都没有,唱、念、做、打、翻门门功课都有。到了岁末期终考试,考试的项目也全部一样的,各个剧种没有什么不同,因为我们的老师都是同一批。所以我在戏校基本功是练得很扎实的,毯子功、翻跟头,各种跟头都有,我能不停地连着翻二三十个小翻,台上台下能翻上能翻下。戏校里武功老师、舞美老师,包括化妆老师都有的。我们刀、枪、剑、戟都要学,每天上午两场靶子功,下午是文化课,包括自修课,还有形体课,所以对我的形体、舞台形象、舞台动作都很有好处,给我后面到淮剧团打下了一个很扎实的基础,使得我能够用京剧的那些表演手法,到淮剧中使它们跟着一块儿带出亮光来。

采访人:您的行当是如何确定的呢?

随小宝:我在进入戏校以前对淮剧是一无所知的。因为我家里没有人唱戏,都是纺织工人,所以我那个时候一点这方面的意识都没有。

到戏校以后呢,都是由老师看你的扮相、长相来分行当:平时比较文静的都是唱老生、小生,稍微皮一点的就演小丑,脸稍微大一点的就唱大花脸。小时候都还懵懵懂懂的,就是根据老师的安排来,慢慢地经过培养,随着个人的变化,这个人好像应该唱花脸,那个人老生不行可以唱小生,再作调整。

最初老师帮我定的小丑行当,那个时候我人也小,后来渐渐长大了,我个子蹿得比人家快,一下子长到一米七六,那就不能演小花脸了,因为小花脸要蹲的,后来就干脆改成小生、老生、武生这一类。

采访人：您在戏校期间都排过哪些戏？

随小宝：那时候《打铜锣》《烘房飘香》等三个折子戏到上海来调研，很出众的，我们就去跟湖南花鼓剧团学。当时是三个班一块儿去学的，我学得最像，学得最好。

我记得那时候我们在大厅里彩排，校长就坐在前面。我们校长是老干部、老革命，一条腿在战争的时候打折了，所以他总是拄着拐棍。他看了我的表演之后哈哈大笑，拐棍也丢了，整个人一斜，人家马上把他扶起来。那个时候我就从整个戏校京、昆、淮、舞美五六百个人中出名了。

采访人：第一次上台演出的情形您还记得吗？

随小宝：第一次上台演出我们没有紧张，也不知道什么叫紧张，反正就从头按照排戏的样子演了一次。那时候聪明，脑子快，背台词很轻松，排练几次就行了。

我第一次演的是《刘二姐赶会》饰演赌棍，一个小丑。我们那时候每个星期是星期六回家，星期天必须回到学校，不准再晚了。老师叫我回家把头发剃了，但是那个时候我还小，十四五岁，还没概念，回学校的时候我就戴个瓜皮帽，也忘了理发的事情，结果老师就把我骂了一通。但是时间也来不及了，我们赶紧上了卡车就直奔工厂去给人家演出。

采访人：您那么小就进了戏校学习，文化课被落下了吗？

随小宝：戏校好就好在这里，任何活动都不能把文化课刷掉，

在《刘二姐赶会》中饰演赌棍

比如今天有活动了，但是两节文化课是绝对不能占用的。所以我们大班和二班，包括蔡正仁、计镇华、梁谷音他们这一批人，我们的文化水平是戏校最高的。

先前不懂，后来就慢慢理解了，文化的沉淀是演员在舞台上体现人物的关键。演员拼到最后拼什么？就是拼文化。对人物的理解，对时代的理解，对那个时代这个人物他所处的处境的理解。你不了解怎么去演他？

采访人：您后来进入上海淮剧团，没有再拜师吗？

随小宝：那个时候因为"文化大革命"，把演员拜师的这一套全都作为"四旧"刷掉了。一进淮剧团，唱腔是作曲给你作好的，你只要学着就行了，舞台调度全部是由导演给你安排好的，你的角色尽自己发挥。那个时候淮剧团的氛围还是很好的，演职员热情很高涨，对艺术是一丝不苟的。要排一个戏了，领导报某一个角色你是B角，他是A角，拿到B角的人心里很难过的，都争先恐后地想演A角，互相之间的竞争是很强的，所以演出的激情和效果也都是非常好的。

你说我在这样的氛围里面应该感到满足了吧？没有。我感觉到我在戏校里由京剧、昆曲那些演员、老艺术家给我们打的基础不能浪费了，这些也是我当演员的基础。但是淮剧是以唱腔为主的，我光有舞台的生、旦、净、末、丑那些玩意儿好像显得干巴了，那怎么办？只有刻苦钻研淮剧唱腔，以它的特点为己所用。

于是我就选定了周筱芳的流派为基调。这一点也可以说是我门槛比较精，因为周筱芳已经故去了，那么学习他的流派风格就不会跟其他人重叠了。但是没有资料、没有唱谱、没有剧本，我也不急，就自己偷偷跑到周筱芳家里请周师娘来帮忙解决这个问题。可是谁知道，周筱芳所有的资料都在"文革"的时候被红卫兵抄家抄光了。那怎么办呢？认定的这条路非走下去不可，我就又回到淮剧团的资料室悄悄跟人家商量，把周筱芳唱古装戏的一张唱片偷偷地拿出来。在戏校的时候我

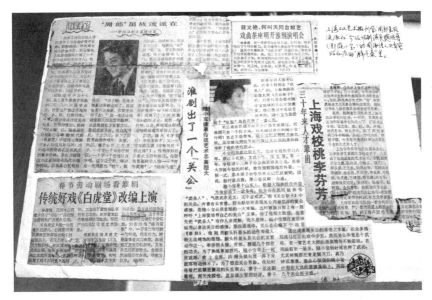

个人剪报

们都有学记曲谱的基本功的，我就自己买了唱机、录音机，反反复复地听。大概有十几天都没有出门，除了吃饭到楼底下食堂里买一点，剩下的时间就关起门来反复地听录音，一个字一个字、一个曲谱一个曲谱地慢慢记，记的同时，我脑子里对词、腔都有了了解，等把这个稿子全部整理出来，我也背完了。

背完之后我从中就领悟到他的精髓在哪里：铿锵有力，委婉动人。他有一个最长的唱段，一百二十多句，就是《河塘搬兵》里面杨六郎杨延昭的一段唱，一口气从头到尾不停地，我全记在心里面了。然后我自己再把这个本子整理整理

在《河塘搬兵》中饰演杨延昭

就上报淮剧团,那个时候古装戏可以演出了,于是这个戏被搬到中国大戏院去演了。观众里三层外三层,那么长时间不演古装戏,打个比方,观众都饿了,都渴了,要喝水,要吃肉,这部戏是大块肉,那个时候真的是疯得不得了。取得了这样意想不到的效果之后,就更增添了我学习周派的信心。

采访人: 接下去说说您的演出情况吧。您领衔主演了几十出古装、现代大戏,也塑造了很多的人物,能谈谈这些演出经历吗?

随小宝: 有好多好多戏,我回忆起来有一些戏可以谈一谈。比如说我排的一个古装大戏《三洞房》,是说一个弟弟被土豪陷害了,要逃跑。我想表现"逃跑"如果只是在台上跑圆场的话,太一般了。我想我要逃到山上去,然后从山上往水下跳,泅水逃到对岸,你们抓不着了吧。我把我的想法跟导演说了,他说太好了。这个"山"高到什么程度? 有三张半桌子摞起来这么高,跑到最后我就爬到山上去,牙一咬,"嘣"一个跟头翻下来。这也说明基本功很重要,因为一招鲜吃遍天,你要是没有绝活的话,人家光看你"哇哇哇"唱,没哏了。

我又想起《血冤》,这个戏是讲一个抚台大人判命案,结果他疏忽了,一下子错判了三个人的命,悔恨交加,但是最后一个人也已经被他冤杀。那个时候五雷轰顶,他自己悔恨得不得了,"砰"一下子,你用什么方法去把他"砰"一下子那个爆发力表现出来呢? 我就跟导演说,我有玩意儿。导演问是什么,我说把处斩安排在后面,判完以后把人拖去杀了,结果发现是错杀了,一下子一愣,"通"穿出去,过台子一个抢背,就为后面悔恨交加的一大段唱段做了铺垫,观众的叫声吼声是不得了。这说明基本功很重要,导演问你这个玩意儿有吗? 没有。那个玩意儿有吗? 没有。那观众看什么? 比如说《双枪》,最后打到一个亮相,表明我把他打败了我很高兴,最后的下场是很重要的,你没有玩意儿怎么弄?

所以我每次排一个新的角色,每一次都有新的感悟。基本功你掌握了以后用到的时候就驾轻就熟了。比方说《刘二姐赶会》，我演的是小丑，我什么都演了，行话说"生旦净末丑，狮子老虎狗"，我全了。我演的这个人物是个赌棍，他偷了个驴子，然后要追刘二姐，刘二姐是个村妇，看他不对头，就跑了，要赶会去了。他在后面骑着驴子追。那你光追，跑圆场追呀？驴子又不是马，我怎么办？反正是小丑，我跟导演说我有办法。矮子步、麻雀跳，一条腿蹲下来，一条腿慢慢地骗，再一条腿慢慢地骗，矮子步走到快下场的时候换麻雀跳，那就把这个人物演得圆满了，底下观众哈哈大笑。

上海武生泰斗李仲林老师是上海京剧院的，我们请他到淮剧团当导演，执导淮剧大戏《桃林堡》。《桃林堡》说的是一个很简单的故事，苏北新四军和国民党军韩德勤的部队在交锋，我在里面扮演新四军某连的一个指导员。新四军和国民党军开打了，开打也要有玩意儿。李仲林导演说："小随，你是戏校毕业的，有什么玩意儿吗？"我说有，三八式步枪拿在手上，打完了，抓在当中，从三张台子上"砰"一个飞脚，直接落在地上，稳稳当当。李仲林老师说"小随你真不赖呀！"不管怎样作为一个演员，在这种时候我的心情是很快乐的，不但完成了任务，而且我感觉到自己跟角色之间没有对冲，我把角色烘托起来了。戏曲演员这一点就像杂技演员一样，都应该有技巧的，没有技巧光干唱那就干巴巴的，没有看头。所以这就是创新之处。

这些都是我自己想的，因为我有技巧和功夫。后来我教了个学生，我问矮子步有吗？没有。没有那去练。骗腿有吗？没有。蹲步有吗？麻雀步有吗？都没有。那我这个老师只能抓瞎，没辙。现在的学生练功，跟我们以前比是差了一大截。

我们得益于在戏校的时候老师严格的教育，老师真的拿鞭子的，骗腿骗得不够，"啪"一下跟着你跑，当然不是为了打你，但有时候骗得慢了也能打到的。

采访人：您还演过《关公斩子》？

随小宝：对，《关公斩子》是红头，就是红脸的。演关公可不容易，那是演武圣人。京剧演武圣人几十年来已经形成了一个固定的模式，关公的捋髯口，"铿锵锵锵锵"，眼睛一瞪，他那个范儿不是一般的老生或者武生的表演方式，而是形成了自己的一整套模式了。

我还在学校里的时候，学校重金请来"江南活关公"——小三麻子李吉来到戏校教课。他在教的时候，我可能是出于好玩，也可能是蛮用心的，他在前面教，我就躲在后面偷学，行话叫偷戏。他演关公是另外一种表现方法，胡子拉起来一转，我有印象的。我就和导演说，我知道关公应该怎么演。

淮剧演关公可以把京剧表演关公的特色挪过来，虽然不用像京剧那么程式，但是这个基础是很重要的。关公的儿子关平在路上骑马踩死了老百姓的一个孙女，人家告状了，应该把他怎么办？关公是铁面无私的，斩。然后产生各种各样的矛盾、斗争、纠葛，最后还是斩了。他虽然是武圣人，但他也是个人，要斩自己的儿子，心情多复杂。在去法场的路上，他那个心情啊，不得了。我想这儿有戏，我就向导演提出这儿能不能加一场在马上舞蹈的戏，来表现他的那种复杂心情，行话叫马趟子。

我特地去京剧院看他们练功，正好碰到几位老前辈，小王桂卿、筱高雪樵，我就请教他们，跟他们琢磨、研究，他们也都熟悉我，有的在戏校也当过老师。结果我把马趟子从一开始亮相就勒马那个劲儿啊，然后摇头，把关公的心情表

在《关公斩子》中饰演关公

现出来了。他也不愿意去斩自己的儿子，但是法不容情，非得去，所以他那种焦虑的心情全都要表现出来。包括圆场、打跳甚至点头，全部都给用进去了。导演开心得不得了，说到底是戏校毕业的。我说还亏得我在戏校基本功练得比较完整。

后来我们参加了全国的淮剧节，几十个剧团全部集中在江苏省盐城市会演，我们就被安排作为会演之后的一个示范演出。那真的是人山人海，各个剧团的各路人马都来了，盐城的电视台、电台，盐城的市委市领导，一看都说不错，到底是上海淮剧团，海派，影响非常好。

采访人：后来您在《灰阑记》中演包公的时候换了另一种表演风格是吗？

随小宝：对。你看京剧的《铡包勉》《赤桑镇》，他们戏中的包公也有自己的一种表演方式，就是稳、沉、重，他的出场不是很急的。而且演包公的人基本上都不讲话的，在后台就坐在那里，上台之前一句话都没有。不像演武圣人的，烧香、拜佛，包公就是一声不响，然后上台。我想他最后光很稳还不够，水袖捞好了之后亮相，一个亮相之后他有一大段唱，这段唱你要配合这个人物，他很铿锵有力，很稳沉、厚重。我不是一直在学周筱芳的马派自由调吗？我就自己作曲，然后再唱给导演听，导演听了说"蛮好蛮好"，用马派自由调的那种稳去表现包公恰到好处。

采访人：后来还有一部《木匠退亲》，您还因为这部戏获得了很多荣誉？

随小宝：对。这部戏是京剧院的李桐森来做我们的导演，他也是很有名气的，"江南活关公"小三麻子是他的叔叔。《木匠退亲》是一个小戏，而且是个现代戏。那时候的木匠是什么样的，不知道现在的年轻人知不知道？他有一个担子，前面全是装着刨子、锯子、钻子这些工具，后面一个圆筒，里面摆着以前划线用的工具，就是一根弹线，沾了墨汁以后一勾一弹，一条线就出来了。这些东西都不太好耍，我就想在这个

在《木匠退亲》中饰演小木匠

担子上下下功夫,把担子在肩上像耍花篮一样的一耍,然后在手上一转,就表现出年轻小木匠的那种活跃。

这个戏剧本好,我的担子耍得也好,观众喜欢得不得了。那一年正好青年会演,每个剧团都有小戏。谁知道我这个戏一演,整个文艺界轰动起来,这个戏被评为上海市青年演员汇报演出优秀演出奖,同时我个人也获得了个人先进,当时的"革委会"主任彭冲亲自发的奖状。

采访人: 还有一部《牙痕记》相当于您继承周派的顶峰之作,能给我们详细介绍一下吗?

随小宝: 提到《牙痕记》蛮有趣的,这个戏最后成了整个淮剧界的经典作品,但是当时我们都不知道,创作的时候大家都没有想过这部戏会那么红。

那个时候淮剧团到外地演出是很艰苦的。到一个地方,前面在装台,我们就在剧场旁边的一排宿舍里面,大家在大通铺上铺好稻草然后把自己的席子、垫被全部铺好,吃、住、拉、撒全部都在后台。冬天再冷的天,你冷得呱呱抖,玻璃上都结冰了,也只有这点铺盖。那没办法,只好到外面的市场上自己花钱买一件棉大衣,回来盖在身上,但是底下潮湿得不得了。夏天蚊子很多,蚊帐撑起来都没用。而且转场很快,从一个地方转场到下一个地方,大概二三十里地。那时候淮剧团的团风很好的,没有什么主要演员、次要演员之分,卸东西时大家一起帮忙,而且都是先搬公家的东西,后拿自己的东西,成风气了。

最苦的是淮剧团，最朴实的也是淮剧团，因为团里好多人都是一般的产业工人出身，对共产党有一股感激之情。最早的时候到外面演出都是草台班子，没有剧本，唱的也都是街头戏。后来是因为共产党，把他们全部集中起来成立了国营的人民淮剧团。大家都从唱戏糊口的，变成演员甚至是艺术家了。

我们再回过头讲这个戏，这个戏的编剧是我们的多产作家乔谷凡，导演是顾少春。以前淮剧有个剧本《父子三状元》，这个戏就是在它的基础上改的全本。

戏中马秀英演的生母落魄了，夫妻两个在农村的瓦车棚里生下了一个小儿子，但是他们没有办法抚养，只能狠狠心撕了一块身上的布写了血书，而且因为这个小儿子生下来是六个指头，还在他手上咬了一口，就把他丢弃了。后来这个孩子被筱文艳演的养母捡了去，回家抚养，后来成了武状元。他的哥哥是生母带走的，长大以后成了文状元。哥哥是陈德林演的，弟弟是我演的，父亲是韩小友演的，都是在苏北赫赫有名的演员。

这个戏我们一致认为不需要作曲，因为每个人的唱腔都有自己的特点，那就把自己最好的特点拿出来在舞台上展现。我就运用了我学习的周派，用我自己延伸和分化了的自由调，然后根据周筱芳唱的《河塘搬兵》里的八千岁那一大段唱的韵律，根据这个戏的角色，我把它融入进去了。

有一场戏是哥哥无意间发现这个武状元是自己的弟弟，然后兄弟两个在皇帝面前告状。他告诉皇帝说这个人是我兄弟，我要认。我呢，就说自己不是你兄弟，你是刁难，然后两个人就越吵越凶。剧本就是这样的，要把兄弟两人的疙瘩系得越紧越好，最后一下松开，观众恍然。所以兄弟两个在皇帝面前越吵越凶，最后血书拿出来，再加上弟弟的六指，皇帝一看，是兄弟两个。那么筱文艳这个角色要被拉出去斩首了，因为蒙骗了皇帝。

这个戏在上海滩轰动得不得了，淮剧团的人艺术魅力多强，一天两场都来不及演，后台都挤满了。后来我们受到邀请，几乎跑遍了苏北。到阜宁演出，我们睡在后台，观众一大早就来抢票子，票子还没抢先到宿舍来看我跟陈德林两个人。我们还睡在床上呢，他们就趴在窗户上向里看，指一下这个是演谁的，那个就是谁。我心里面很乐意，为什么？我们跟观众有共鸣了，我们让观众得到欢乐了。他们甚至说这个戏你们演到哪里我跟到哪里，一定要看。

我们火到什么地步呢？那些农民跑二三十里地过来看我们这个戏，票子供不应求，组织上就讲一天演四场。那还了得？一天四场我们根本看不到太阳，每天演出结束已经月亮当头，第二天又继续。连着一个礼拜没有休息，吃饭也是很快的，20分钟后又开锣了。甚至我们一场戏演完下来，演到第几场了都不知道，最后演完月亮当头，满天星星。

我们就是这样演还是满足不了观众的需求。这部戏确实是一个经典，但是我们当时演的时候不知道它会那么红，红到了上海滩只要是淮剧爱好者，人人会唱，每一个角色的每一版人人都会唱。

采访人：您刚才介绍的剧目中都讲到了自己所做的一些创新或者安排，那您一般拿到一个剧本之后，艺术创作的过程是怎样的？

随小宝：我会先看看这个戏的背景是什么时代。比如我演的《吴汉三杀》，这个戏是从京剧老前辈周信芳的《斩经堂》化过来的。我演的吴汉是王莽的女婿，王莽篡权，吴汉的母亲一听到这个消息，得知自己的儿媳妇是王莽这个篡权的坏家伙的女儿，于是她逼着自己的儿子吴汉杀妻。为什么会有三杀？因为他下不了手，为了政治，为了反对王莽，要亲手去杀自己的妻子，他实在做不到。但是他又是一个孝子，要听母亲的话。结果第三次他刚刚下定决心，他的妻子自刎了，因为她也知道自己坏就坏在父亲王莽篡了位。吴汉一看到妻子自刎了，惊呼"哎呀！"一声，自己两次要杀妻都没能忍心下手，第三次刚刚要进去，结果妻子自杀了，他在不忍心的情况下看到这个场面会是什么心情？你怎么去表现呢？我表演这个场面时是往后退，然后一个倒扎虎，一下子就把人物的那种心情表现出来了。

所以我每一趟创作都要有一些玩意儿去增加角色的力度和厚度，用某些手段去让剧情或者角色自己的情绪迸发出来。每一次唱的过程，剧本是平面的，我要把它竖起来，就是把它当木偶一样，把它竖起来看，当成人物来看，不是纸上谈兵。某个人物在某个时候他会有什么动作，我要用什么动作能够体现他内心的东西？我们戏曲有戏曲的一些东西，用戏曲的技巧来把人物的情感体现出来。

在《吴汉三杀》中饰演吴汉

在《白虎堂》中饰演杨六郎

采访人：您觉得您最擅长表演哪一类的作品？

随小宝：我最擅长的是文武兼备。要让人物都活起来，文戏要武唱，武戏要文唱，这是我们的行话。什么叫文戏武唱？不是说你演文戏一定要舞刀弄枪、翻跟头，它是指要有一种精气神，演员在台上拎不起精气神，那观众也拎不起精神。

在《爱情的审判》中饰演叶双庆（右为马秀英）

我表演的时候最重视的就是把一个角色塑造出来，我能够将自己所拥有的东西嵌在自己担当的这个角色里面。

以前刚刚毕业的学生都在大世界跌打滚爬，一天三四场不停地演，不停地实践，你能悟出好多道理。我们那个时候艰苦到什么程度？外面38℃的天，那个时候二楼的剧场没有空调，连冰都不搁的。我演《关公斩子》，里面穿着厚棉袄，外面再穿大靠，还有一头蟒袍。出来一亮相，我睁眼一看，底下六个观众，正好六个电风扇每个电风扇下面一个观众。但是哪怕只有一个观众我也照演，我们那个时候真的很认真，一丝不苟，一场戏演完了人像水里面淌出来的一样。

采访人：您是周派艺术的传承人，也是上海市非物质文化遗产的传承人，您是怎样理解"传承"这两个字的？

随小宝：我的理解是这样的，传承先是承，继承的承。一个流派的形成是已故之人他们一辈子的心血，他们根据自己的特点形成了自己的一套东西，当然其中也有他自己的不足、弱点甚至是缺陷，但是他已经形成流派了，弱点有的时候恰恰就是他的特点。你要继承一个流派先要学，要学得像，观众眼睛闭起来一听就是某某人唱的，不能似像非

下社区演出

像。比如学周派,一听就是周筱芳在身,和周筱芳一式一样的,哪怕缺陷也变成特点了。在这种情况下,人家承认你了,然后根据自己的基本功,自己的润腔、吐字、韵味以及角色的运用,再慢慢地化开来。先承,承好了之后再传。没有承怎么传?承上启下,你要有这个概念,先承后传,使一个流派流传下去,不能中断。

另外我从前辈那里借鉴了一句话:要学戏,先做人。这是袁雪芬老师一直讲的。老一辈的艺术家是很认真、很朴实的,对艺术一丝不苟,这是相当好的。老一辈留给我们的不光是技术和唱腔的韵味,主要还是做人的道理。我们要把淮剧这门艺术传承下去,首先要传承这种精神。

采访人: 您带过学生吗?

随小宝: 我在没退休之前带过学生,那个时候是领导安排的,让我把几个以前演的经典的折子戏,以及后来新排的《闹磨坊》《小和尚下

与筱文艳同台,在《家里家外》中饰演海员

山》《刘二姐赶会》这些小戏传承一下,教给学生,我都做到了。

教学生很累,不像导演在舞台上给演员调度,演员都有悟性,看了剧本自己知道应该怎么样去安排。这些学生都是从苏北艺校、盐城鲁迅艺术学校毕业分到我们这里来的,他们不像上海市戏曲学校有那么严格的刀枪靶子、毯子功训练,基本功都是弱项。我累到什么程度?一个动作我要自己示范三次,他可能还不会。但是最后总算也教出来了,特别是小和尚所有的小功夫,包括用脚把佛珠挑上去,用头来接,等等。所有的这些动作都教会后,我才休息。

导演最无奈、最头疼的是什么?就是演员没有基本功。就像导演跟我说的,我的悟性最好,那是因为我有东西啊。导演讲这个地方他的要求是什么,我就能拿出玩意儿来,我能用这个玩意儿把人物心里面的状态全部表现出来,导演就特别高兴。

现在教学生有点难,因为现在的学生跟我们以前是不一样的。以前我为了翻跟头,大筋都翻断掉。我们那个时候无忧无虑的,只知道练功、排戏。

采访人: 您对现在的青年演员们有什么建议吗?

随小宝: 现在都市场化了,但是年轻演员首先要认真对待自己的艺术良心。当然现在剧团里面有时候演出不饱满,但是你的艺术良心不能丢掉,哪怕就演一个角色、一场戏,都要认认真真地对待。戏曲演出有市场化,但是我个人演的角色不能市场化。平时我们要清清白白地做人,现在好就好在我们的社会很安定、和谐,氛围很好,不像以前旧社会吃了上顿没下顿。正因为现在的生活无忧无虑了,所以现在在舞台上的表演是自己奉献给社会的。年轻人还是应该先认识自己,清楚自己在社会上担任的是什么角色,要清楚自己所从事的艺术的规律,弄清各个剧种的特点,然后根据这些特点,你要对得起你的良心和角色,就行了。

采访人: 您退休后还去好多地方教唱是吗?

随小宝: 我是60岁退休的,退休以后有好多私人班子,还有苏北那边来挖人,我不去。我认为淮剧观众中有那么多工人,他们一生都很喜欢这个剧种,现在下岗了或者退休了,年龄都很大,我还想为他们做点什么。

在《海港的早晨》中饰演高志扬

有一个老太太跟我说，她那个时候为了看戏，从国棉七厂，也就是曹家渡跑到中国大戏院来看戏。那个时候家里面也不富裕，给她的钱只够买票子，看完很满意，但是连车钱都没有了，就走回家。他们对淮剧的热爱到这个地步。现在他们老了，退休了，也喜欢玩玩，所以上海的大小社区里沙龙遍地开花。他们也邀请我，有时候通过各种渠道知道我的电话号码，电话来个不停。我说好，我去看看。从此以后我就每个礼拜到他们各个沙龙逛一逛，看一看，结果他们拉着我不放，"随老师，无论如何你帮我看看这个唱得怎么样"。那我只能现场教，给他们指出这个动作哪里不对。后来他们干脆要排《牙痕记》最后《金殿认子》那一场，让我去给他们做导演。我说导演我不行，但是可以给你们说一说每个人的走位。然后再一句一句唱、一个一个动作教给他们。

上海各区我基本上跑遍了，那些沙龙也都跑遍了，有求必应。因为他们老了要有他们的乐趣，有他们的爱好，他们也想发挥余热，也想自己上台，所以我趁此机会让他们老有所得，他们也都很欢迎我，很喜欢我。

采访人： 随着时代以及观众结构等因素的变化，淮剧渐渐有些边缘化了，您觉得淮剧应该怎样发展才能更好地传承并且发扬光大？

随小宝： 以前喜欢淮剧的那些产业工人现在都老了，而且从市区周围动迁搬到外环线以外去了，要怎么才能把他们集中到上海市中心来看戏呢？只有他们子女开车送过来。但是其实，每一个剧种都有它的根据地，沪剧是上海周围，越剧有浙江的绍兴、萧山，淮剧的根据地就是苏北。苏北现在发展得很快、很好，剧团也可以排好戏到苏北去演出，也可以把苏北的观众吸引到上海来看戏，这就看领导有没有技巧了。演员不需要顾及这些，只需要保持好自己演戏的质量就好了。

淮剧是边缘化了，比如电视里面基本很少有淮剧的节目播出。不过广播电台很好,有播出规律的,每周都有人告诉我又听到电台放我的唱段了。我还要特别感谢星期广播音乐会,把我们淮剧二班的人都组织起来搞了一台演出,像告别演出一样。从以前筱文艳、马秀英、何叫天那个时候我就参加星期广播音乐会了,当时在大众剧场,现在拆掉了,几十年一直坚持到现在,不容易,要继续坚持下去。

淮剧还是有生存的必要的,关键就是怎么经营。现在一些年纪大的老观众,他的下一代或者孙辈有时候买了戏票开车把老人送到剧场看戏,看完了吃好点心再送回家,这样的孝子也是很多的。

淮剧还是很有希望的,你看现在年轻演员排的好多戏,包括梁伟平还有他的爱人景兰英演的《百岁挂帅》,只要他们在舞台上演出,底下观众席扑扑满,并不是人们所想象的那样很冷清,叫好声也不亚于我们当年。当然,年轻观众我们要多培养,培养观众和培养演员应该要同时起步。一位越剧老前辈也说了,现在越剧也面临着观众的散失,其实是一样的道理。社会发展了,娱乐的渠道、平台多了,大家的选择范围也就多了,关键看领导怎么经营剧团。反正演员有演员的职责,就是要把角色演好,淮剧、沪剧、越剧都是一样的,大家都应该努力占据这个领域,能不能成功就靠大家的努力了。

采访人:回顾一下您的整个艺术之路,有什么快乐或是遗憾吗?

随小宝:我只要在舞台上跟观众有共鸣,观众都喜欢我,就是我最快乐的事。另外最遗憾的一点,就是广大喜爱我的淮剧观众无法了解我们这些演员背后的辛苦和汗水。我们常说的"台上一分钟,台下十年功",观众不知道我们在台下有多苦,是有点小遗憾。

我的兴趣全部投入淮剧上面去了,我的根就在戏曲学校,从小学唱,这种感情是永远抹不去的。我一路走过来也还算平平坦坦,到哪里都有掌声和光辉,又得了那么些奖,应该说还是很满足的。

(采访:裘一婧　整理:陈家彦)

博采众长，成就一把主胡
——程少樑口述

程少樑，1941年出生，江苏建湖人，国家一级演奏员。国家级非物质文化遗产项目淮剧代表性传承人，上海市非物质文化遗产项目淮剧代表性传承人。中国音乐家协会会员、中国民族管弦乐学会会员、中国二胡学会会员，上海戏剧家协会会员、上海音乐家协会会员、上海戏曲音乐学会理事。代表作有《窦娥冤》《李甲与杜十娘》《半边月》《大动迁》《八女投江》《大路朝天》《汉魂歌》《金龙与蜉蝣》等。

程少樑： 我叫程少樑，工作在上海淮剧团。我从小生长在艺人家庭，我的父亲是程寿昌，我哥哥程少楠曾担任上海日升淮剧团团长。我从小在剧团长大，虽然没有当演员，但是他们的一切活动我从小就记忆深刻，自己也从小就喜欢吹吹打打。

采访人： 您几岁开始在剧团参与演出？

程少樑： 我记得是在12岁的时候就进了日升淮剧团。20世纪50年代的时候，上海至少有十四五家淮剧团，比如说日升淮剧团、建新淮剧团、精诚淮剧团、志成淮剧团、浦光淮剧团等。当时好多老艺人为了生活、养家，哪个剧团的股账大，他就放弃日升的工作，到其他的剧团去了。因此有时候日升淮剧团演出的时候，乐队就缺人。那么由于我哥哥是团长，他就把我从家里叫来，说"少樑，今天你要帮乐队干活"。

儿时的程少樑

那个时候我记得是1952年，我12岁，从那个时候起就进了剧团，我记得当时主要是帮乐队打小锣，然后兼学副胡，学二胡。小的时候觉得蛮好玩的，可能今天缺一个小锣，那我就帮他们打两下，还没有把这个当作自己的前途或者职业这种意识，就是闹着玩。进了日升淮剧团以后，在乐队里我是最小的一个。虽然是在乐队工作，但是台上缺人的时候，我也能顶上去的，有时候演个娃娃生。但是相比较而言呢，我还是喜欢乐队的工作，毕竟从小在剧团长大，天天就听人家吹吹打打，所以从小就爱这一行。

采访人：后来您从日升淮剧团调入了上海市人民淮剧团？

程少樑：上海市人民淮剧团，也就是现在上海淮剧团的前身，是国营的淮剧团。1954年的时候，从各个区县剧团调了一批比较好的人到上海市人民淮剧团，参加上海市华东区六省一市的戏曲观摩演出大会。

当时我记得人民淮剧团参加演出的有筱文艳、何叫天、马秀英、徐桂芳等著名表演艺术家，参加的节目是现代戏《不能走那条路》和古装戏、折子戏《五台山》。除此之外，当时还有竟成淮剧团和建新淮剧团的何益山、陆少林等，江苏的淮剧团也到上海来参加了会演演出。

因为当时参加华东区六省一市会演的时候，是从各个剧团调了演员和乐队来加强上海市人民淮剧团的艺术力量，那么演出之后，当时人民淮剧团的老团长就发现我年纪比较轻，今后可以成为一个接班人，所以就把我从日升淮剧团调进了上海市人民淮剧团。

进入人民淮剧团以后我主要担任乐队的工作,主要是小锣,兼学二胡。时间过得很快,一晃三四年过去了,1957年,剧团的党组织和团部决定让我拜淮剧著名琴师潘凤岭为先生,希望我能很好地继承他这份事业,这样我们就成了师徒。从这以后,我开始不仅仅专注于乐队打击乐的发展,而且对淮剧的音乐塑造更加热爱。拜师以后,除了潘凤岭老师的言传身教以外,自己一有空就到上海音乐学院去旁听二胡演奏家王乙先生的课程,这就丰富了我在淮剧主胡方面的演奏技巧和理念。

后来上海市组织了评弹、杂技、话剧、戏曲青年会演,我记得是1959年。我们当时参赛的有《女审》《探寒窑》《花园会》等节目。青年会演结束以后,第二天开大会的时候宣布说程少樑同志获得了主胡演奏奖,当时我是喜出望外,完全没有想到自己能得到这样的荣誉。当时参加的有京剧、昆曲、沪剧、滑稽等好多剧种。虽然大家都是年龄相仿的青年,但都是相当棒的人才,好多小伙子都很帅气,所以自己得到这份荣誉是非常震惊也非常珍惜的,也促使自己今后要把这份事业搞得更好。

1960年的时候,本来是准备到北京去参加全国青年会演的,但是因为当时遇上"三年困难时期",为了节省国家的开支,中央不组织全国青年会演了,但是上海组织了一次京、昆、淮赴北京汇报演出。当时我们淮剧带去的是《女审》《探寒窑》《断桥》这些剧目,在中南海怀仁堂党和国家领导人刘少奇、朱德、周恩来接见了我们。

当时我记得,周总理问演员施月娥,"你是筱文艳的徒弟啊?"施月娥激动得话都说不出。周总理对她说"我和你师父同乡,我也是淮安人",我们当时听了好高兴。领导人还鼓励我们,希望我们这批青年演员,包括乐队以及舞台的工作人员,今后要多长知识,要琴、棋、书、画都会。所以我们京、昆、淮的这批演员从北京回来以后,练字的练字,练画的练画。

采访人：您前面提到拜潘凤岭为师是剧团的安排，那当时有没有说我想拜这个老师就可以自己去拜？

程少樑：你如果自己要拜，先生不一定肯收你；如果这个是党组织和团部的决定，那么哪怕潘老师当时是违心的，不想收也要收，因为这个是组织的命令。所以组织上能帮我促成，让潘老师成为我的先生，我是由衷高兴的。按辈分的话，潘凤岭的父母和我的父母是同辈人，我和潘凤岭也是同辈人，1954年我刚进淮剧团的时候，我们是称兄道弟的，所以后来党组织和团部让我拜潘凤岭为师，一开始叫先生还不习惯。

建立了师徒关系以后，我和潘先生之间就更加亲密了。一起出去巡回演出的时候，领导安排的房间总是我们两个人在一起，我早晨就给他打好洗脸水，买好早点，那真的就是跟师徒一样，一点不含糊的。

拜了先生以后，自己就安安心心学。过去这些老先生，一是文化水平不高，另外呢也不善言辞。教学生怎么教？就是他拉琴的时候，你跟着一起拉。不像现在条件好，还要学文化、学理论，当时基本上就是口传身授。在这个过程中我也确实在逐步长大，越来越懂事。举个例子：潘先生教一段唱，你学会了，他马上一揪谱子就扔掉了。但是我把谱子当宝贝一样的，捡回来在桌子上把它捋捋平，折好，回到宿舍里摆在床底下压平。因为这些都是老先生的心血，这些老先生有的从旧社会过来的，身体有这样那样的毛病，突然有什么变故怎么办？就什么都学不到了，所以能留一点纸片下来也是非常好的。

从淮剧主胡的演奏来说，潘凤岭先生是首屈一指的。我们管演员的演唱叫作行腔走调，而一个好的琴师，他的任务就是烘云托月。那作为主胡来说，首先一点，演奏技巧要过关，这样才能托得住演员。万一演员脱板，或者下一句词想不起来了，那主胡随时要准备好帮他垫一个过门。像潘凤岭先生，他会拉扬剧，会拉京剧，会的很多，否则要招架不住的。

另外潘先生有一个最大的特点，就是唱得好。他可以一边拉琴，一边自己唱,像京剧老先生一样。而且他嗓门高,唱的味儿比演员还要好,口齿清楚、字正腔圆,润腔也非常到位。

通过潘先生的悉心教导之后,我从淮剧主胡这个位置来说学会了很多技巧,比如淮剧拉调怎么拉,小悲调怎么拉,大悲调怎么演奏。另外,要发展淮剧,除了继承淮剧著名琴师潘凤岭先生的演奏技巧以外,我还吸收了民乐的演奏技巧和演奏特点。那个时候剧团再忙,我也抽时间背着个琴,到上海音乐学院去听王乙老师的课,得到了好多教诲。

采访人：您当时怎么会想到去学习王乙老师的演奏技巧的呢?

程少樑：因为我觉得除了淮剧传统的东西以外,还有好多值得学习的东西。过去有一个说法叫"南潘北居","居"指的就是江苏省淮剧团的居乐老先生,另外高小毛老师、李步才老师等这些好的琴师,曾经多多少少都合作过,我都记忆犹新。我希望能够博采众长,把这些老先生的好的东西都吸收过来。

在我的淮剧生涯当中,除了潘凤岭先生以外,上海十多家剧团各个主胡的各种流派,我都吸收了,另外我还学习了民乐,学习了京剧,还吸收了南方的锡剧和沪剧。这样做的好处是什么呢?比如以前南京路步

在上海音乐厅为
白燕升演唱伴奏

行街的广场上有"天天演",有时候我们淮剧去演出,还有越剧或者沪剧等其他剧团也一起演出的,但是他们的琴师没到。那怎么办呢?就来拜托我给他们拉一段,就需要拉越剧或者沪剧的曲调了。如果没有平时多方面的学习、积累,那我肯定是胜任不了的。所以说平时要做一个有心人,要多吸收、多积累。

过去有一种理念叫京淮不分家,淮扬不分家。20世纪50年代的时候,当时任中国戏剧家协会上海分会副主席的刘厚生有一次来淮剧团作报告,他说希望今后淮剧和扬剧可以合流。尽管那个时候我才十几岁,不懂合流是什么意思,但是我写淮剧唱段的时候,吸收了扬剧的大陆板,吸收了南方锡剧的特性音调,甚至我写《十八相送》的时候,采用了一点越剧的音调,以此来丰富、发展淮剧。

采访人: 您是什么时候开始担任淮剧主胡的?

程少樑: 1958年的时候我就为表演艺术家筱文艳老师操琴了。那时是到大连去演出,我给《刘二姐赶会》这个节目伴奏。这虽然只是个小节目,但是里面集中了好多淮剧的小调,你如果不会这些,那是胜任不了这个工作的。

与筱文艳合影

给筱文艳老师操琴，这些老先生都很亲切的，看你年纪轻轻的，就很喜欢你。我记得当时筱文艳老师问我："你为什么不唱戏啊？可惜了。"她说："你爸爸也唱戏，你嫂嫂也唱戏，你哥哥唱小生，你这个脸蛋也蛮好，为什么不唱小生呢？你是小生坯子。"我当时腼腆地一笑，说我还是拉我的琴。她也无可奈何，可能想想觉得也对，人各有志嘛。

和这些老艺术家合作的时候，他很容易和你沟通，因为你年岁小、听话，所以他就喜欢你，也会悉心教导你。比如他会告诉你，拉旦角的时候要柔美，拉到生角的时候要硬一点，特别是拉花脸、老旦的时候，运弓要有力。除了潘老师，这些老艺术家在跟你合作的时候也会教你很多东西。由于我是从小在剧团长大的，对这些老先生的特点，他的气口，他的定音高低，我都掌握得很自如了，那么我在跟他合作的时候就懂得怎么样去配合好他，也就是我们说的烘云托月。这个云你要先看见，不能瞎烘；托月，就是要把月亮托得高高的，用现在的话讲不能喧宾夺主。人家在台上唱得很轻柔，你在那边拉琴拉得死乞白赖的，这不行。你要根据人物的转换、情绪的变化去配合好台上的演员。

采访人：您和这些老艺术家合作的时候，会根据他们各自的特点来演奏吗？

程少樑：这个肯定是要的。比方说何叫天老先生，他是须生演员，唱腔比较硬朗，那不管是《忠王李秀成》还是《三女抢板》，我这个弓头就要比较硬一点。当然他也有抒情的时候，那我就把琴声稍微压低一点。但是多高多低，定调多少，我时刻都要记住的，怕万一遗忘了，我就在本子上记一记，他原调是什么调，现在随着年龄增长，我应该用什么调。就等于说我是在服侍他们让他们能演唱得舒服，所以他们也很愿意跟我合作。

琴师在一场演出中的重要性其实仅次于演员的唱，演员有多少唱词,琴师就有多少段子,演员没有唱的时候,琴师还要根据情节用不同的曲牌,比如灵堂祭祀的情节,乐队要奏《哭皇天》。而且台上的演员来自不同的流派,这是需要琴师去下功夫的,何派的特点、筱文艳的特点、周筱芳的特点、徐桂芳的特点,都是不同的,琴师要自己把握,从定调、从流派的唱腔旋律上去配合,这都是琴师需要考虑的。

比如说周筱芳的《白虎堂》,它跟《宝玉哭灵》就不一样。《宝玉哭灵》是用了十字调,属于老悲调;《白虎堂》中的唱词是训斥自己儿子杨宗保的,唱的是周派马调,这些我肚里都要有,否则人家唱了你过门没法垫,那不行的。

采访人:您12岁就加入日升淮剧团,后来又加入上海市人民淮剧团,您印象中当年剧团的整体风貌是什么样子的?

程少樑:早些年都是拖家带口进驻剧场,群众演员就席子一铺,被子一摊,就睡在舞台的台板上的。第二天很早演员要练早功,要翻跟头了,就赶紧起来,把被窝一卷,跟着演员一起跑圆场、吊嗓子,这样的生活我过了蛮长时间的,也蛮好玩的。

1954年我进入上海市人民淮剧团,是国营单位了。国营剧团比私营剧团条件要好得多了。比方说私营剧团它排一个戏不可能排很长时间的,布景都是临时画出来的,比较简单。在国营剧团,比如《水漫泗洲》的水景,那是花了好几个月才画出来的,其他如灯、服、道、效、画这些都是,要制作好长时间,包括台上的扩音效果,那比私营剧团好多了。

采访人:程老师您是什么时候开始涉足作曲领域的?

程少樑:有一年,我们到苏北江心洲的一个小岛去慰问演出。当时编剧临时写了一个小的表演唱,正好我们剧团作曲没有去,领导就说"那就少樑你作一下曲吧"。当时接到这个任务蛮高兴的,但是压力也挺大的,不知道自己弄不弄得好。编剧把词给我,我通宵达旦一夜没睡,把曲子作出来,第二天早晨把谱子拿出来让人去刻钢板然后印出来发给演员，我再教演员们唱。当时这个表演是筱文艳老师领唱的，叫《江心洲之歌》，唱的是当地农民们自己的一些很生活化的东西。上午大家学唱，下午就直接在广场演出了，受到了当地农民的热烈欢迎。

此后"文化大革命"开始了，那个时候各个单位恐怕基本情况都差不多。有一次我听电台时听到一首毛主席诗词，是叫《送瘟神》吧，其中有一句"绿水青山枉自多"。那首歌曲很好听，我就把这个录音录下来，想试试用淮剧去谱写这么一段。写好以后我给了朱金霞，她是淮剧大班的一个演员，她唱的，在上海电台录音以后被转送到北京去了。然后，就慢慢开始作曲，写了《拣煤渣》《六月红》《女清洁工》这些小戏，都是通过"下生活"体验，然后回来创作的。

"文化大革命"中，筱文艳老师到"五七干校"去挑演员，就把区县剧团的几个演员，筱海红、陆少林等人，从"五七干校"调到上海淮剧团。他们一进淮剧团，剧团就为他们创作了《九件衣》，这个戏是我们的一个老编剧顾鲁竹创作的，导演是韩刚，作曲是我。这是个传统戏，我是根据旧社会唱这个戏的行腔走调，重新作曲，一段一段、一幕一幕这样写下来的，后来这个戏成为淮剧团的一个经典剧目。这个戏是在现在的天蟾逸夫舞台演出的，当时叫劳动剧场，那时候每天、每一场都客满，反响非常热烈。观众从票房大门排队，一直排到大丰果品商店还要转弯，观众非常爱看。

紧接着我又为他们写了第二部戏，叫《哑女告状》，这个戏的创作过程是比较轻松的。当时我在淮阴一带巡回演出，当时的业务团长把《哑女告状》的本子交给我的时候，正好北京出了一部新的评剧戏曲电影《花为媒》。当时我们一天两场演出，然后中间插入《花为媒》的电影放映，这样对剧场来说，收益就更大一些。当时我接到《哑女告状》的本子以后，就考虑能借用一点好听的外来音乐。两场演出之间放电影的时候，人家都去休息了，我就还是坐在剧场里面看戏，希望能够借用一些评剧的特性音乐来为我这个创作所用。所以我在《哑女告状》

里面吸收了一些评剧的特性音乐，还吸收了一些黄梅戏的特性音乐，丰富了我这个剧目。后来这个戏经过老中青三代淮剧人的演出，轰动了上海和江苏，可以说是我的一个代表作。

1993年搞都市新淮剧《金龙与蜉蝣》，作为一个作曲来说，这个戏多亏了剧作家罗怀臻和导演郭小男给了我这样一个用武之地，让我把多少年来的一个想法实现了。

过去淮剧的传统剧目不像京剧分得那么清楚，比如京剧的"大二三花脸，老少父母旦"这样十个种类，其人物性格、唱法都是不一样的，淮剧的老生、小生唱腔都一样，无法区分。比如说何叫天唱的"不能坐山观虎斗"和杨占魁老先生的"自从去到金山后"，他们一个是须生，一个是小生，但他们的唱腔都是一样的。这是我多少年前就在琢磨的一个事情，想要在这方面做一些改变或者突破。小生我要吸收一点旦腔，而且跟旦角是同调、同定音、同定弦，从节奏上让它不像原来那么直截了当，带一点脂粉气，跟须生区别开来，不能是一套。过去一般的老生，悲伤的时候总是哭哭啼啼的，但是哭哭啼啼不能是一把眼泪一把鼻涕的，让观众感觉台上很脏，还是要干干净净、清清爽爽，唱是唱，做是做，我是奉行这么一个观点。所以在小生与须生的唱腔上，我加以区分，不断地创造小生的弦法、走向，来丰富小生的旋律、音调。

采访人：您给我们详细介绍一下《金龙与蜉蝣》的创作吧。

程少樑：当时《金龙与蜉蝣》的剧本交给我看了以后，领导是希望我能把这个戏接下来创作，因为我对这些演员，对演员的行当、音高等方面都比较熟悉，所以在当时我不胜荣幸，接下了这个工作。

我抓紧时间，花了两天把剧本看完了，第三天和导演交流，阐述了我的想法，然后就开始创作。首先是定调，淮剧有几大路曲调，一个是拉调，一个是淮调，一个是自由调，那么每场戏用基本曲调还是用小调，先在自己的头脑中有了一个盘算。色彩性的我用小调，比较出奇的地方我用一点自由调,用速度或力度来进行变化。要体现海岛景色的,音乐就写得漂亮一点。生活化的一些唱段就安排一点小调,把拉调、淮调这些主要的曲调放在重点的场次里面去用。比方说像马秀英老师唱的《玉娇闯宫》,闯宫的时候,我就用了一段比较苦涩的淮调。再比方说蜉蝣被金龙阉割之后,成了一个阉人,单独的唱段是"不提防,受刑戮,祸从天降"。他是到京城里来找他父亲的,结果没有找到,自己还被阉割了。我就运用了大悲调和自由调的结合,来表现这一段的情绪。

过去的传统戏,虽然也是从人物出发,但是只要大致的喜怒哀乐对头就可以了,不像《金龙与蜉蝣》这样,非常精细地加以雕琢。因为导演郭小男出身于艺人世家,他母亲是唱评戏的,他自己会拉小提琴,合成器也会玩,所以对唱腔要求非常高。

所以这个戏很好看,曲调音乐很好听,后来也获得了诸多的奖项。总体来说,这个戏得到了专家、同行以及观众们的认可。

最要感谢演员们的共同创作,这个戏是共同努力创作、拼搏的成果。在上海舞台不景气的时候,京昆越沪淮,淮剧是排老五。如果弄得不好,那么哪儿来的还是回到哪儿去,淮剧是江苏剧种,就还回到江苏去。上海地区有广大的产业工人,虽然多少年前是逃荒来的,但是反过来一方水土养一方人,尽管这个剧种是草根剧种,但它是为我们广大的产业工人服务的,他们也喜欢这个家乡剧种。这么多年来,通过一些老艺术家的努力,比如筱文艳、何叫天、杨占魁、徐桂芳、马秀英、武筱凤等这些老艺术家,他们确实和上海的工农子弟打成了一片,对推动剧种的发展起到了很大的作用。

采访人: 您刚才提到拉调、淮调、自由调等,能简单介绍一下它们的概念吗?

程少樑: 曲调是为了便于演员和琴师记忆,拉调、淮调只是说明一个曲调的性质。拉调是比较抒情、比较缓慢的,淮调比较硬,口语化的东西多一点,连说带唱。小调,比如说《卖油郎》里面,秦重到青楼去看花魁的时候,花魁醉了,他服侍她到天亮,一更到五更(哼唱),类似这样的小调,除了淮剧本身就有的,锡剧以及其他剧种也有。旋律都是大同小异,但是有些曲调不一定,像锡剧里的大陆板,它跟扬剧的大陆板旋律就不一样的,有它的乡土气息,它就是按照南方的口音四声定的曲调,设计高低音,和淮剧是有不同的。

  作为一个琴师来说,他要记得这曲调的特点,比方下面要用淮调,那么就是淮调的过门,就像京剧里二黄跟西皮不能并用。比较抒情比较缓慢的,要唱二黄,比较昂扬的要唱西皮。什么叫西皮?西皮定弦跟二黄不一样,反二黄是定 Do、So,里弦是 Do,外面是 So。西皮里面是 La,空弦里面一根是 La,外面一根是 Mi,是这么拉的。二黄的话,里面是定 So、Re,外面空弦是 Re、So、Re,它都是五度定弦,So、La、Si、Do、Re 五度,这么来的,它是比较抒情的。西皮的调门高上去了,空弦不是 So 了,是 La,它调门高,昂扬了。

  放到作曲里面,选定一个曲调只是基础,还要有发展、创新。比如说某一段你定了自由调,但是自由调有好多啊,还包括各个流派的自由调,要符合剧情、符合人物,选择一个最合适的作为基础,这就是定调。就好像造万丈高楼,它不是不打基础一下子造到18楼了,不可能。那么对于我们戏曲作曲来说,淮剧的三大曲调就是基础,另外还有一些小调是用来丰富这个剧种的,除了淮剧本身特有的之外,还有江苏民歌等。甚至于像《曹操与杨修》里面几个商人唱,它还用四川的音调,连舞台的念白都念四川音了。

  我过去排过一个剧目叫作《大动迁》,是讲成都路高架建设之前周围动迁的故事。这个戏里面的那些工人,有的是苏北来的,有的是浦东的,有的是上海市区的,我为了凸显人物与人物之间的变化,扬州来的我就安排了一个扬州曲调。最后观众认可了这种安排,就说明我的这个理念是成功的。

采访人： 请您再给我们介绍一下《海港》和《杜鹃山》这两部移植剧。

程少樑：《海港》这个戏最早是京剧向淮剧《海港的早晨》移植的。当时为了搞这个京剧革命样板戏，把我们的编剧李晓民都调到京剧院去了，为什么呢？京剧的韵脚和淮剧不一样，叫法也不一样。韵脚的设计和演员的唱有很大的关系，有些韵脚演员发声发得特别昂扬，有一些韵脚就不太好唱，韵脚的设计很考验编剧的功力。

《杜鹃山》原来就是京剧，淮剧有一个戏叫《杜全山》，意思也差不多，过去的名字也叫《雷刚》《乌豆》。《杜鹃山》这个戏当时是全国的样板戏，唱柯湘的演员是我们上海调去的，上海青年京昆剧团的杨春霞，过去在上海戏校也是唱梅派的。

《杜鹃山》的移植，当时先是在北京看人家《杜鹃山》乐队排练。我在那里一边听，一边就把谱子记下来，而且还吸收了京剧的韵脚，把京剧的过门用在淮剧里，改几个字就可以了。因为当时时间有限，我一般写一个戏的话大概就需要一个多月，但是移植《杜鹃山》时我一个人在大舞台剧场里住了两个月不到，连创作加排练，还有教唱，两个月不到的时间就在大舞台演出了。我记得那个时候正好上海发大水，但是观众座无虚席。

采访人： 还有哪些剧目的创作是您比较喜欢的，和我们分享一下。

程少樑： 有时候我在无意当中看到电视剧里有好的旋律，是我从来没听到过的，那我会很快把这个旋律速记下来，在之后的创作中可能从中借鉴一点东西。

比方说《党的女儿》，剧本里面要有一个主题歌，"大泽龙蛇走"，它在一个大戏里，一开始就是"大泽龙蛇走"开腔，我怎么来写这个主题歌？就采用通俗歌曲的唱法，然后体现出我自己的旋律，用这种方法来丰富淮剧音乐，当时也得到了专家同行的认可，观众也认可，因为它符合这个剧情的需要。

所以《双太子》《寒梅》《八女投江》《十二寡妇征西》《马陵道》《窦娥冤》《大路朝天》，还有《金龙与蜉蝣》，这些作品我自己都比较喜欢，为什么呢？因为在其中我有继承更有发展，获得比较好的效果。我想举一个例子，比方说《马陵道》。过去小悲调的过门都是中短过门，过门的作用一是交代你这个音区多高，你摸到这个音，不要唱得走弦；另外是起一个情绪作用，也就是起承转换的作用。但是在《马陵道》这出戏中，孙膑被刖足以后，他膝盖骨拿掉站不起来了，这一段导演安排了一个升段，一段长的音乐，待会儿他瘫在台上，我再起一个淮剧绝无仅有的小悲调的过门，比较长。我为什么喜欢这个戏？因为我把这个过门音乐化了，我创作这个小悲调过门的时候，孙膑在台上挣扎，台下观众情不自禁地掌声雷动。小悲调的过门能够拉出观众热烈鼓掌、掌声不断的效果，那是绝无仅有的。过去只有大悲调一起，台下才会鼓掌。

因此要说我喜欢的节目，几乎在我的每一个戏当中，虽然不能说一个戏一个风格，但是至少听得出我的用意。这个戏和那个戏有什么不同，观众、戏迷都会帮我总结的。包括那些老太太，她来买票看戏，她首先问今天这个戏是谁作曲的？票务组说"是我们程少樑同志作曲的"，她不问内容就买票来看。我们江苏籍的工友也好，这些老太太、老妈妈也好，她对你熟悉了，比较喜爱淮剧这个剧种。浙江的一些工友，甚至从外省市赶到上海来看戏，真不容易，真是让我们好感动。

所以我们没有理由不创作好的节目，没有理由不用心去工作。我们每一场戏的演出，我自己晓得今天什么地方没有到位，回家我要总结，好像从心里对不起广大的观众。台上演员一下把音唱走调了，我要把他扳过来，这个灵机一动要快，不能像慢车一样人家唱完了你还不知道。所以人家说起来，演出费你主胡比人家一般乐队还要多拿两块钱，钱虽不多，但是象征性地说明主胡的地位，我们没有理由不把工作干好。

采访人：您刚才提到好几部作品都是您个人比较喜欢的，那其中有没有您最满意的作品或者唱段，给我们介绍一下。

程少樑：我最满意的作品有这么几个，一个是《金龙与蜉蝣》，一个是《马陵道》，一个是《八女投江》。

《金龙与蜉蝣》中，一段大悲调我是写得蛮用功的。

《马陵道》中一段小悲调，改变了我主胡的演奏方式。因为过去在我学民乐之前，不管是大悲调、小悲调，只能在一把位到二把位，顶多三把位。在《马陵道》中，我运用了在音乐学院王乙老师那边旁听学习的民乐转换把位的方法，实现了从二三把位一直到三四把位，甚至比较高的音，不但是把位提高了，另外快弓快指的演奏方式，那是在淮剧里找不到的，我是用了一种异锋突起的方法。另外就是刚才提到的，在这个戏里面一段小悲调我写得特别用功，把过门音乐化了。

第三个戏就是《八女投江》，其中冷云的一段唱我运用了淮剧的老拉调。在定音上，音高提升了四度，平时正调的话顶多 D 调，Do，So。提高四度我用 F 调让她唱，音区提高了，旋律也出新了。冷云唱到这一段的时候，分析判断后面什么情况，怎么突然枪声停了，这对于她后面继续战斗实际上是一个动员令。

由于有以上这些比较好的先例，我可以再接新的剧目继续进行创作和运用。作为一个淮剧传承人来说，也可以把这些好经验传给淮剧的中青年演员，甚至于外面文化宫（馆）的业余爱好者们，我们尽量做好这些传承工作。

采访人：淮剧的音乐创作和其他音乐剧种的创作有什么不一样的地方？您在创作中是怎样去体现淮剧的特点的呢？

程少樑：淮剧在过去是江淮小戏，它题材小、故事情节小，还有"三小"，就是小花脸、小旦、小生。另外从曲调形式来说，它说唱的形式比较多，连说带唱的东西一多，那就显得比较贫乏。

这么多年，我都在研究淮剧的旋律如何能够更进一步的发展，既有继承又有创新,这点是比较有难度的。各个剧种、各个剧团百花齐放、百家争鸣,曲调也要多种多样,不能单一。老是停留在说唱,那旋律就不美,但它也是整个淮剧曲调中的一个品种,我们也不能排斥,有机会的时候还是要继续运用,观众听唱词也听得清楚。但是也不能当小菜天天吃,观众要吃得倒胃口的。

有好多难题就是从我们这辈人身上解决了一些,比方说男女同调。男演员肯定比不过女演员调高,但是我想办法在两段唱腔之间进行一个转调,我转得很巧妙,既要让观众听得出是在转调,又不露破绽,转得很自然,让男演员唱得也不要太累。我觉得这些方面都需要我们进一步的努力。

采访人:您的创作素材一般来源于哪里?

程少樑:创作戏曲和歌曲或者交响乐不一样,戏曲和交响乐是凭空的;戏曲传习,京、昆、越、沪都是有家底的。首先有三大曲调:拉调、淮调,以及表演艺术家筱文艳创作的自由调,还有多种小调,包括江苏民歌,有这么多素材,我只是在这里面寻找。但是光选材正确没用,还需要自己勤奋的创作。一个戏不是套曲调而是自己用心地一句一句写出来,怎么把它结构好,这是作曲自己的事。所以地方戏本身就有家底,有一个模式在那里,你可以继承,可以发展,可以创新,可以改造。

此外就是要下生活,特别是现代题材的创作,要经常跟工农兵在一起。你要写一个军队题材,不下生活是不行的,你要懂得军人的思想感情,然后变为你的音符。有些东西你可以凑凑,比方说我要写一个大的前奏,我用《军港之夜》也好,《当兵的人》也好,我可以化一点音道过来,但是军人真正的思想情感你得不到,必须要跟他们共同生活。

采访人:您是哪一年被评为国家级的非物质文化遗产传承人的?您觉得您是凭借什么获得这项称号的?

程少樑:我是2011年被评为上海市的非遗传承人,2012年被评为国家级非遗传承人。我想我之所以能够被评上非遗传承人,恐怕有两个方面的原因。

第一是我的演奏。如今淮剧的老先生们都过世了,我的先生潘凤岭、江苏的居乐、上海的嵇鸿裕,都已经过世了。所以要传承的话,我的担子还是很重的。

第二就是作曲。现在各个剧团都缺乏这样的人才,上海音乐学院培养出来的作曲也只能配配器,写一两段音乐,你叫他负责一个戏,把唱腔搞出来,他不行的。语言不对,四声不对,他不会唱,就不懂演员的气口在哪里。音乐学院出来的,哪怕是何占豪老师的学生,分到淮剧团来,如果要担任作曲工作的话,首先要到我这儿过一关,要诚心诚意地想把淮剧搞下去才行。

从淮剧发源开始,哪一年、哪一朝、哪一代,怎么会从香火戏走到门叹词,从六人三对面变成江淮小戏,后来哪一年到上海?从淮剧发展历程,我也是一个历史见证人。我出生在江苏省建湖县,6岁时我跟着母亲坐船到上海,后来就在剧团逐渐长大,12岁进了日升淮剧团,14岁进入人民淮剧团,后来改为上海淮剧团,一直到现在。

采访人: 您在退休后举办了自己的个人作品音乐会?

程少樑: 这个音乐会是2009年办的,当时就想再不办就没有时间也没有精力来做这个事情了。原本我是想办一场音乐会,把我的作品都搬出来,给自己的淮剧生涯画一个句号。哪知道句号也没画成,至今我手里还在写淮剧团的戏。

这个作品音乐会是我太太唐志艳和淮剧团陈忠国团长一起策划的,原来想办在逸夫舞台,但是逸夫舞台演戏可以,办音乐会不行。后来就想到上海音乐厅,一开始人家音乐厅也不肯接受,谈了很久最后谈妥了。

音乐会那天瓢泼大雨,我早晨从虹口家里打的到音乐厅,带着滑轮箱,演出服都带好。从早晨就有观众在等票子,我就安抚人家"你不要着急,晚上我想办法给你弄票"。

在上海音乐厅独奏

音乐会就举办了一场,是请白燕升来主持的。这次音乐会基本上把我比较有代表性的作品都呈现出来了,我的两个弟子也登台过了把瘾。音乐会结束以后反响也很好,开专家研讨会的时候获得肯定,作曲家何占豪老师也有评语,说戏曲界我是第一个。

采访人: 您2001年退休以后的生活是什么样的?

程少樑: 退休后的生活就比较安逸了,有时候有空去看看孙女、外孙,自己小区里走走。

后来单位里给我搞了一个程少樑工作室,在曹杨社区文化站开了一个分部,是上海市文广局批的,除了我的工作室还有梁伟平工作室、何双林工作室。当时梁伟平虽然不是全国传承人,但他是领军人物。成立这个工作室,主要还是想在淮剧的传承方面做一点工作,成立分部的当天,就演出了很多我的作品。

采访人: 那在淮剧传承方面,除了工作室以外您还带了其他学生吗?

程少樑: 现在带的学生有:朱寅,他在上海淮剧团拉主胡;周超,他是上海淮剧团的作曲；程诚，在上海淮剧团担任中胡；还有朱玲，她在淮安淮剧团拉主胡。这些是上海戏剧学院分到淮剧团的，也是领导安排拜我为师。我主要教他们淮剧主胡的拉法，另外让他们熟悉我的曲调、我的创作手法等。因为我自己就是从小生长在艺人世家，在剧团长大，有这份感情，又加上自己的喜好，从小时候就喜欢吹吹打打。不喜欢读书，顶多读了几年私塾。那时在胶州路边上，有一个半拉的棚子，里面摆了几张课桌，有一个老先生，你不听话还弄一个板子敲敲你手，也学了一点道理。

采访人： 那您觉得淮剧为什么能在上海生根并且发展壮大呢？

程少樑： 这个和我们服务的对象有关系，不都是上层的，淮剧观众是我们各大产业的工人，特别是我们江苏的老乡，喜爱乡音，这是个前提。过去上海有许多小班子。什么叫小班子？就是弄堂里拉围子，搭一个棚子，他照样也卖一点票，赚一点小钱，纯粹就是糊口。现在我们的确是在搞艺术，我想我还要搞传承演出，趁我还有一点精力，能教拉琴，能教作曲，这样对自己也是很好的总结。

参加社区演出

淮剧的发展，政府行为不能少，每年有国际艺术节，必须要出好的作品。要出好的作品就要有好的演员，现在我有一个感觉，可能说的不一定对，就是现在的中青年演员没有我们当年那么用功，这可能和江宁路的办公地址也有关系。为什么？那个楼是幢白领的办公大楼，排排文戏可以，武戏你夺枪也不行，翻跟头也不能翻，因为不够高。总的给我的感觉，就是中青年没有我们过去勤奋了，过去到一个剧团，四处能听到吊嗓的声音，现在没有，到剧团就好像白领上班，既不练唱，又不练功，这个情况我感觉不是太理想。

像过去俞振飞、麒麟童，还有滑稽剧团的杨华生、绿杨、姚慕双，那都是苦尽甘来，这些老艺术家有的已经离世了，所以我们后辈要尽快跟上，否则要断层了。当然还是要循循善诱，让他们首先要热爱这份事业，然后才能下功夫。作为我个人来说，我是传承人之一，我有这个责任和义务帮助中青年演员和业余爱好者更好地把淮剧唱好，贡献我自己的一分力量。

采访人：那您觉得淮剧的创新和传承这两方面应该要如何去平衡？

程少樑：要让青年人好好学习，不仅学习淮剧，还要在学好淮剧的基础上广泛吸收其他剧种的好的东西，来丰富、滋润自己的创作和演奏，千万不能排斥人家的艺术品种。这是我一生当中通过实践得出的经验。

我希望领导能够抓得紧一点，特别是中青年演员，时间是不

2013年9月25日在宛平剧场
举办签名售书活动

等人的。每年的艺术节都要出好戏，从剧本创作来抓，我希望领导多在这方面下一点功夫。否则上海可以要你淮剧，也可以不要，你淮剧哪里来的回哪里去，回到江苏去，你立足的地方还不一定有。所以不但我们中青年自己要努力，领导也要提供一定条件，才能把淮剧搞上去。至少不要落后其他剧种太多，人家好的地方也要学。

  作为演员的天职就是演好戏，演好戏的先决条件就是你要练好唱、练好功。遵照老艺术家他们的叮嘱，曲不离口、拳不离手。每天饭可以不吃，但是功不能不练，嗓子不能不吊，唱腔不能不唱，我是这样希望的。

（采访：裘一婧 整理：陈家彦）

"唱不死"的裴筱芬

——裴筱芬口述

裴筱芬,原名裴琴芳,1923年出生,江苏盐城人。9岁进韩家班,取艺名韩筱芬,攻青衣花旦。1952年参加上海市人民淮剧团,改名裴筱芬。曾主演《君妃恨》中的王昭君、《关公辞曹》中的曹月娥、《三上轿》中的李十娘、《探寒窑》中的王宝钏、《岳母刺字》中的岳妻、《樊梨花》中的樊梨花等角色。

1950年以《九件衣》中的申娘一角参加上海市春节戏曲竞赛获演员二等奖;1951年以《武松》中的潘金莲一角参加上海市春节戏曲竞赛获演员二等奖;1954年以现代戏《不能走那条路》中的东山娘一角参加华东地区戏曲会演获演员三等奖。

1956年、1960年分别担任上海市戏曲学校淮大班和淮二班教师,1964年后离开舞台,从事社教。

采访人: 裴老师,我知道您的童年经历挺坎坷的,您先给我们讲讲那时候的故事吧。

裴筱芬: 我是农民家庭出身,我父亲叫裴少华,我小时候没有和他生活在一起，因为他一个人到上海去了。他先是在上海拉黄包车，也在纱厂做过工，后来在王春来的提议下，一起拜了武旭东为师学唱戏，就到了苏州。

有一年苏北闹干荒，我记得我们那地方的河水都干掉了，我大伯父把我们母女三个带到苏州去找我父亲。那时候我大概六岁吧，都不认识我父亲，因为从我记事起就没有看到过他。当时我父亲在韩家，为了讨好我婆婆，说："我家里有个女儿，给你家儿子吧。"就这样我大概七八岁吧，就进了韩家做童养媳。

当时我老公家里只有两个儿子，没有女儿，所以我婆婆他们都很喜欢我，我这个童养媳并不是像大家想象中的那么苦，甚至日子过得比原来在家的时候还要好一点。我们原来在家里日子过得苦啊，我爸爸一个人在外面挣钱，妈妈带着我们生活，烧稀饭吃连菜都没有，就用盐加点水化开了给我们沾沾。

进了韩家，他们是个大家庭，虽然日子比原来过得好些，但是家里也不能养闲人啊，要叫我学戏。我当时不愿意，因为听我们家人讲，我

儿时全家福

父亲原本在家里对我母亲很好,但是后来到了上海唱了戏,就把我们母女三个都扔在家里不管了。另外有一种观念,就是一般规规矩矩的人家是不唱戏的,戏子是被人家看不起的。所以在我的脑子里有一个印象,我父亲唱了戏以后就不要我们母女三个了,所以我不愿意学戏。

后来跟着韩家到了无锡,我不肯唱戏又不能吃闲饭,怎么办呢?找了人安排我去做童工。无锡的荣毅仁家里不是有很多厂嘛,就到一个纱线厂里去抽丝。早上四点多就要起来,五点前要进厂,不然就要被关在厂门外一天,没地方去,也不敢回家。上班的路上没有路灯,黑漆漆的路上也没什么人,时不时有鸡叫声、狗叫声,一路上心里都很害怕。到了厂里每天先要抢茧子,如果抢不到就没有活做了。那个茧子放在好大一个木桶里,底下都是水,七八岁的孩子要把它扛在头上,有时候不小心脚下一滑,人摔倒就算了,茧子糊了一地还要赶快捡起来,弄脏了的话我们就倒霉了。抢到了茧子,再拿一个大脸盆,把蚕茧放在水里煮,我们就负责把那个丝抽出来,然后捧给负责打丝的姐姐。抽丝很苦的,一天到晚手都泡在水里,如果出了次品还会被打丝的姐姐打骂。就这样坚持了大约一年,我认输了。有一天我把婆婆叫到厨房,说:"妈妈,我愿意学戏。"

采访人: 您的夫家是淮剧世家,您当时是跟着家里的长辈学戏吗?

裴筱芬: 韩家是个大家族,我公公叫韩德昌,他们兄弟三个,老二叫韩德胜,老三叫韩德友,韩德胜夫妻因为没孩子,就把我和韩刚两个过继给他了。我愿意学戏了以后,我婆婆就把我交给韩德胜,让他教我学戏。头一个戏唱的就是《南天门》,我演的曹玉莲跟着老家院曹福逃难,我大伯也就是我爱人的哥哥韩传儒陪我唱的这个戏,他演曹福。他们学戏早,我爱人五岁就登台了,叫五岁红,我大伯叫八岁红。

我那时候大概九岁,就等于是进入韩家班了。我还记得当时班子里,周筱芳的父亲周廷福挂的头牌,同班的还有何步高(何益山)、张鸿仕、杨占魁、赵艳秋等,我父亲也在那里。当时私人剧团里多数都是男旦，我记得看过周廷福演的《孟丽君》，扮的花旦很漂亮，我父亲给他演配角。起先是在无锡的南门搭台唱戏，后来又到过上海，在太平桥那边的一个菜场，上午那里卖菜，下午我们用个布围起来就搭台唱戏。那时候我已经十岁了，就跟着唱唱小角色。我跟我爱人学过一个《小放牛》，我们两个小孩子有时候还去外面客串。

到了那一年的秋天，我二公公韩德胜把我带到苏北去了，我爱人他们还留在上海。到了苏北就不唱淮剧了，叫我学徽剧。其实他们家里原先就是唱老徽班的，到了上海才唱的淮剧。徽剧学什么呢？三国戏唱的蛮多的，比如《收姜维》《空城计》《大保国》《二进宫》《下河东》等。

唱徽剧也很苦啊。刚到苏北的时候，我那个二婆婆就拿个锣一敲，背一个农村里装稻子的小斗，带着我到人家门口去唱，唱完以后把锣翻过来跟人家要钱。这个比要饭的好一些，不用哀求人家，有的人家也会挖一点稻谷给我们。那时候的农村不是所有地方都连着有住家的，常常要走很远才能找到一户人家。

因为我二公公叫韩德胜嘛，所以当时我们那个班子就叫德胜班。班子里人不多，缺人了我就顶上，样样都做，就学会了敲小锣、敲大锣、打花鼓这些。有时候唱《白马坡》没有马童，就叫我头上扎个大布、身上弄一个东西捆捆，翻着前后桥就上台了。以前在无锡的时候我跟何益山、杨占魁他们一起练功的，虽然没有学过把子功，但是我的朝天蹬、腰腿功夫都很好。

我记得有一次叫我唱徽剧，演的是《三娘教子》里的老家院，是个老生，带的白口面，我那时候小嘛，在台上甩口面一甩就甩到台下去了。

那时候练功也很苦。如果在有稻场的村庄里那还好，我们可以搬点稻草铺在地上翻跟头。但有的时候台搭在田中间，稻子都已经割掉了，就剩下地上一截稻根，我们就在这田里练功，翻跟头手都要落地的呀，一不小心就要扎到手。练小翻，连续三个我就头晕了，我公公就把我小辫子一拎,往田里一扔。学唱戏挨打是很正常的。

采访人: 在苏北的时候,您是不是跟李玉花老师学了很多戏?

裴筱芬: 李玉花在我们淮剧界是很有名的。她有一儿一女,儿子就是潘凤岭,女儿比我大一岁。李玉花唱戏的时候,她儿子女儿都唱,我就给她女儿配戏,唱小生。就这样跟着李玉花学了不少淮剧,对我淮剧打底子很有好处。当时我这个小媳妇也蛮出名的,人家说这个孩子唱得蛮好的,问是哪一家的。有知道的说是韩二家的小媳妇,不知道的以为我是李玉花家的小媳妇。

我那时候读了一点书,也是沾了李玉花的光。那时候她的两个孩子都跟着她在淮安,就找了一个落魄的教书先生,上午教我们读书,下午带我们上台敲小锣、跑龙套。我记得那时候读了《千字文》《百家姓》《大学》,字不一定都认识,但是我们记性好啊,跟着老师能把一本书从头到尾背下来。

和李玉花同班六年,我唱的东西基本上都是跟这个老人学的。她唱《打金枝》的娘娘,连环句唱得好,口齿清楚。没有人能够像这个老人一样,唱得那么好,我跟着她学了不少东西,后来我回到上海,基本上都唱她的戏。

采访人: 您是什么时候回到上海唱戏的呢?

裴筱芬: 大概是我19岁的时候,就回到上海了。因为那时候苏北环境太复杂了,有新四军、八路军,也有和平军、土匪,女演员在这样的环境下很难生存。我这个人很固执,所以也遭了不少罪,曾被

年轻时的裴筱芬

扔在湖里,也被枪指过脑袋。

在路上花了十天,我从苏北坐船来到上海。我记得在外滩,从大轮船上下来,第一感觉是上海的人怎么这么小啊？其实是因为房子高,苏北没有那么高的房子。黄包车把我们拉到高升大戏院,那是我第一次看到筱文艳,唱的是《山伯访友》。

采访人：回到上海以后您就在高升大戏院演出吗？

裴筱芬：对的,就和武云凤同班了。当时一起的还有徐莲英、王九林,都是很有名的老艺人。我那时候的打炮戏有《女审包断》《关公辞朝》《山伯访友》,《女审包断》就是跟李玉花学的,基本上我到哪里都是用这个戏打头炮。这个戏里面秦香莲用了六段唱白,从忠、孝、节、义各个方面说陈世美你连禽兽都不如,每次唱到这里底下观众总是叫好声不断。

在高升唱了没有多久,我又被带到苏州一个叫东方戏馆的地方唱了两年,在那里和锡剧的王彬彬、吴雅童两位老艺术家在一块儿演出。我记得很清楚,那里有三个剧场,王彬彬在第一个剧场,吴雅童在第二个剧场,我在第三个剧场。那时候大家都像老朋友一样的,我们有时候演出服装不够了就去问他们借,他们服装不够了也会来问我们借。

我还在苏州和武云凤、陆群芳、王九林、裔红玉、臧道纯他们同过班。他们之中好多人都是我的长辈,就好像是带着我玩一样的,有一次就让我挂头牌,连着唱了六天打炮戏。连唱六天是什么概念你知道吗？一连十二场啊,唱到后来喉咙都哑了。

采访人：后来您是什么时候加入上海淮剧团的？

裴筱芬：我记得是1952年,我正好虚岁30岁。那时候正好淮剧团需要人来主持后台工作、排演节目,我家老头子不是能排吗,原来我们家里、剧团都是他来负责的,所以后来通过筱文艳的丈夫介绍,就把我们带到淮剧团。我当时的工资是一天一块八,比马秀英、徐桂芳、高艳秋她们还稍微高一些,可能是因为我会的老戏比她们多一些吧。

进了淮剧团以后,那时候妇女解放了,我可以改姓裴了。我自己觉得很好,但是好多人不同意,"晓芬啊,你不能改啊。你把韩姓拿掉了,观众不知道,人家就不认识你了"。当时像武筱凤他们是跟师父姓的,有的人不愿意改。但是我坚决要求改,这是我自己的姓氏啊,为什么不要?那时候我已经30岁了,家庭也不好反对我,就改姓了,叫裴筱芬。

其实我读书的时候,他们给我起的名字叫韩传芳,因为我老头子他们这一辈是"传字辈"

20世纪50年代《小姑贤》扮相

的。也不知道怎么叫着叫着,就变成了韩琴芳。后来到了上海,他们说"芳"字用的人太多了,要改一个。那时候在高升大戏院演出,就看到门口贴的大红纸上写的是"韩筱芬"。当时我连"筱"字都还不认得呢,而且到现在也不知道"韩筱芬"这个名字是谁给我取的。

改回到"裴筱芬"这个名字以后,还是有些损失的。起初很多人不知道你是谁,后来才知道了,裴筱芬就是过去挂头牌的那个韩筱芬,她是裴少华的女儿。

在淮剧团演出,我当时是跟筱文艳一组,有时候我唱上段,她唱下段。比如我们1952年在大舞台演出《白蛇传》,我从《白娘子下山》一直唱到《酒醉》,然后从《出山》开始都是筱文艳唱。

筱文艳家里有事的时候,我也顶替过她几次。

第一次是一个做钢铁生意的老板把我们带到无锡演出。演到中途,筱文艳家里出了什么事,要赶回去。那时候她唱的是现代戏《丁黄

中国人民第三届赴朝慰问团第四总分团第四分团代表团、文工团全体合影
（1953年12月28日）

氏》，她走了这个戏就让我来顶替。我说我没唱过这个戏，那也不行，必须上。

第二次是和筱云龙、蒯云霞等人一起在高升大剧院演出。筱文艳原本是要和王春来演《樊梨花斩子》，但是那天她喉咙突然哑掉了，上台打了个引然后就说不出话来了。怎么办呢？是京剧的一个前辈上台给观众打招呼，说筱文艳唱不了了，我们请裴筱芬替她吧？还好观众认可了，也表示欢迎，就决定我和王春来搭档唱一个《双槐树》。

再一次是在民乐大戏院。那时候我刚生完二儿子，还在家里坐月子。淮剧团要演出《血滴子》，但是筱文艳的大儿子得了白喉，她要带孩子看病，唱不了了。怎么办呢？我收到通知以后，赶紧在家里化完妆，赶到民乐大戏院。那时候到底还在月子里，这么一趟折腾下来就着了凉，肚子疼，后来病了大概一个月。

采访人：您在舞台上塑造了那么多人物，您更偏爱演绎哪一类角色？

裴筱芬：我喜欢唱苦情戏，绝代佳人、红颜薄命那些，我就会看张恨水的书，体会那些姑娘受骗的遭遇和心情，想着自己怎么能演得像。比如说告状，我跪在堂前，细数负心人的罪状，我的特点就是一口气能

上海人民淮剧团庆祝建团二周年全体同志摄影（1955年5月20日）

唱百十句，而且字字清晰，能唱到底下的观众都感动流泪。

还有就是现代戏的老旦戏。我过去不是在苏北待了九年嘛，所以见过很多乡下的老人各种各样的性格，有能说会道的，有风趣幽默的，有泼辣厉害的，脑子里都有印象。比如《不能走那条路》，我与何叫天一起演的。我的角色是一个农村妇女，家里的老头子要买田，想种庄稼让家里慢慢富裕起来，可能当时的社会情况是不允许买卖田地的，儿子就不准父亲买田。我夹在中间，觉得老头子说的有道理，儿子说的也没错，摇摆不定。这个角色怎么演呢？我就回忆过去见过的那些老人，他们的性格特点、动作习惯等，自己琢磨。后来淮剧团的吕君樵导演看了我的这个戏，说："你演的这个老妈妈还蛮风趣的。"

采访人：多年的演出经历有什么难忘的小插曲吗？

裴筱芬：我有个特点，不随便唱。过去我们在苏北，你有字唱错了,人家会指点你。我记得过去唱《孟丽君》,皇帝来看她的时候,就唱:"感谢万岁御驾亲征。"演完就有人给我纠正,上阵才是御驾亲征,皇帝来探望你叫御驾亲临。还有一次唱《玉堂春》,自己说自己"身体贵恙",马上就有有文化的观众指出来,"你这是抬高自己啊,只能说小恙或者见恙,不能自称贵恙的"。这种例子有很多,因为我们过去文化水平都不高,很多都不懂,有观众给我们指出了不对的地方,我都会吸收,以后就不再闹这种笑话。

过去唱戏都是口传心授,也没有剧本,上台前告诉你一个故事大纲,上台以后基本就靠自己发挥了。我发挥的还是比较流利的,好多大段大段的唱我都能合情合理地把它唱下来,这可能也跟我喜欢听老人讲故事有关系。特别是老先生讲各个朝代的历史故事,哪一朝哪一代,都有哪些人,发生了什么大事,老先生讲我就注意听,自己默默地吸收。因为作为一个演员你不懂历史,年代都搞不清楚的话,在舞台上容易闹笑话的,所以在这一方面我是比较注意的。

说到上台自己发挥还闹过笑话。过去一台戏,比如说下午场从一点到五点,时间不到就不能结束。有时候演到还剩一点时间,观众不肯

在"五七干校"时的合影

对大班、二班的小孩子也很关心。生活老师要做什么呢？就是在生活上尽量关心他们，晚上要值夜班，万一哪个孩子不舒服了要带去看病、照顾。

采访人：您很早就离开了舞台？

裴筱芬：我是57岁的时候退休的，但是我43岁左右就已经离开舞台，去搞社教了。那时候社会主义教育下乡，我记得我的最后一部戏是和马秀英在奉贤演的一个时装戏，叫《婆媳之间》，那之后我就告别舞台了。

其实我本来就不爱戏曲演员这个工作，我爱看戏，但是不愿意唱。从小谁叫我学唱戏我都不愿意，虽然最后还是入了这一行，但是退休以后就再没开过口。后来我跟我家老头子去苏北给人家排了大概有十几个戏，《哑女告状》《南北和》《九件衣》这些，但是我从来没再唱过。

当然，我对淮剧还是很有感情的，也希望淮剧能发展得越来越好，希望现在从事淮剧的各个行当、各个工种的年轻人也要热爱这个剧种。先学做人，再学演戏，这是老一辈传下来的，希望我们的后辈也能始终遵循。

（采访：裘一婧　整理：陈家彦）

走，排戏的那些长辈就会喊我上去唱。有一次我和高艳秋两个人在台上，我们都不识钟，就一直唱。底下的观众一看我们不收场，他们开心啊，能多看几分钟就多看一会儿。一直到后台喊"得当了"，这是我们的行话，意思是行了不要再唱了。

采访人：您加入上海淮剧团以后没多久就去戏校从事教学工作了是吗？

裴筱芬：1956年的时候我就到戏校教淮大班的学生，那时候戏校还没有搬到文化广场，还在华山路上。淮大班的学生都是当时从苏北招来的，我还记得第一天开学的时候，傅全香、田汉的夫人安娥，还有我们的校长周玑璋，都到场的。

当时老师有武云凤、我、孙东升等，有的老师还在外面巡回演出的，到大连和其他地方。我从事教学以后基本上就离开舞台了，很少再上台唱戏。后来1959年淮大班成立青年队，我也是他们的跟团老师，带着青年演员化化妆、研究研究表演，他们排戏如果缺老旦，我就配合他们。施月娥、朱金霞、李金贵都是淮大班里培养出来的主要演员。

接下来淮二班就在文化广场了。我起初不想再去从事教学了，剧团的领导找我谈话，说："你读的东西比较多，见识也多，合作过的老师也多。"最后我还是配合领导的安排，继续执教二班。周雅一、陆随小宝他们这一批都是淮二班的，我教他们打引、说白，这些都是的基本功。另外我进淮剧团以后，也跟昆曲学过一点舞蹈的，教给她们。还帮着排了一个《探寒窑》。

那时候白天要上两堂课，晚上还要到大兴公司给……就这样忙了一年多。后来淮剧团排《丁黄氏》缺一个……公交车上碰到潘凤岭，他问我想不想回团里。我……啊，怎么会不想回去呢？后来就又把我调回淮剧……排了几个戏。

到了淮三班的时候，我被安排担任生……

入了这一行,就要努力做到最好

——戴莲娣口述

戴莲娣,1949年出生,1959年考入上海市人民淮剧团,1960年进上海市戏曲学校。1966年毕业于上海市戏曲学校淮二班,国家二级演员。师从筱文艳、裴筱芬、韩刚、朱桂芬。攻文武花旦、刀马旦、闺门旦。代表作品有《牙痕记》《白虎堂》、《五星红旗下》《水冰心抗婚》《哑女告状》《蝴蝶杯》《九件衣》《三钦差》《红灯记》《杀马》《血冤》《珍珠塔》《玉蜻蜓》《骂灯记》《腊月雷》《皇后与疯女》《南北和》《书房会》《杨乃武与小白菜》《杨八姐游春》《李翠莲》《蓝衫记》等。

戴莲娣:我叫戴莲娣,是1949年8月25日出生的,我的父母都是工人阶级。我的父亲做了好多工种,他原来在救火会做过,啤酒厂也做过,然后到三轮车工会,最后他是到了上海的革新电机厂,在那边工作了很多年,从那儿退休的。我的母亲是棉纺厂的工人,一直做到退休。

采访人：您是怎么会与淮剧结缘的？

戴莲娣：我的父亲因为平时爱好文艺活动，在工会里搞文艺娱乐的，我是从我父亲那辈人那里学会了一点淮剧，他们演出的时候会有点小的节目让我参加，那时候我也很乐意。

我小学三年级的时候，淮剧团有一个招生广告，在报纸上见报了，我父亲的一个朋友说："老戴，你女儿是不是可以去试试。"我就去报考了，那时候是1959年，报考的人很多，但是只招收五名学生。当时我们都还很小，很紧张，因为不懂，但是对淮剧团是非常向往的，大家都觉得它高不可攀，是个很神秘的单位。考试那天我父亲就把我送去了，那天很多著名艺术家都在，杨占魁老师、筱文艳老师、何叫天老师，以前他们在台上唱戏，我们在台下都看过的，很喜欢。那么他们都在那儿做考官，我们就都很紧张的，不知道如何是好。老师说"你放松，别怕，你会唱什么？"，就让我们唱。我就唱了一小段《刘二姐赶会》，是筱文艳老师的一个很精彩的小戏之一。我唱的时候就看到老师他们点头，交头接耳的，我想这是怎么了，是不是不行了。结束后就叫我们回家等通知，我就回家了。后来录取通知就来了，那个通知我保存了好多年，可惜现在也找不到了。收到录取通知我父母亲都很高兴，就觉得小孩找到了一个比较好的学习的地方，也是将来可能比较有出息的一个单位。

采访人：当时淮剧团的招生是面向小学的吗？

戴莲娣：不是，但是他们倾向于招小的学生，因为要从苗开始培养的，不是从成年人开始培养。我们那时正好在八九岁的时候，我先生虚岁比我大一岁，十岁的样子去考的。我们很幸运的，这批一共就招了五个学员，这五个学员现在都不错，都还在从事淮剧职业。

后来怎么会到戏校去的呢？那时候我们在剧团没有专职的老师来培养我们，也没有文化课，就是一般的集训，也不能正式教我们排一些戏，学不到东西。我们那时候的团长是丁瑶，她挺明智的，她说这帮小孩留在这儿可惜了。正好1960年的时候戏校为淮剧团招了一批代培的学生，有八十几人，那淮剧团就把我们这五个学生留了两个，因为平时剧团演出小孩子的戏还比较多，就把我和我爱人留在了团里，另外三个让他们先到戏校去了。

采访人：那您当时在淮剧团都演过哪些戏？

戴莲娣：我进团以后三个月就随团去苏州、无锡、常州巡回演出。我担任什么角色呢？那时候

在戏校学习时的戴莲娣

真的是很幸运，跟筱文艳老师同台，第一个戏就是《党的女儿》，我演她的女儿小红。那时候我真是个小可爱，人见人爱，都喜欢我，因为那时候我还很小，一点点大，但是很机灵。后来剧团又排了一个《丁黄氏》，也是我们筱老师的戏，她演母亲，我演女儿。

那时候排戏有一个导演，他就说"我们这个场景，小孩见到妈妈要哭，因为要和妈妈分离了，你要伤心"，就这样教我们怎么演。有一场戏是玉梅回来看女儿，要走的时候对女儿说"妈妈要走了"，我应该是假装在睡觉，结果一不小心真的睡着了，叫了半天。那个时候太小了，还不懂事。

在剧团的时候还是蛮开心的，主要原因就是可以跟老演员们学习，我与何叫天、筱文艳老师接触得比较多，听他们唱，耳濡目染，熏陶比较多。1960年的时候一开始团里先把三个学生放到戏校去学习了，留了我们两个人在团里，那时候跟武筱凤老师排《义姑舍子》，演里面的小孩子。后来老师想想不对，这样是对我们不负责任，因为在团里没有系

1962年在共舞台与筱文艳演出《牙痕记》

统的训练,对我们的成长没有好处。于是团里就决定让我们也到戏校一块儿学习,如果团里排戏需要我们再回来。我的《牙痕记》就是在戏校学习期间,返回团里演的。

采访人:当时在戏校的学习情况是什么样的?

戴莲娣:我们在戏校也蛮艰苦的,上课的时间也排得蛮紧的。正常情况是一天八节课,上午是以毯子功为主,两节课是必须的,两节课毯子功下来课间休息一刻钟,然后就上文化课,文化课有三门:语文、历史、数学。数学课我们实在是上不了,因为像我那个时候只有小学三年级,就感到数学课太深奥了,我们都听不懂。那时候我们校长说了句很幽默的话,他说:"你们不学数学不行的,你们总要懂得数钱吧?"他鼓励我们要知道数学的重要性。下午的课,一般初级的时候就是把子课、形体课,然后到了高年级就是排戏课,以排戏为主了。

经过了戏校的培训,文化课是有点提高的,也学了不少戏。特别是在武功、形体方面,那时候全是京昆的老师教我们的,特别是昆剧"传字辈"的老师,还有京剧的薛德春老师、松雪芳老师,这些老师都相当厉害,培养了好多演员,都是很出挑的。所以我们那时候出手都跟京剧是一样的，跟头也是，没有什么区别的。我那个练功老师很厉害，他是搞京剧的，我那时候每天基本功练起来真是苦。我是乖乖囡，老师叫干嘛就干嘛，从来不敢说我不要练，或者少练。老师说十排小翻一百个，就一百个这样翻，所以我从那个时候就打下了比较扎实的基本功。

那个时候京剧老师对我们真是付出了很多，真的很感谢戏校，感谢俞振飞校长和言慧珠校长，特别是周玑璋、陈洛宁等校长我都记得很清楚，他们对我们艺术上的培养一视同仁，来了就是学生，把好的老师派给我们。在生活上，那个时候正值"三年困难时期"，国家很困难，油、粮都很少，肉更不用说了，我们小孩又都是长身体的时候，根本吃不饱。那时我们校长叫陈洛宁，她是东海舰队部队出身，有很多战友都在东海舰队，她就跟战友联系，写了一封信过去，问是不是有多余的物资，肉票、鱼票什么的，能不能支援学校。所以她经常用这些来改善我们的伙食，相比外面的小孩，我们在营养各方面更能够得到保证。

采访人：您刚才说到在戏校的时候练功很苦，有什么特别难忘的经历吗？

戴莲娣：我作为一个文武兼备的学生，学校要培养我文、武两方面，所以我是跟男孩子一样翻跟头、练功的，所有的跟头我都学到了，而且都展现在我的戏中。在戏校开蒙的几个戏像《刘二姐赶会》，是我们筱文艳老师的一个传统戏，还有《杀货郎》，是讲梁山英雄除暴安良的一个戏。

这里我要感谢一个人，就是我们淮剧团的韩刚老师。他是一个武戏演员，也会导演，我后来在剧团的戏都是他排的，他懂的很多。《杀货郎》这个戏是一出两个人的折子戏，原来是何双林大哥和孙艳玉他们俩搭档的戏，后来韩刚老师把这个戏挪过来给我们学习。他给我这个戏加了难度，那个技巧可以说现在舞台上都没有第二个人，他的思维很超前、很大胆，他的创造力是很惊人的。他给我排的什么技巧呢？就是站在两张半的台子上面，我在台上掰一个朝天蹬，这个腿要抬到很高，就是从侧面腿要抬到耳朵的高度,从正面腿要抬到额头的高度,然后这个腿要上下三次,叫三起三落,这还不算稀奇,最重要的是哪一点呢?就是像你们现在看到的芭蕾,一个绷脚面腿抬得很高,然后人像大鹏展翅那样倒翻下去,叫单腿钓鱼。这个经典的动作没有第二个人做过,是我们韩刚老师创造的。以前的《盗仙草》或者其他什么戏,都是双腿站在台上向后翻,这个多了去了,所有学武的演员基本都要学会这个,但是他这个单腿钓鱼就叫绝招了,至今舞台上没有见过。

刚开始他给我们练的时候,京剧教研组的老师们相当不理解,说不可能练得出来的,从古到今都没有这个技巧的,你们三年也练不出来。但是我们做到了,我们不要三年,整整三个月,这个技巧就练出来了,就在戏校的小剧场献演了。演出的时候不得了啊,我们的大师姐、大师哥全都去看了,而且看得惊呆了,就觉得淮剧怎么有这么厉害的老师,教出这么厉害的学生。我的搭档有一个技巧也是很厉害的,他要在一张正常大小的台子上面,原地小翻几十个。这都是我们聪明的韩刚老师想出来的,我真的是很敬佩、很崇拜他,没有韩刚老师,就没有今天的戴莲娣。

话又说回来,我还要感谢京剧的薛德春老师。我那时候练功真的苦,别人练功都在练很多技巧的东西,我不是的。我练什么?很枯燥,就像杂技团的一样,有一个长方凳子,我就拿顶,腿是在上面悬空的。老师每天就给我练40分钟,其他什么都不练。我那时候还是个小孩啊,才十一二岁,我练得眼泪水嗒嗒的,但还是要练,他要让我练手劲。而且拿完15分钟空顶,还要在顶上做很多姿势,这是我们戏曲演员不能理解的,因为这是杂技演员的事情呀,为什么要让我做?那时候一直一边练一边哭。有时候我在墙下拿顶,同学们看到老师不在,帮我抱住腿让我休息一会儿。但是多亏了薛德春老师,如果没有他,我这个单腿钓鱼是没法练出来的,因为翻下来这个劲全部都在手上,在胸脯上,撑不住的话要摔断手、摔断腿的。薛老师就说了:"你现在是苦的,但是以后就开心了。你没有这把顶,我不让你下功夫,你是不能完成你的技巧的。"

只要是戏需要,老师要求的,那我都努力地去做。我从来都是服从戏的需要,没有想过说我打背包回家了,不干了。即使一把眼泪一把鼻涕地哭,也还是在做,在练。我们那个时候就是有一个信念,我学了这个,就一定要投入,要做到最好,力求做到老师所有要求的东西。这些老师的帮助和训练,使得我在戏中能够比较顺利地完成指定的技巧动作。

这个戏一炮打响,那个时候我们戏校经常有招待外宾、招待首长的任务,我们班就选我的戏去做代表,《赶会》《杀货郎》这两个戏在锦江的小剧场演了几场。那个时候还小,什么都不懂,学校说去演出就去,到了后台就化妆,全程都有点稀里糊涂的,唱完了就回学校吃饭睡觉。

采访人: 除了刚才介绍的《杀货郎》,您在戏校期间还排了哪些戏?

戴莲娣: 在戏校的时候排了很多小戏、折子戏,打下了很好的基础,像《刘二姐赶会》《杀货郎》《盗仙草》这些,也移植了很多戏。

由于淮剧师资力量不足,我们的一个班主任唐文林老师让我们去观摩中南地区戏曲会演,学习曲剧、花鼓戏,这对当时作为学生的我们来说,也是开了眼界的,不光是学习本剧种,京剧、昆剧、花鼓戏、曲剧我们都能够看到,还有淮海戏,我们都学习了。

从中我们移植了曲剧的《游乡》,就是挑货郎担走街串巷这些戏,也是韩刚、陈素琴老师跟我一起排的这个戏。然后朱桂芬老师给我排了《柜台》,这个戏是从京剧移植过来的,讲一个很漂亮的小姑娘不安心于自己的工作,在柜台卖东西很不负责任,这也是一个很教育人的戏。我还排了一个蛮厉害的戏《插旗》,排这个戏是因为老师觉得我们淮二班的学生力量不错,武功也蛮好的,基础都打得蛮好的,所以弄点有难度的戏给我们排。这是一个折子戏,说的是一群民兵在连长的带领下翻越高山,去打击敌人。我演的是这个戏里唯一的一个女性形象，即民兵连长。这个戏里头也设计了一个技巧，现在舞台上还是比较少见的，不是很难，但是那个时候看看技巧还是蛮高的。演出时是从三张台子翻到两张台子，再翻到一张台子，十几个人一个个连着在翻跟头，到你这边不能慢，节奏都是很紧很快的。这个戏叫《插旗》嘛，意思就是打入敌人的心脏，消灭敌人，然后把旗子插到最高峰，显示我们的力量。

在戏校演了不少武戏，文戏也唱了不少，比如说《打花鼓》，还有学表演的戏，都有。

采访人：在戏校的学习那么苦，会不会后悔入了这一行？

戴莲娣：没有的。回过头来想想，我这一路走过来，首先要感谢我的父母。我觉得他们生我下来就是一个唱戏的料子，天生就有这方面的细胞。我的父亲是南京人，母亲是阜宁人，都属于江苏一带的。那个时候他们没有什么业余爱好，不像现在文化生活很丰富，他们就围着收音机听广播，觉得淮剧蛮好听的，是家乡戏，所以也喜欢唱。我爸爸沪剧、越剧也能唱唱的，但还是觉得淮剧是家乡戏，应该让我从事这个。所以是我父亲引领我走上这条路的。

我很小的时候，那时候还没踏进淮剧团的门，就已经上台演出了，唱王宝钏的《探寒窑》，这个是我们马老师的经典剧目。那时候服装穿在我身上都长到地上去的，怎么办？就把衣服打个折，系个绳子，稍微短一点。舞台都搭得很高，是我父亲和叔叔把我从下面抱到台上去唱的。然后社会上就流传了，说有一个小小的王宝钏，跟很多票友行里比较老的演员都同台过的，挺机灵挺讨人喜欢的。那时候我还很小，什么都不懂，全剧四十几分钟唱下来能够一字不错，他们觉得很了不起。所以要感谢我的父母，是他们把我送上这条从艺的道路。

另外，自己从小也喜欢淮剧。大概是小学三年级的时候，爸爸叫我唱一段，那我就唱一段，觉得还挺好的，就是那个时候打下的一点基础。后来在淮剧团排《牙痕记》，那时候我已经到戏校学习了，淮剧团要排戏所以把我调回来。《牙痕记》中的安寿保不像我唱的《党的女儿》或者《丁黄氏》里的小女孩那样，这个戏的唱是很重的，唱念并重。这个角色也是我人生的一个新的起点，给观众留下了深刻的印象，也让团里的领导觉得我是个苗子，可以培养。

《牙痕记》这个戏是跟筱文艳、何叫天、张玉昆、李文藻几位老师合作的，演出的时候相当地叫座。那时候票房都不是组织观众去看的，都是大家到剧场门口来买票的，所以完全是靠这些艺术家的真才实学和艺术魅力来吸引观众的。我有幸能够参加这个戏，而且跟筱老师还有大段对唱的戏，那是蛮厉害的了。当时人家给我起了一个小的绰号，叫"金豆子"。

那时候这个戏是潘凤岭老师来操琴的。当时还没有系统的作曲，不像现在有记谱、有系统的作曲，那时候就给了一个剧本，大概排了两三次，也没有曲谱的，就潘老师唱给我听，然后筱老师再给我唱一遍，我就要自己去琢磨了。那个时候我已经开始有自己的思维了，前面说到我唱《探寒窑》，那个戏里面有很多大红花调的东西，就是老悲调，我在这个时候就把它体现出来了。老师的唱相当于是点拨我一下，但是他们不可能教你几十遍的，要靠你自己去领悟的，这还是要有点天分的。自己琢磨了以后就跟老师一起排练，一起唱，演出了好多场。

我的那场戏是一个苦情戏，很悲的一场戏。戏中的小孩要卖掉自己，而且连卖身契都是小孩自个儿写的。她把自己卖给人家卖了八两银子，还跟她母亲说你这些银子怎么用，那些银子怎么用，她都安排好了。这个戏是文言文的写法，我那时候就是老师怎么教的我就怎么唱，把情感唱出来，把曲调唱出来，字不能错，老师的这些要求我全部都能达到的。

就是从这个戏开始，在观众心目中真正有了我这个小小的娃娃生戴莲娣了。所以后来我在戏校的小剧团演出，公演的时候他们都会去看。还有好多戏迷，几十年前他们在戏校看戏的说明书都还留着，塑封好了保存着的。那都是宝贝了，我打算以后把这些送到我们戏校的博物馆，可以作为一个资料，当时的说明书是怎么印的，有哪些节目，还挺有意义的。

采访人：您在戏校期间还有什么难忘的事情吗？

戴莲娣：在戏校有一些趣闻。有一次日本的前进座话剧团到中国来演出，演一个日本的古典故事，讲一只仙鹤变成一个美丽的姑娘，跟一个男孩子一起织布、种菜、生孩子，被发现是仙鹤以后她就飞走了。这个日本话剧在北京的时候是请北京戏曲学校的一批学生演的。

有一天我们在练功房练功，昆班的一个教导主任带着前进座话剧团的老师来挑人，我们还不知道要有什么事情。后来班主任把我叫到办公室，说有一个任务交给我，告诉我要去演一个日本的话剧。我说这个怎么行呢？我又不懂日语。她说不用担心，会有翻译帮我们。当时昆班挑了两三个学生，京班有一两个，淮剧班就选了我一个。我们在大舞台练功、排戏，然后有一个翻译把台词教给我们，我们就纯背。演出的时候讲的都是日语，梳着日本的头，穿着日本的服装，也蛮有意思的，挺可爱的。每天老师就把我们一帮小孩像小鸡小鸭一样牵到大舞台去排练，演出完了再牵回来。住在戏校，吃是在和平饭店，所以那个时候我们也算开过眼界了，当时和平饭店是很好的饭店了。

采访人：您前面提到和筱文艳老师有过多次合作，给我们具体介绍一下这些合作经历吧。

戴莲娣：筱文艳老师是著名的淮剧表演艺术家，她平时很平易近人的，打扮也很朴素。老师说不要在乎演出的时候别人给你送花什么的，你只要唱得好，人家举个大拇指就可以了，用不着别人给你献花，那些都是虚的。那个时候我看到筱文艳老师，真的是既崇敬她，又敬畏她。淮剧界谁不知道筱文艳？我能够在她身边唱戏，跟她唱对手戏，那真的不容易，刚开始的时候很紧张的，但是有几个小的事例让我非常感动。

我和筱文艳老师唱《牙痕记》的时候，是同喝一杯水，那真的给我印象很深刻。那个大茶缸，就是印着"上海人民淮剧团"的搪瓷缸，有编号的，在剧场有一个专门的人会把大麦茶或者茶叶冲好，很浓的一杯，就放在筱老师的化妆台上，老师演出的时候时常会过去喝口茶，因为她唱得多。我那时候还是小孩子，哪有带水杯的习惯？筱老师喝完茶，就叫我："乖乖来，喝一口茶。"她的杯子一般没人去用的，她给我喝是特殊待遇了，那是相当宝贝我了。这个事情我是比较感动的。每次演《牙痕记》的时候，自己的戏演完了我还要把筱老师的演出看完，因为学校也没有规定我唱完就回家，所以正好趁这个机会认真学习。筱老师的自由调是相当有名的，还有拉调、《穿十字》调这些，从《牙痕记》开始就给我奠定了很深厚的基础。不是说老师一句句教你，而是她每天唱，可以唱出不同的细小的腔的变化，我就耳濡目染地默默吸收。我记得那时候演出在共舞台，后台有洗澡的女浴室，她就和我一起洗，还帮我擦背，给我抹肥皂，就把我当女儿一样的，真的是喜欢我。

我二十六七岁的时候生孩子，那时候也蛮幸福的。我住在仁济医院，筱文艳老师的家在南京路的大庆里，我生孩子时她亲自到医院来看我，像母亲一样地关心我，关心我的伙食，还跟住院医生说，这是我们的青年演员，你要给她手术做得好一点，以后不要影响到她练功和演出。我真的很感谢老师，在生活上、艺术上各个方面对我都挺严格，也真的很关心我。所以我想，从老师那里学到的东西，我有责任要教给下一辈，把它传承下去，这不是私人财产，我应该把我的东西无私地、没有保留地教给学生，这样对我们的淮剧事业发展也有帮助。

采访人：但是您并没有拜筱文艳老师为师？

戴莲娣：筱文艳老师对我也是爱恨交加。对于拜师我是这样想的，老师收学生，学生当然要像老师，要崇拜老师，要继承老师的东西。但是我有一个坏脾气，我学你的东西但是不一定拜你。我们剧团一个老师跟我说:"这么多年筱文艳老师一直喜欢你,她中意的学生没几个,想收你,你看怎么样?"我说我不是不愿意拜,我是这样想的,有的人要拜你,他不一定就能把你的东西都学会了,他可能是图你的名。我不想这样做,我这个人做人很有自己的个性的,我只要把老师的东西学到了,何必图这个名呢?我可以向很多人学习,谁好我就学谁,不一定要忠于某一派。当然这也是我个性的一个缺点,也是一个遗憾。

那时候几个方面都通知了,准备搞一个拜师仪式。但是我不愿意拜,我看有的学生并不能把老师的东西继承下来,不能学到老师的精髓,所以我就很不乐意,不想图这个名。这个思想也一直延续到现在,我自己收学生也很严厉的,第一是人品要好,第二要有艺术细胞,有塑造的可能。然后我还要考察他,通过了才能收他做学生。

我跟筱文艳老师之间的趣事还是蛮多的。有一次在巡回演出的时候,老师的嗓子失声了。失声对演员来说其实是最正常不过的事情了,每个演员都会碰到这样的情况。因为我们巡回演出任务太多了,每年都要到苏北去演三个月。像我们这些主要角色,一般演炮戏就是连续五场,把这个戏打出去好让人家都来买票看我们的戏。老师年纪大了,体力、嗓子有时候达不到那个状态。那时候是在苏北演出,老师是演《南北和》的萧太后,也是一个唱做俱佳的角色。她突然失声了,当时票子都已经卖出去了,就等开场了,怎么办?又不能找人代替,这是一个很重要的角色。后来我们团长找到我,"小戴,能不能帮助张老师?"(注:筱文艳原名张士勤)他就让我拿着话筒和剧本,在上场门的边上,老师在台上演,我在幕后配音。就这样一场大戏从头到尾,连说白都是我给她配的。举这个例子呢我是想说,平时要做一个有心人,不是等任务来了或者要唱了才去学,这肯定不行的,平时就要储备。就好像现在存钱一样,我存钱不是马上就要消费掉,而是准备等我要干什么事情的时候拿出来用,不然等你要买东西的时候没钱。艺术也是这样的，要积累。我多少年来都是这样，老师唱戏我就听，我就爱她的东西，她唱什么戏我都很注意的。她的说白是怎么说的，她的字是怎么发音，唱什么韵，表演是怎么样，我眼睛闭起来都能想到，实在太熟悉了。我十一二岁的时候就和筱文艳老师连续三个月同台演出，耳濡目染、潜移默化地给我留下了深刻的印象。

1983年，在《白虎堂》中饰演穆桂英

有一次马秀英老师的《探寒窑》，票子已经卖出去，马老师突然发不出声音了。那时候我和韩小友老师演了一个《珍塔》，演完下来还没卸妆，我们团长一把抓住我，"你赶紧救救急"。救场如救火啊，这是最好的托词，你是不能推脱的。我也是拿了个本子，马老师在台上一张口，我就在上场门台边，从说白到唱腔这样一折折子戏完整地配下来。下面观众一点都没发觉破绽，呱呱叫地下来。为什么呢？我刻意地用老师的嗓音去发声，用她的唱法去模仿。

还有一次还要好笑，演《哑女告状》，我的学生丰君梅演里面的一个彩旦——晚娘。有一次演出的时候她生病去挂水了，不能来演出了，但是我们一天要演三场，少一个人怎么办？韩刚老师与何叫天老师就来找我了，但是我从来没有唱过这个行当，文武花旦、闺门旦、小花旦、刀马旦这些是我擅长的，彩旦我不熟悉，而且不是像之前那样在舞台边配唱，这次是要上台的。但是缺人啊，没办法，还是要上。那天演出的时候，我说不要给我化得好看，因为这个彩旦是凶兮兮的，很刁钻，我演不好怎么办？所以我就要求给我外形包装得丑一点，点个痣什么的。

在《哑女告状》中饰演掌上珠

那天演出的时候,我们的上下场门,乐队、演员所有闲着的人全部围了一圈,就想看看我这个彩旦要怎么唱。我是唱一场然后下来马上看剧本,隔场再上,整场戏演得不容易,但是最后效果不错,还是胜任了这个角色。台上的演员个个屏住气,不敢正视我,好像是根据剧情害怕我凶他们,其实是怕笑场。

话说回来,这种场合特别能够磨炼演员。平时也没有这种机会去尝试另类的角色,所以有这样的经历也蛮开心的,也是给自己的艺术道路多一种色彩,既丰富了自己,又为以后演其他戏积累了一点经验。

采访人: 您前面多次提到韩刚老师,除了前面介绍过的单腿钓鱼的技巧,你们之间还有过什么让您比较难忘的合作经历吗?

戴莲娣: 韩刚老师在剧团给我排了好多戏,每次都是他逼着我,排一个戏出一个东西,他跟你没商量的。从《杀货郎》开始,三起三落、单腿钓鱼,原来都不知道这些技巧的,但是他要求我这样做,我也相信他。排练《三钦差》的时候整个练功房就我一个人,大家都回家了,就我一个人在那自己默默地练,几十遍的汗水。练习的时候你要保证十遍不能错一次,不然你台上肯定砸了,要无数遍地反复练,从量变到质变,不能投机取巧的。

韩刚老师给我排《三钦差》的时候,要求了两个技巧:一个是耍剑,一个是流星。耍剑这个技巧呢,我们大师姐王芝泉是行家,她的剑舞得挺漂亮的,所以我的耍剑是请她给我设计的。筱海红会流星,教了我一点,然后具体的东西都是王芝泉师姐给我设计的。我真的要感谢他们对我的帮助,由于他们,我才能在艺术上有所长进,上了一层楼。王芝泉师姐演《泗州城》的时候耍过水流星,很厉害,但是韩刚老师要我耍的是火流星。火流星是一根绳子两头有两个球,里面装了烧旺的碳,表演的时候舞台上的灯全部黑了,就看到两个火球,很精彩很好看。但是排练的时候,耍得不好就碰到自己了,我练习的时候手和脸都被火烧到过的,脸上都破相了。我爱人就去给我买了蓝油烃来擦,破归破,疼归疼,排练还是不能停,还是要坚持下去。为了把火流星的技巧练出来,我是下了苦功夫的。有时夜深人静的时候在家里楼下的小花园里,或者早上天蒙蒙亮的时候在长风公园的河边,我就拿着球去练。球里面碳都装好了的,分量是有的,但是没有点火,自己就几十遍地练,一直练到自己比较有把握了,再点上火来耍。

另外我在表演刺杀几个坏蛋,然后要逃走的情景时,韩刚老师就要求我穿窗户,从一个大的窗户穿过,再过一个台子,从外面翻到里面去,就像现在窜毛一样的。这也是一个技巧,要练得准确,还要胆大心细。

我的好多戏都是韩刚老师排的,像《九件衣》,以及和马老师一起

在《九件衣》中饰姜巧云

演的《李翠莲》,都是很经典的,现在也家喻户晓。

采访人:您觉得为什么这些需要高难度技巧的戏都会找您来演?

戴莲娣:一个是对戏路子,另外,同样的技巧找我演成功率可能高一点,找其他人呢他们可能会提要求,这个动作不要那个动作不要。我不会这样,老师要求的我就努力去做,导演要的我必须做到,否则我就不能算一个称职的演员。我觉得有难度的技巧才会使戏更好看,也体现出演员的功夫。

在《郑巧娇》中饰红云(女扮男装)

你学了那么多技巧,这时候不用什么时候用?有难度就退缩了?怕疼就不练了?怕火就不用了?那不行,这对演员来说也是一个挑战,一定要做到,不然就不要唱这个戏。比如像《郑巧娇》中有一个耍盘子的技巧,那也是很难的,舞台上多少年没有这个技巧了,都是需要自己去苦练,一定要练到熟能生巧,保证台上不出纰漏。

采访人:您后来是1970年回到上海淮剧团的吗?

戴莲娣:当时"文化大革命"还没结束,剧团要排练一个现代戏,是移植自京剧的《海港》。这个戏需要很多群众演员和码头工人的形象,团里的群众演员不够,我们这拨学生也正好等了好几年了,所以筱文艳老师就去向文化局申请能不能把这拨学生分到淮剧团,正好演出可以用。我们就是那时候因为这个原因分配到淮剧团的。

那时候淮剧团有几个主要演员:筱文艳老师、何双林大哥、施月娥,他们担当了《海港》这个戏的主演,我们就出演一般的群众、码头工人。那个戏排练一排就好几年,唱了大概也有七八年,但是观众也还是要看,因为那个时候剧团少,戏也少,中国大戏院几乎就是我们淮剧团的专用剧场。

那时候虽然说戏少，但是我们也没有放弃我们的业务训练，不是说戏来了再去练，那是来不及的。我跟我爱人两个人，只要是没有事情的时候，就在剧场后面的楼梯上，一人占领一层楼梯，吊嗓子。那个剧场的后台还是有点距离的，不会影响到前面排练，我们就选择了一些常用的曲调，大段子的、小段子的，基本上只要是一个半天都排不到我们的戏的时候，我们就算好时间在那里吊嗓子、练唱。

在此期间我们也得到了剧团潘凤岭老师的指点，他是一级琴师，也是淮剧团最好的作曲，他写了很多好听的、流传很广的曲调，到今天也是大家很喜欢的。潘老师那个时候是专门给筱文艳、徐桂芳、马秀英老师他们作曲的，也没有时间来管我们这些孩子辈的年轻演员。那时候马老师因为形象比较矮小，《海港》中都是些工人形象，需要比较高大的演员，所以没有她的戏，但潘凤岭老师还是要给她练唱。他们在剧场的前台有一个比较大的空的地方，就一把琴、一把椅子坐在那里练，我们呢就偷偷摸摸地躲在旁边听。偶尔潘老师会把我们叫过去，稍微指导我们几句，我的那个核心唱段"午夜里"就是他给我点拨的。那段是《海港》最有名的一个唱段，也是潘老师亲自写的曲调，很好听，也很有难度。通过潘老师的指点以后，我就慢慢地举一反三，慢慢琢磨，对我的唱腔方面确实有很大的提高。因为潘老师他给你讲的都是经典的东西，他点拨你一下，你如果能够悟出道理来，再举一反三，那就一通百通了。

一晃几年很快就过去了，"文化大革命"快要结束的时候，团里觉得有点青黄不接，淮剧可能要后继无人了。因为那时候大班的演员年纪已经三四十岁了，我们这一批才二十几岁，力量也不够。团里就向文化局提出，淮剧学馆是不是能招生，局里说好，所以就在那个时候，我们招了淮剧三班。

我那个时候也只有二十三四岁，承蒙筱文艳老师看得起，她说我们夫妻俩在《海港》这个戏里也没什么事,两个对唱腔、发声以及表演都蛮有想法的,蛮有自己的主见的,就想请我们去做教师,问我们同不同意。我先生说那好啊,我们教学生挺好的,对自己也是一个提高,也是一种规范,因为教学生必须要规范,一招一式不能乱来,不能多一个少一个。

采访人:之后您就和您先生一起去从事教学工作了?

戴莲娣:是的,我和我先生从招收淮三班开始就去做教学工作了,现在舞台上精英的这拨学生可以说都是我们招的。

那个时候我们师资力量很少,唱腔教研组就是我和我先生两个人,整个教研组还有何叫天老师、徐桂芳老师他们这些前辈,因为在团里没有角色安排,所以就派到教研组,我先生孙步坤是教研组的组长,这些老前辈就做副组长。教学工作怎么安排呢?我先生就负责上大课,然后学生分成小组,请老先生们去指导、纠正。因为老先生他们唱了一辈子戏了,虽然理论上可能欠缺一点,但是经验是很丰富的,他们也很乐意去指导年轻后辈。所以就是在那个阶段,我们和老先生们的情谊就更进一层了,他们也觉得我们夫妻两个对老人很尊重。

在和老先生们的相处中,何叫天老师、徐桂芳老师、杨占魁老师跟我们接触比较多,通过他们的讲话、言谈,让我们自己也在淮剧历

与何叫天、丈夫孙步坤在淮海剧场门前合影

史、曲调唱法等很多方面都学到了不少东西,他们给我们讲了很多他们的经历,对我们后辈来说就是一种学习。

那时候上课也蛮辛苦的,女生的唱腔课都是我上的。我记得有一次上大课的时候,来了一批参观团,袁雪芬老师、傅全香老师带了她们院里的老师来听我上课,我知道以后一下子就紧张了。那节课是教《拣煤渣》,我教了一段高红梅的唱腔,然后袁老师和傅老师说"你们淮剧团有这么好、这么年轻的教师",这样表扬我,我说我很惭愧,我就是班门弄斧。

我们那个时候也只有二十几岁,我记得办学习班的时候还是个大雪天,外面积了很多雪,我们就去帮学生扫雪。学生也挺感动的,觉得老师年纪轻又这么好,都很喜欢我们。虽然我们比他们大不了多少,但那些孩子都把我们当成长辈对待。

这拨学生从招生开始就是我们招来的,招的质量蛮好的,形象都挺漂亮。那时候我们招生很辛苦的,从穿短袖招到穿棉衣,一年四季都经历了,上海东南西北都走遍了,整天都到学校去找苗子。那段时间眼睛一闭就是《路边有个螺丝帽》,或者《我爱北京天安门》,都是那个时候最流行的儿歌。我们招的学生现在都不错,已经崭露头角了,说明我们下了心血还是有成果的。现在的好多演员就是那一批招来的,像施燕萍,她原来因为武功训练的时候身上好多地方都受伤了,不能再练功了,武功组的说让她改行吧,去乐队或者舞美。后来我跟我先生说不行,已经培养了这么多年,培养一个演员不容易,这样让她改行,她的前程可能就断送了。正好我们那时候有一个剧组,移植了一个湘剧《园丁之歌》,我先生就说把施燕萍分到我们剧组里来吧,叫她来唱文戏。后来又给她排了一个《红灯记》的《痛说革命家史》,她演里面的老旦。通过几个戏演下来,发现这个孩子唱文戏可以,就等于挽救了她的艺术生命。一直到现在,她在舞台上都是佼佼者,演了不少大戏小戏,也算是青年中的尖子,我觉得蛮欣慰的。这个不谈是我们的功劳吧,说明我

在《皇后与疯女》中饰姚贵妃

们是很有眼光的,而且我们自己都是从学生过来的,非常清楚这些年练功学习的辛苦,所以不能轻易放弃。

在学馆待了一段时间,团里又需要我们演出了。因为那个时候我们年纪轻,团里觉得我们不能光教戏,自己也要加强舞台实践。回到团里第一个戏就是《五星红旗下》,是讲台湾渔民的。其他比较知名的,一直从江南到江北都家喻户晓的戏有《九件衣》,是韩刚导演排的。另外还有《蝴蝶杯》《腊月雷》《皇后与疯女》《李翠莲》《郑巧娇》等,我在戏中有的是主角,有的是配角,但是都挺出挑的。比如马老师就喜欢我给她配戏,她演的主戏喜欢旁边有一个挑戏的,因为她是只唱不动的,那我也很乐意,不管角色大小,唱好了观众喜爱你就行了。一直到现在,人家印象里还是有我演的这几个角色,说明是深入人心的,那就足够了。

采访人:您能不能挑几部您觉得比较有代表性的作品给我们具体介绍一下?

戴莲娣:《九件衣》是我比较成名的一个戏,那时候一天三场这么演,三个月下来就是几百场,但是观众还是很迫切地需要看,并没有看厌。排《九件衣》的时候我们刚刚开始恢复传统剧,因为学校学的很多东西都对不上,团里的老师教了我们很多。比如朱桂芬老师就对我说,孩子,你应该这样子,这边有一个幕外戏,你应该走圆场,以后再怎么做。老师们就是这样齐心协力地把我们年轻人扶上去,我自己也动脑筋排练,根据导演的要求,自己再有一点发挥。演这个戏的时候年纪轻,我还加了点水袖的技巧,然后公堂上人物要自杀之前很悲痛地唱的那段加了点抢背，就是翻滚的元素。这个戏四梁八柱比较齐，而且是个悲剧结尾的故事，淮剧观众比较喜欢看这类戏。

《水冰心抗婚》是值得一提的一个大戏。排这个戏的时候正好韩刚老师在忙《血冤》，所以我们这个戏没有正式的导演，也没有正式的作曲，怎么办？我和我先生孙老师商量了一下，就决定我们自己搞，由孙老师导演，我来设计唱腔，所以整个大戏都是我们两个人把它弄出来的。我们也不

在《水冰心抗婚》中饰水冰心

会设计，就是把老师们好的东西套用到我们这个戏里，这样子设计出来确实也很好听。这个大戏我们费了不少心思，从表演、服装到设计，那是我们第一次正式以自己的能力，展现我们自己的编、导、演，还是比较像样的，也得到了专家的好评。筱文艳老师、潘子农老师、韩刚老师都认可的。那时候我们能搞出这样的戏其实是为他们减轻负担了，因为同时要排几台戏出去巡回演出，他们没有精力来管我们这个戏了。

还有一个戏，说起来我心里还真的有点委屈。有一次排《腊月雷》，请了一位苏州的导演周成瑞来排，叫我演娃娃生。这不是我的行当啊，我12岁的时候唱《牙痕记》唱的是娃娃生，但那时候我真的是小孩，正好年龄相仿。现在我四十多岁了再叫我唱娃娃生，那我觉得就不合适了。然后我们领导就做我工作，最后我还是接了这个任务。这个戏的曲调我们也自己构思，和作曲一起商量，表演都是自己设计，因为有好多年的积累、学习，丰富了自己的艺术修养，所以才能在这个时候拿出来。当时我四十多岁要唱一个十二三岁的小男孩，这个人物形象

的创作真的是很痛苦。小孩子的神态、性格,他的语言、声音、气质我都必须要去揣摩,我就会特别留意周围的小孩子,看他们生气的时候是什么感觉,高兴的时候是什么样子,耍无赖的时候又是什么样子。

现在的人就是下生活少了,人怕吃苦了。我们那个时候好多剧本的创作都是跟着导演、演员去下生活的。比如我先生为了写一个关于渔民生活的剧本,他跑到海上去体验生活几天几夜,又吐又呕,饭都吃不下,但他必须下生活体验、理解。再比如我们排练《海港》,就跑到工人生活和工作的地方,在那边没日没夜的,体验工人怎么生活的,怎么去扛大包的。排农村题材的戏,我们就去农村挑肥、除草、割麦,有时候碰到蛇大家都很害怕的。

创作的过程是痛苦的,你开了窍找到感觉了还没有用,符合人物只是第一关,之后你还要化妆、彩排、演出,跟观众交流,看观众的反应。你这边唱一来,观众哈哈一笑,就说明观众体会到这个人物了。有时候观众不一定给你鼓掌,他"哦!""啊!",你就知道这个地方观众认可了。演员一个戏几十场唱下来,谈不上千锤百炼,但是你每一次用心唱,每一次的体会都会不同,这个过程就是熟能生巧,然后水到渠成。

采访人: 您是48岁的时候就从淮剧团退休了?

戴莲娣: 48岁退休是个遗憾的年龄,拿现在来说,我们还能唱还能动,在舞台上还能生龙活虎。我们这拨人受的苦太多了,"文化大革命"先是几年没戏演,到后来一个戏唱七八年,再后面好不容易唱了几个主戏,又带了学生,观众对我们有印象了,却要退休了,那真是遗憾。当然这个事也有利有弊,有时候并不是说你退休了,在舞台上失去光彩了,就没有好的东西留下来了,不能再进一步展现自己的才华了。退休以后,失去的虽然有,但是我也得到了很多。

这里又要感谢我先生了,那时候他在搞票务,就有戏迷问他说"你爱人是不是戴莲娣,什么时候请她到沙龙来玩玩,请戴老师跟我们见见面"。我先生就觉得我在家里也没事情,让我去玩玩,冲着这个观点我就去了。到了那里,这么多朋友对我们很尊重也很贴心,我也是在他们的陪伴下很快就度过了我的更年期,觉得也不孤单,也不空虚了,而且我学的东西还能给他们做辅导,给他们排戏、化妆,还能继续发挥作用。后来长风文化馆的馆长知道了,就把我请去辅导他们的淮剧队,这几年一直在从事这个工作,一个星期活动一到两次,也培养了不少人才,也是对淮剧的一种传承吧。

这个工作做了好几年,运气也蛮好的,大概2012年的时候,我培养的几个学生在同一年里拿了三个奖,金、银、铜三个奖全部拿到了,在南京路的剧场还演出了好多场。2013年,评选上海市100家社区的文明单位,我们代表长风文化街道拿到了戏剧奖,而且整个淮剧只有我们一家获奖。现在我生活太丰富了,一个星期可以每天都在外面跑也跑不完,上海的南市、浦东杨思、沪东、北蔡都有淮剧队,都希望我们去。他们演出的时候请我们,我们也清唱几段,都是无报酬的,就是为淮剧的推广作点奉献。这样一来二去大家的关系就密切了,现在淮剧团的好多戏上演,我说淮剧团演戏了,请你们去看看,他们不管票价多少钱都买票去看,所以我觉得我退休后还是为淮剧做了一点有益的事情。

我觉得我也蛮荣幸的,也蛮开心的,这几年虽然说辛苦,风里来雨里去,沙龙许多活动我都不能缺席,但是分文不取。去年我的一个学生参加上海市民文化节,得到了秘书长的肯定,意思是说"戴莲娣在长风14年,传承不一定是在专业剧团,而是在基层,你们现在搞的这

与著名武旦阎少泉合照

些戏就是在传承这个剧种,把淮剧艺术发扬光大,弘扬我们的民族文化",还说"有的地方看起来跟专业的没两样,其实已经达到了相当高的专业水平",这也是对我们多少年的辛苦付出的一种肯定吧,我觉得蛮高兴的。

采访人:退休以后,在老戏的传承方面您做了哪些努力?

戴莲娣:这几年趁我们还能够动,就想脚踏实地地做点什么,一是普及淮剧,弘扬淮剧文化;另外就是淮剧有很多老的东西失传了,连我们这辈人都不知道,我们就想做一点事情。那是个偶然的机会,要感谢我的公公,他是国棉十七厂的老工人,业余搞淮剧,是做导演的。他晓得观众喜爱什么,比较有经验,他就跟我讲应该学学李玉花的东西。

那个时候我还有点反感,我说这个东西老得嚼不动,谁要去听。而且这很难的,几十句、上百句的唱,我哪里有这个功夫? 我唱不了的。而且没人学她,年轻人也没人知道这个。我公公就耐心地跟我讲,他说:"你听我的没错,绝对不会让你上当,你好好地练,对你的唱腔、咬字、气息都有帮助。人家不唱的东西,越是冷门越是好东西,物以稀为贵。"于是我就开始练李玉花的《书房会》。那个时候淮剧团跟电台经常有星期广播会,有一次我唱了一段现代的东西,观众很欢迎,让我再来一段,我就唱了一小段《书房会》,那就一发不可收拾了,我唱一句观众就拍一次手,一段唱下来几十次鼓掌,这就增加了我的信心。其实我哪有这么好,不是我唱得好,是人家观众多少年没听到这个老调子了。他们崇拜李玉花这位老艺人,欣赏她的东西,我学她的东西是沾了她的光啊。

这次经历奠定了我的信心,一直想唱老的东西,想传承老的东西,所以在我退休以后搞了不少这样类型的戏。比如筱文艳老师与何叫天老师的《铡包勉》,也是曾经流传很广的,后来没人唱了。这个戏有一个花脸包公,那是要有扮相的,然后还要有唱,有表演,是有难度的。筱文艳老师的《祭塔》我也把它传承下来了,而且我准备把它再教给我们的学生。我觉得好的东西,我要努力地再度创作,继承、传承然后发扬光大。

退休这几年做了这些事情,我觉得我没有虚度,对得起淮剧了,不管做多少,都是尽自己的一份微薄的力量。

采访人：随着时代发展,淮剧可能会面临观众逐渐减少的境况。您觉得淮剧下一步在上海应该怎么去立足、发展?

戴莲娣：我觉得淮剧应该放下大剧团的架子,走出剧场,像昆曲、京剧一样把戏送到社区,把戏送到群众当中去,就像周总理以前说过的,没有舞台也可以唱戏。我们是鱼,观众、戏迷就是水,你要把鱼水关系搞好,不能说我在团里闭门造车,观众来不来剧场里看不关我的事,那不行的。

你知道我们筱文艳老师是怎么为人民服务的?她在黄浦剧场演出完,一般是深夜十一点多,没有车,她是步行回家的。路过南京路看到轨道工人在造有轨电车的轨道,她马上就说了:"工人同志们,你们辛苦了,我是筱文艳,你们歇一歇,我来为你们唱一段。"你看我们筱文艳老师多好,平易近人,没有艺术家架子,她演出完已经那么辛苦了,深夜回家路上还免费为工人们唱一段。工人们听完就有人问了:"筱老师啊,你在哪里演出?"以后他就去捧场了,这就是良性循环。

观众爱你的才、爱你的戏才会爱戴你这个人,我是这样认为的。你不能把架子摆得很高,觉得自己是国家的演员,没有剧场不能唱,没有设备不能唱,那怎么行啊?田头可以唱,工厂可以唱,街道可以唱,什么场合都要唱。

采访人：您从事淮剧的教学工作多年,为淮剧团培养了一大批后备力量。对于年轻一辈的淮剧人,您有什么想说的吗?

戴莲娣：淮剧是我的根,可以说是淮剧养育了我。我一辈子从事淮剧,我的一切荣誉也好,现在的生活也好,都是淮剧给予我的。对于我们淮剧的青年,我希望他们能够超越我们的前辈,淮剧就是他们承担的责任,要把淮剧传承下去,不要让我们老一辈艺术家的艺术财富流失了,荒废了,灭亡了,这是很悲惨的。现在的年轻一辈,有好的平台、好的包装,一切条件都好了,但这不等于你自己就好了,关键因素还是在你自己。我们那个时候号召勤学苦练,他们现在不苦了,练功房条件那么好,冬暖夏凉,但是他们就是缺了一点我们那个年代的精神,现在用不着你苦练,但是你要多练。自己的个人利益应该抛开,你把戏唱好了,一切名利自然就有了,用不着去考虑那么多。我希望青年们要刻苦,对自己的事业精益求精,要千锤百炼地敲打自己、挑战自己。我希望他们的唱、念、做、表、打、翻,这些都能超过我们,他们现在还远远不够。我希望他们更好,比我们好,能够把筱文艳老师、马秀英老师、武筱凤老师、杨占魁老师、何叫天老师他们的好的东西真的传承下去,只要他们传承,把淮剧发扬光大,我比什么都高兴。

我从二十几岁做老师,不谈功臣吧,对淮剧也是有一份情的,现在舞台上活跃的好多优秀青年都是我的学生辈,我希望他们脚踏实地地让淮剧这朵奇葩开得更好,不要在他们手里枯萎了,这是我不愿意看到的。真的希望他们好好地传承淮剧,这是我们所有淮剧人应有的责任。

(采访:裘一婧 整理:陈家彦)

后记：留下一扇记忆的窗户

出版社跟我商量能不能写个后记，我发呆了许久，十多年来的一幕幕如同电影画面般闪过，个中的酸甜苦辣咸五味杂陈。有太多想表达的时候，反而不知从何说起了。

2005年年底，电台资深音乐编辑毕志光来找朱践耳（1922—2017）的音乐资料。朱践耳是我国著名作曲家，也是新中国第一代留苏学习作曲的留学生，他作曲的《唱支山歌给党听》传唱了几代人。当时我负责广播节目的数字化转存工作，看到过很多民国时期的老音乐家的作品，由于他们的资料很少，普通人对他们很陌生。当时我脑子里突然闪过一个念头，为什么不把目前还健在的老艺术家用镜头记录下来，给后人留下一份鲜活的资料呢？顺便也可以把他们手中保留的作品做数字化保存。我把想法跟时任馆领导的郭克榕、刘敬东做了汇报沟通，他们很支持。我们跟朱践耳先生一说，他也很高兴，一口答应了。最后，我们用了3—4个月的时间，把对朱践耳的口述历史采访和作品数字化全部完成了。为此我们还搞了一个小型的研讨会暨成果发布会。当时朱践耳先生推荐上海音乐学院著名音乐史家戴鹏海教授（1929—2017）在会上发言，但是他自己又不便出面去邀请。我没多想，从朱践耳家告别后直接奔到复兴路上海音乐学院宿舍去找戴鹏海教授了。老人住在一个平房里，阴暗潮湿，屋子里全是书。当我说明来意，老先生一口回绝。看情形似在气头上,果不其然,因为房子问题,他窝了一肚子火。事后得知,老先生在音乐界素以秉性刚直著称。那一下午足足谈了三个小时,终于把他说动了,我感觉自己的舌头都磨秃了一截。此后,我们成了朋友,而且第一批上海音乐家口述历史的名单也是他给开的,权威性毋庸置疑。可惜,由于家人在美国,老人赴美与家人团聚,最后终老他乡,好在他做了口述采访,他的故事留下了。

之后,我们又为闻讯而来的著名二胡演奏家闵惠芬女士(1945—2014)也做了口述和作品数字化保存工作。通过尝试为两位音乐家做口述积累的经验,我觉得可以推而广之,为更多的老艺术家做口述服务。但是,如果大面积推行,经费是个问题,我们毕竟是台里的职能部门,不是生产单位,没有专项资金可以提供支持。

2006年10月的一天晚上,我在《新民晚报》的文化版看到上海文化发展基金会刊登的资助项目启事,真是上天开眼。我对照着基金会的相关条款,觉得我们的项目可以达到资助要求。那么,以什么剧种作为开局呢? 2007年正好是越剧进上海百年的大日子,以此为契机,连同戴鹏海教授开的音乐家名单,我们以《老艺术家口述历史》(越剧、音乐部分)的名义向上海文化发展基金会做了申报,没想到第一次申报就获得了通过,解了我们的燃眉之急和后顾之忧。从此,老艺术家口述历史系列项目扬帆起航了,历年来开展的项目如下:

2006年,音乐家、越剧艺术家口述历史;

2008年,老广播人口述历史;

2009年,老电视人口述历史;

2011年,音乐家、京昆艺术家口述历史;

2012年,话剧艺术家口述历史,上海科教片厂艺术家口述历史;

2013年,淮剧艺术家口述历史;

2016年,杂技艺术家口述历史;

2017年,木偶戏艺术家口述历史;

2018年,老广播人口述历史(二期),音乐家、舞蹈家口述历史(二期),沪剧艺术家口述历史,滑稽戏艺术家口述历史;

2019年,老电视人口述历史(二期),上影厂艺术家口述历史(一期)。

还有1 000余位非艺术类人士的口述采访,这里按下不表。

不知不觉间,我们已经采访了近400位老艺术家。

我们早期采访的老人,有些已经不在了。这些老人经历了岁月的风雨,在他们风华正茂的时代,以那一代人特有的吃苦耐劳、特有的聪明才智,创立了属于他们特有的辉煌。他们身上有着许多鲜为人知的故事,他们的奋斗经历对后来者,对这座城市都有着非常重要的意义。

在如今这个浮躁的年代,还是需要有人沉下心去认真做一些利在未来的事情的。这些老人的感悟和经历是时代所赋予的,在与这些老人的交谈过程中所触摸到的,则是来自于他们那个时代和当年的这座城市所独有的印记。历史需要后来者去梳理,有温度的历史真相有时并不存在于书本里,而是在人的记忆里,而人的寿命是有限的,当人逝去了,某些历史片段与细节也就消失了。历史记忆是亲历者、当事人对历史事件的回溯,口述历史在保存历史记忆方面具有其他形式文献资料无可替代的价值。

当然,口述者提供的信息也会存在误差或失真。客观而言,人的记忆会因时间久远而发生误记。原因一般可分为两类:一类是无意为之,是受个人经历、情感等影响,或因时代变迁导致后来的认识覆盖了先前的认识,从而导致口述者提供的信息失真,作为当事人不一定对此有清醒的意识;另一类则是有意为之,为了"趋利避害",在口述中着意修饰提升个人的形象,遮蔽了个人不光彩的一面。上述因素提醒我们在采访、整理、汇编口述素材时要细加辨别、谨慎对待,在定论时要多方考证确定。

人的一生,做成一件事不难,但是要把一件事做成一个事业则不容易。我们希望能将老艺术家口述历史项目打造成上海城市的文化名片，为后人留下一个鲜活的、留存着上海文化事业发展脉络的记忆库，使上海的文化历史得以延续和保存。

我不是历史学家，只能算是一个历史爱好者，机缘巧合地做了一些记录历史的活儿，既然做了，也总想把事情做好，给自己一个交代，就像阿Q先生一样给自己画一个圆圆的圆。但是，我知道人生总有遗憾，我已过了知天命之年，即将迈入六十耳顺，后续还想将其他几个剧种的老艺术家口述资料也结集出版，但是能不能实现，要看天意了。

好了，拉拉杂杂说了这些，既是坦露心迹，也是立此存照，没准若干年后让我口述这段历史时，也好有个依据。

在此郑重鸣谢李尚智先生、郭克榕女士、刘敬东先生，你们三位是上海音像资料馆口述历史工作最早的推动者；

感谢历任馆领导对口述工作的支持，感谢你们容忍我的"不务正业"；

感谢各分册的主编们，你们在日常工作之余审订几十万字的口述采访文稿，个中甘苦我深有体会；

感谢因为种种原因离开的参与者，成果中也有着你们的付出；

感谢上大社·锦珂优秀图书出版基金对这套丛书的出版提供的资助；

最后，要特别感谢上海文化发展基金会，没有你们的扶持，我们走不了这么远。

SMG上海音像资料馆口述历史工作室

李丹青

2020年5月20日